JN074424

ハーマン・サイモン自伝

世界最強の価格コンサルタントの人生と思考の旅路

ハーマン・サイモン [著]

上田隆穂 [監訳]

渡部典子 [訳]

MANY WORLDS, ONE LIFE
A Remarkable Journey from Farmhouse to the Global Stage
HERMANN SIMON

中央経済社

はじめに

　科学的研究によると，人生の中間点として認識されているのは18歳だという。主観的な感覚でいくと，だいたい生まれてから20年間はその後の何十年にも匹敵するほど長い。私の場合，確かにこの仮説が当てはまる。私にとっての最初の世界は，いわゆるドイツの，「ワイルド・ウエスト」（アメリカの開拓時代に西部の未開拓地域を指す言葉），それ以前にはドイツの「シベリア」とも呼ばれていた，アイフェルの山あいの小さな村だった。20歳の誕生日の直前までそこで暮らしたが，そのときまで時間は非常にゆっくりと流れていった。その後の50年余りは，私の人生は激変して時間が飛ぶように過ぎていった。だから，それぞれの世界で過ごした期間は同じ長さであるかのように感じられる。

　私はこれまでに実に多くの新しい世界に出会ってきた。地域的には，ヨーロッパ，アメリカ，アジア（特に日本）が含まれ，職業的には軍隊，教育，学術研究，コンサルティング，起業も経験した。農家からグローバル・ビジネスの場へと広がっていったのは，運命でも予定調和でもない。いかなる計画や指示書に従ったものでもない。それよりも，徐々にそうなっただけで，幸運と偶然の結果であることが多い。何度も何度も分岐路が現われ，私はたいていそこで示される機会をつかみ取ってきた。

　こうした選択の多くで決定打となったのが，妻のセシリアからの激励だ。彼女のアドバイスはおおむね「もちろん，あなたはやるでしょう」というもので，私はそれに従ってきた。子どもたち（ジーニンとパトリック）は世界中を「引っ張り回され」，父親はいつも外出してばかりだったが，とても協力的だった。私が今の自分になれたのは，この3人の計り知れない力添えがあってのことだと感謝している。

　キャリアの初期に，私の目線は主として西洋，特に欧米のビジネススクールに向いていた。しかし，1980年代に日本で過ごしたことは，忘れられない印象を残した。キャリアの後半にさしかかると，アジアへの興味や重要性はどんどん増し，遅まきながら，私はアジアが大好きになった。

　私はグローバルで活動してきたが，生まれ育った小さな村との緊密な関係は保ち続けてきた。故郷の町からセシリアと私に名誉市民権が贈られ（我が村の1,000年の歴史で初めてのことだ），その関係は一層強くなった。私は自分のルーツとそこで育まれた地に足のついた態度を失ったことはないと断言できる。私は先進工業社

会から脱け出したくなると，いつも懐かしい故郷の村に帰省する。村の少年としての私とグローバルで活動する私との両極性が顕著だったのが，私の70歳の誕生日のときだ。家族が用意した2つのサプライズに，私は深く感動した。1つめは村の子どもであった私へのサプライズで，3つの地元の合唱団が登場した。もう1つはグローバル・プレーヤーとしての私へのサプライズで，12カ国の友人や同僚が25本のビデオメッセージを寄せてくれた。その中には，もちろん日本からのメッセージもあった。

　グローバルな舞台と農家はかけ離れたものではない。どちらも私の人生に欠かせない2つの側面である。

ハーマン・サイモン

推薦の辞

「1983年に初めて出会って以来，私たちの道は何度も交差してきました。私をプライシングの世界へと導いてくれたのは，サイモン教授の書籍です。また実際にお会いするたびに，知的な豊かさを経験してきました。この本では，さまざまな世界を渡り歩いた人間の心躍るストーリーが語られ，実践者と学者のどちらにも魅力的かつ重要です」

学習院大学教授　上田隆穂

「ハーマン・サイモンは真にグローバルな考え方と強固なローカルな結びつきを兼ね備えた少数派の1人です。この類い希な組み合わせにより，グローバルの取引システム内で摩擦が多くなっている時期に，素晴らしい橋渡し役となっています。世界的に有名な経営学者，成功した起業家，熱心な市民として，この本は彼の人生の素晴らしいストーリーを説得力をもって伝えています」

ネスレCEO　マーク・シュナイダー

「ハーマン・サイモンと出会った瞬間から，その後も会うたびに，私にとってますます得るものが多くなっています。ほとんどの人間関係において，これはめったにないことです。ハーマン，今後も利益，高い目的意識，情熱を常に一致させるために，ビジネス理論と実践の探求の領域をさらに切り拓き続けてください」

ノースウェスタン大学ケロッグ経営大学院名誉教授　フィリップ・コトラー

「世界で名だたる事業経営者かつ研究者として，ハーマン・サイモンの思慮に満ちた言葉は，私のようなビジネスリーダーやエンジニアにインスピレーションを授け，覚醒させてきました。この本は彼の研究よりも人生について書かれたものです。ドイツの農家で過ごした子ども時代を知れば，彼が常に日常生活や社会的環境を詳細に捉えていることに気づかされるでしょう。このようにディテールを見出し，感覚を研ぎ澄ませてきたことが現代のヨーロッパ経営学会が誇る研究者へと彼を導いてきたのです。

　この本で私が気に入っているのは『人生の学校』の章です。サイモンは生涯を通じて学んだことを挙げながら「主観的かつ不完全」と述べています。この本を読み

iv

ながら，家族，未来，健康，経営，リーダーシップ，時間管理，その他の生涯のテーマについて，一緒にお茶を飲みながら，彼と話している気分になりました。彼の価値観や人類愛は本当に特別です。

　子ども時代から最近の研究まで彼の話を読んでいけば，『優れた洞察力は生まれ持ったものよりも，培われていくものだ』という不変の真理を学べることでしょう。また，まだ旅路の途中にある多くの若い世代にとって，この本は道しるべにもなると思います」

サムスン電子，KT（韓国テレコム）元 CEO　黄昌圭

＊所属と肩書きは原書発行時のものです。

著者紹介

ハーマン・サイモン
(Hermann Simon)

　27カ国に42拠点を置く戦略・マーケティング・コンサルティング会社，サイモン・クチャー＆パートナーズの会長。サイモンは世界屈指の価格戦略の第一人者である。
　ドイツのマインツ大学（1989〜1995年）とビーレフェルト大学（1979〜1989年）で経営管理とマーケティングの教授を務めた。また，ハーバード大学，スタンフォード大学，ロンドン大学，INSEAD，慶應義塾大学，マサチューセッツ工科大学の客員教授を務めた。

　ボン大学とケルン大学で経済学と経営学を学び，ボン大学で1973年に学位を，1976年に博士号を取得した。様々な国際賞や名誉教授の称号を受け，ドイツ語圏ではピーター・ドラッカー氏に次いで，最も影響力のある経営思想家に選ばれている。

　1985年に2人の博士課程の学生と共にサイモン・クチャー＆パートナーズを創設。サイモンは同社で10年間顧問を務めた後，1995年に教授職を辞してフルタイムのCEOに就任し，国際展開を図った。CEO職を辞した2009年には，サイモン・クチャー＆パートナーズはすべての主要業界の案件を手掛ける世界最大手の価格コンサルティング会社となっていた。同社の顧客はフォーチュン・グローバル500社のうち200社以上にのぼるが，一部の顧客との関係は何十年にも及ぶ。

　著書は，世界中でベストセラーとなった『価格戦略論』（ダイヤモンド社，2002年），『脱・市場シェア主義』（ランダムハウス講談社，2006年），『隠れたコンピタンス経営』（トッパン，1998年），『グローバルビジネスの隠れたチャンピオン企業』（中央経済社，2012年，新装版2015年）など40冊（海外版等を含めると155冊），27カ国語に翻訳されている。

また，『*International Journal of Research in Marketing*』『*Management Science*』『*Recherche et Applications en Marketing*』『*Décisions Marketing*』『*European Management Journal*』など様々な雑誌の編集委員を務めたほか，1988年から月刊ビジネス誌『*Manager Magazin*』でコラムを執筆してきた。多数の財団や企業の社外取締役でもある。

目　次

第 1 章

ルーツ
Roots

▌時間と空間

「私はどこから来たのか」

ほとんどの人が，人生のある時点でそう自分に問いかけ，より深い答えを探りたくなるものだ。

「ユーロ」の命名者であるドイツ元財務相のテオ・ワイゲルは，公式訪問時にヘルムート・コール元首相からどのようにゲストの心をつかむのかと聞かれて，こう答えた。「ある技を使っています。ご出身はどちらですか。ご両親のご職業は何でしょうか。どんな人生を送られたのでしょうかと，聞くのです」[注1]。

「どこの出身か」という問いは興味深い。というのも，私にも自分の根っことなる場所があるからだ。グローバル・ビジネスの世界から何日か，ときには何時間かでも距離を置きたくなると，私は子ども時代に過ごした場所に戻る。また，初対面の人に「ご出身は？」「育った場所は？」とよく尋ねる。その答えには必ず「時間」と「空間」という次元が含まれている。

私も例外ではない。私の生まれた農家は，にぎやかな都心から遠く離れたアイフェル山地の「プロイセン・シベリア」にある[注2]。その起伏に富む火山群が私を形作り，影響を及ぼしてきた。

もっとも，時代の影響も受けている。1947年2月10日月曜日の午前2時，私はこの世に誕生した[注3]。だから2時間差で「日曜日の子ども」になり損ねた〔訳注：キリスト教の安息日である日曜日に生まれた子どもは，神の恩寵を受けて，恵まれているとされる〕。すべての生物がそうであるように，祖先から連綿と続いてきたつながりの末端に私がいる。このつながりが途切れなかったから，私は存在している。こうした考え方は当然ながら，新しいものではない。ローマ帝国の哲学者セネカが語ったように，誰も無からは生まれない。私たちの祖先は太古の昔から現在まで続いてきた[注4]。ドイツ系ユダヤ人の歴史家マイケル・ウォルフソンは書籍の献辞に，自分の家族の歴史について「私たちが知る以上に，私たちは祖先の影響を受けている」と記した[注5]。「私たちがどこから来たかという問いは，歴史や家系に関する問いを越えて哲学的である。最終的に，どう答えればよいかわからず，もどかしくなる。漠然とした神秘的なものが私たちの存在基盤に流れ込んできた」と指摘する人もいる[注6]。私たちは皆，悠久の時間の中から登場した。果てしなく続く祖先たちの発展や経験は，私たちの遺伝子に融合し，移転されてきた。私たちがどこでどう育て

られるかは，この基盤に影響を及ぼし，一生涯つきまとう。

▮過去との深いつながり

　ある晩，私はオーストリアの有名なスキーリゾート地，キッツビュールにあるアルパイン大学を訪れた。同学内に，コンサルティング会社マッキンゼーのヨーロッパのトレーニングセンターが置かれている。私はまだ夕食をとっていなかったので，レストランに行った。同じく遅くに着いた客はほかに1人だけだった。その人とは面識があり，同席の許可を求めると，歓迎してくれた。私たちは一緒に食事をしながら会話を始めた。

　約1時間後，おそらく午後9時過ぎに，別の客がラウンジに来て話に加わった。その人はアメリカ人だったので，英語に切り替えた。2人の同席者は共通の話題を見つけた。議論ははずみ，真夜中過ぎまで続いた。私は積極的に話に加わるよりも，聞き手に回って，たまに質問をするだけだった。

　そのとき一緒に話をしたのは，ラインホルト・メスナーだ。彼は初めて世界の8,000メートル峰をすべて征服した登山家で，エベレストでは初めて無酸素登頂に成功した。後から加わったアメリカ人はロバート・サーマンで，来世と転生に関する古典文献『チベット死者の書』の編纂者である[注7]。私はアジア哲学に興味があったので，サーマンの本を読んだことがあった。

　サーマンは事故に遭って片目を失明した後，チベットに住み着き，西洋にルーツを持つ最初の僧侶になった。この時期，彼はダライ・ラマに師事し，今日でも親しい友人だという。米国に戻った彼は僧侶をやめて，コロンビア大学で仏教学の教授になった。また，俳優のリチャード・ギアと一緒に，ニューヨーク市にチベットハウスを設立した。アカデミー賞にノミネートされた女優のユマ・サーマンは彼の娘だ。

　チベットとヒマラヤという奥深いつながりを持つサーマンとメスナーは意気投合して話が弾んだ。私にとって，転生と仏教の教えに関する彼らの話を間近で聞けたのは光栄だった。異文化の人々は，より包括的な過去とのつながりを信じている。サーマン版『チベット死者の書』には，前世から新しい世への転生に関する概念の詳しい説明がある。

　私もそうした永遠の時間から生まれてきたのだろうか。20年前と同じように，い

4

まだにその答えはよくわからない。しかし，いくつかの物事が奇妙に絡み合っているように見えるところは変わらない。

　私がインドに旅行したときに読んだ転生の本には，死者の魂は 2 つの生の間で待機状態に入ると書かれていた。魂は家族内に留まり，次に生まれる子どもとなって戻ろうとする。転生の教えでは，現世で抱く恐れは前世の経験から来ていると説く。前世で溺死した人は水を怖がる。私は個人的に海が苦手だ。特に深い海がダメで，泳ぎもあまりうまくない。しかし，溺死者は海を怖がる人よりもはるかに多いのだろうか^(注8)。

　家族内に魂が戻るという説をきっかけに，私は自分の人生について考えてみた。私が生まれる前に，一番直近で亡くなった親戚は黒海で溺死した。私のおじに当たるヤコブ・サイモンだが，彼は第二次世界大戦中のロシアで命の危険にさらされながらも耐え抜き，ついに救出されたかに思われた。セヴァストポリでドイツ兵を安全に帰還させるために用意された船に乗り込んだが^(注9)，ロシア人の砲撃に遭い，船は沈没した。1944年 5 月のことだ。家族がこの悲劇を知ったのは，それから 8 年も後である。1952年に，赤十字から，ヤコブ・サイモン同志がその不運な船に乗り込んだとする目撃情報があったと知らされた。その年に，おじは死亡宣告され，故郷の村で葬儀が営まれた。

　なぜ私は水が怖いのだろうか。水への恐怖を植え付けられるような直接的な体験は思い出せない。後で紹介するが，なぜ夢の中で，会ったこともないヤコブおじさんが異様なくらいはっきりと私の前に現われたのだろうか^(注10)。

　しかしその後，私は別の祖先の悲劇について知った。転生と私の水への恐怖をめぐる自分の考えを妻のセシリアに話したところ，彼女は150年近く前に起こったある出来事を思い出したのだ。

　「家族の中で溺死したのは，ヤコブおじさんだけではないわよ」と，彼女は言った。「パリの曽祖父さんに起きたことを忘れたの？」

　私の曽祖父のアンドレアス・ニルスはフランス東部のロレーヌ出身だ。ロレーヌの歴史は特殊で，時代によってフランス領やドイツ領になった。1875年はドイツ帝国に含まれていたが，今日ではフランスに属している。アンドレアスはパリで郵便配達員として働き，妻と一緒にパリに移り住んだ。その息子のヨハネスは1875年11月18日に生まれた。当時の郵便配達員は顧客のために多額の現金を運ぶことがあった。アンドレアスは暴漢に襲われて，セーヌ川に投げ込まれ，溺死したのである。未亡人となった彼の妻はロレーヌの実家に戻った。

　親族の2人が溺死し，その直系の子孫は深い海に恐怖心を抱いている。それが偶然なのかどうかはわからない。私は生まれ変わりを信じているとは言えない。しかし，それが本当だと固く信じているアジアの人々を大勢知っている。その教えが，死後の世界に対するキリスト教の考えほど，もっともらしくないと考えるべき理由はどこにあるだろうか。

▌何世紀にもわたって

　「時間とは何か」とは，偉大な神学者で哲学者でもあるヒッポのアウグスティヌスが抱いた疑問である。彼はただ「時間とはどういうものか自分ではわかっているのに，誰かに聞かれるとうまく説明できない」という趣旨のことを述べているだけだ[注11]。物理学者のアルベルト・アインシュタインはより実際的で「時間とは時計が示すもの」とシンプルに定義している[注12]。哲学者のアンリ・ベルクソンによると，私たちが把握するのは空間のみで，時間は把握できない。

　このように，時間の概念は空間の概念ほど具体的でないのは明らかだ。場所を表す際に長い，短い，遠い，高い（high）などの言葉を使う。時間を説明するときの形容表現もまったく同じで，人生は短い，長い期間，遠い昔などと言う。至急でやらなければならないときには「It is high time（〜すべき時だ）」も使う。数学者のクルト・ゲーデルは，「世界は空間であり，時間ではない」と述べた[注13]。アメリカの哲学者のラルフ・ワルド・エマーソンは空間と時間を単一体として理解し，「存在の実感は（中略）物，空間，光，時間，人間によってバラバラではなく，それらが一体となって，明らかに同じ根源から始まる。そこから命や存在も始まる」としている[注14]。しかしおそらく，場所と時間の共通項を最も簡単に割り出しているのは，ドイツのコメディアンのカール・ヴァレンティンだろう。「それが昨日の出来事か，4階で起きたことか，自分でももうわからない」と表現しているのだ。いずれにせよ，私が生まれた場所は，私が育った時代よりもはるかに具体的に思えるのは不思議なことではない。

　とはいえ，私はやはり時空間の次元とともに人生を歩んできた。前世紀に，人は生涯で全1万キロメートルを旅したかもしれない。農民は畑に行き，時折，町に出かけて市場で物品を売買した。そして年に1度，巡礼の旅に出る。戦争に行ったり，遠いローマのような場所まで巡礼したりしない限り，移動距離は常に短く，生涯の

移動距離は数千キロだった。古代からの記録保持者は，私の故郷で生まれ，ヨーロッパ各地でナポレオンと戦った兵士ヨハン・ペーター・フォレンスだ。彼は記録を残していたので，生涯で1万4,000キロメートル以上移動したことがはっきりしている。私と同郷の人々が所属していたドイツ国防軍第72師団は，第二次世界大戦中にあらゆる前線で戦い，徒歩で約5,000キロメートルを行軍した[注15]。

　私たちは今日，交通手段を利用して，祖先の20〜190倍の距離を移動する。人は時速6キロメートルで歩くが，車は時速100キロメートル以上，高速列車は時速300キロメートルで走る。ジェット旅客機は時速900キロメートルに達する。ヨーロッパで最も有名な巡礼地は，スペインのサンティアゴ・デ・コンポステーラで，ドイツから約2,000キロメートル離れている。1日30キロメートルを進む巡礼者がたどり着くためには，休憩日なしで67日間かかるが，飛行機なら2時間半と，巡礼者が歩いた時間の643分の1だ。私たちはほんの数日で，昔の人が生涯をかけて旅した距離を進んでしまう。

　私は今日，東京で講演を行い，2日後にドイツに戻って来ることができる。合計で約1万9,000キロの移動だ。フランクフルトからシドニーまで片道20時間で，1万6,488キロメートルだ。私はフランクフルトからニューヨーク，サンフランシスコ，東京，シンガポール，そして再びフランクフルトへと，7日間で世界各国を旅したこともある。その移動距離は2万7,744キロメートルだ。私は70年以上の間に，数百万キロメートルを移動してきた。昔であれば，何世紀とは言わないまでも，何世代もの人々の移動距離を足し合わせる必要があっただろう。キロメートルで換算すると，私の旅は（比喩的に言って）何世紀分にもなる。非常に高名な現代のポーランド人作家のアンジェイ・スタシュクも同じようなことを述べている。「旅する人はいくつもの人生を生きる」[注16]

　ここで時間から空間に話を移そう。私は1947年にアイフェルの山あいの小さな村で生まれたが，そこでは中世とほぼ変わらない生活が営まれていた。当時の暮らしを今日と比較すると，数世紀前よりも，直近数十年のほうがいろいろと変化している。私の感覚では，1947年の私の村と，私の呼ぶ「21世紀のグローバリア」との変化の度合いは，1650〜1850年までの200年間の変化よりもはるかに大きく，おそらく1850年から1950年の100年間よりも大きい。しかし，おそらく中世以降はどの世代の人々も，自分の生きた時代が一番変化の大きな時代だったと感じているのだろう。

　第2章では，その変化を詳しく取り上げ，客観的な評価をしてみたい。しかし，

私が何世紀もの時空間を「旅した」という表現は的確だと思われる。同世代の多くの人々が，比喩的な意味で，さらに長い距離を旅してきた。その一例がモヘド・アルトラッドだ。彼はシリア砂漠でベドウィンとして生まれ，正確な生年月日を知らない。フランスで億万長者として名を馳せ，同国で最も栄えあるレジオンドヌール勲章が贈られた。彼曰く「私はベドウィンで砂漠しか知らないアブラハム〔訳注：イスラエル民族の始祖〕と同じような環境で育った。年齢を聞かれれば，3,000歳と答えるよ」。彼が言わんとするのは，何千年もかけて発展してきたことを自分の人生の中で経験したということだ[(注17)]。

┃ドイツ極西部，ポーランド，またドイツへ

　先祖は誰かという答えは，両親から始まる。母のテレーズ・ニルスは1911年にロレーヌとの国境近くのザールラント州のヘンマースドルフ村で生まれた[(注18)]。父のアドルフ・サイモンは1913年にルクセンブルクとベルギーの国境に近いアイフェル山脈の小さなハスボルン村で生を受けた。だから，両親はどちらもドイツ極西部で子ども時代を過ごした。

　2人はどのように出会ったのか。2つの町は100キロメートル以上離れていることを考えると，普通の状況では接点がなさそうだ。その当時，ほとんどの人が近隣の町内で結婚していた。これほど「はるか彼方」から配偶者がアイフェルに来ることは極めて珍しかった。私の両親を結びつけ，他にも何百万人もの人生行路を変えた，運命の巡り合わせは，第二次世界大戦にあった。

　母は赤十字で看護師として養成された。戦争が始まると招集され，最初にシュルツ・ホテルに派遣された。同ホテルはウンケルアムライン町のライン川沿いにある美しいクラシック・ロッジで，近くには世界第二次大戦中に米軍がライン川を渡ったことで有名なレマーゲン鉄橋がある。この有名なホテルは，ドイツ軍のフランス侵攻に備えて，1939年にすでに軍病院に改築されていた。戦線が西に進むにつれて，母はロレーヌのメスに移り，その後ドイツに赴任した。その後，彼女の人生行路を変える出来事があった。1941年，ポーランドの首都ワルシャワに配置変えとなり，3年間勤務したのだ。そこで母は，医療部隊の下級伍長のアドルフと知り合った。2人は同じ赤十字病院で働いていた。ドイツ極西部で子ども時代を送った2人が，自宅から約1,300キロ離れたはるか東で出会ったのである。2人の間に何か通じる

ものがあったのだろう。そうでなければ，私がここに存在し，こんな話をすること
もなかった。

　2人は1944年5月に母の故郷で結婚した。結婚式の翌日，父は次の任務で大西洋
岸に行かなくてはならなかった。サンナゼールはドイツ潜水艦艦隊の主要基地の1
つで，そこから大西洋上の連合艦隊を攻撃した。わずか数週間後の1944年6月6日
に，連合国はノルマンディーの海岸に上陸し，ドイツ軍は西部戦線から撤退を余儀
なくされた。サイモン姓となった母はポーランドに戻らなかった。1944年7月には
すでにソビエト軍がワルシャワ郊外に達していた。ポーランドの地下抵抗運動家が
開始したワルシャワ蜂起の支援にスターリンが関心を示さなかったので，ソビエト
軍はそこで進軍を止めた。スターリンはドイツ軍が容赦なくワルシャワの反乱を鎮
圧することを容認した(注19)。

　私はワルシャワで両親が派遣された場所を訪れたことがない。今日まで，ドイツ
とポーランドの関係は歴史の影に覆われたままだ。私にはポーランド人の友人がい
て，知り合いも多い。しかし，最も古くからのポーランド人の友人は，家族もろと
もにナチス政権下でひどく苦しんだ。彼がドイツ語を理解し話せることを知ってい
たので，私は時々ドイツ語の新聞記事の切り抜きを送ると，彼はそれを読んでくれ
た。しかし，私たちは知り合ってから40年にもなるのに，ドイツ語で会話したこと
は一度もない。あのとき以来，多くの人々にとっていまだに，ドイツ人から受けた
苦しみが傷跡となっているのだ。

　1945年5月8日にドイツが無条件降伏し，ヨーロッパを舞台にした第二次世界大
戦は終わった。アジアではさらに3カ月間，戦争が続いた。父はフランス人の捕虜
となり，母は故郷に戻った。公共交通機関が完全に麻痺していたので，母はアイ
フェルまで自転車で行った。周囲は混乱状態にあったので，危険な冒険といえる。
戦争は道路，橋，都市全体を瓦礫に変えた。母は旅の途中でフランスとアメリカの
検問所を通過しなければならなかったが，何とか無事にアイフェルにたどり着いた。
母にとって，それが残りの人生を過ごすことになる小さな村や農家との初めての出
会いとなった。母は1,300キロメートル東にあるポーランドのワルシャワで，農家
の息子であるアドルフと恋に落ちたとき，そのような自分の未来を想像していただ
ろうか。農業や「発展の遅れた」アイフェルと，かなり近代的で工業化されていた
彼女の故郷のザールラントとを比べて，印象的だったに違いない。

　母の家族は独自の激動の歴史を歩んできた。第二次世界大戦が勃発する少し前，
そしてフランス侵攻の数カ月前に，彼女の故郷の周辺地域はレッドゾーン（危険地

域）に指定された。つまり，南のスイスから北のオランダに至るまで国境地帯の居
住者は全員，持ち出せるものをすべて持って避難しなければならないということだ。
母の家族は，家畜とあらゆる家財道具を持って，ドイツ中部のテューリンゲンに移
り住んだ。小さな農場，食料品店，荷馬車屋を後に残して，である。1939年 9 月 1
日，ドイツの軍艦がポーランドのグダニスク市を攻撃し，正式に戦争が勃発した。

　1940年 5 月，ドイツ軍は西ヨーロッパの隣国であるフランス，オランダ，ベル
ギー，ルクセンブルクを攻撃した。ドイツ軍がレッドゾーンを越えてパリに達した
後，ザールラント州の住民は帰還を許されたが，そこで待っていたのは衝撃と驚き
だった。親戚の家が消えてしまっていたのだ。道が狭すぎて戦車が通るときに曲が
れないからと，ドイツ軍がその家を完全に取り壊したため，家族には何も残されて
いなかった。

　それからちょうど50年後に，私は母とその姉妹（私の後見人）と一緒に，母が開
戦時の1939年に看護師として駐屯していたウンケルを訪れた。シュルツ・ホテルは
まだ営業していたので，私たちは石のアーチをくぐって中に入った。中庭は静かで
心地よかった。ホテルはライン川のほとりにあるので，テラスの外には有名なド
ラッヘンフェルス城跡などの景色が広がり，視界を遮るものはない。19世紀に多く
の芸術家がドラッヘンフェルス山とその前景のノネンヴェルト島のロマンチックな
絵を描いているが，それはまさにここからの眺望である。

　私たちは受付で若い女性に1939年 9 月の出来事について話をした。彼女は興味を
示し，その年齢にしては当時の様子をよく知っていた。私たちにコーヒーを運んで
きたウェイトレスはさらに少し年上でウンケル育ちだったので，もっと詳しかった。
ホテルのオーナーは88歳で，まだ存命だという。母は彼のことを覚えていた。

　ライン川に目をやると，珍しい船が川下りをしていて感動した。船の甲板は舞台
に様変わりし，バンドが開戦の頃からの音楽や歌を奏でている。さまざまな時代の

ライン川のラインホテルシュルツ
からの眺め

軍服を着た兵士が船上に並び，まるで見張りをし続けているかのようだ。当時の様子が目の前によみがえってきたみたいで，背筋がゾクリとした。

　この船は，ドイツの劇作家ベルトルト・ブレヒトの演劇「死んだ兵士のバラッド」の舞台となった。この作品はヴェルダン，ビットブルク，ボンなどの都市や船上で上演されていた。ブレヒトのバラッド（物語詩）はもともと第一次世界大戦を念頭において書かれたものだが，現代の演出家は第一次大戦以降に視点を移している。ブレヒトの設定では，人類史上最長かつ最悪な戦闘に数えられるヴェルダンの戦いでドイツ兵が亡くなり，帝国軍の軍服姿で埋葬される。アレンジ版では，その後，兵士は墓から掘り起こされ，今度は第二次世界大戦に送り込まれる。兵士は再び戦闘で亡くなり，ビットブルクの軍事墓地にドイツ国防軍の軍服姿で埋葬される。その墓地がまさに，ドイツの無条件降伏40周年にあたる1985年5月8日に，米国のロナルド・レーガン大統領とドイツのヘルムート・コール首相が訪問して物議を醸し，世界中から注目された場所だ。

　アレンジ版では，ビットブルクに埋葬された兵士は安らかに眠ることはなかった。再び墓から掘り起こされ，今日のドイツ連邦軍の制服を着て，再び戦争に送られる。この論議を呼ぶバラッドに登場する兵士は，先述の船上で最後の時間を旅する。そして，ボン（当時の西ドイツ首都）にある旧関税塔内のライン川を見渡せる場所が最後の安息の地となった。

　このブレヒトのバラッドの新解釈は，時空間を結びつける素晴らしい芸術的手段だと，私は思っている。この演劇に関して興味深い余談がある。当時のボンとビットブルクの市長があからさまに上演を止めさせようとしたのだ。しかし，なぜなのだろうか。両市長は訴えられたが，すぐに白黒がつき，演出家が勝訴した。だからこそ，私は母と後見人であるおばと一緒に，1989年9月1日，第二次世界大戦の開始からちょうど50年後に，大戦中に母が看護師として最初に赴任したシュルツ・ホテルのテラスに座り，この感動的な演劇を鑑賞できたのである。1939年9月と1989年9月とでは，ライン川沿いの2つの世界がまるで異なっているとは想像しにくい。過ぎ去った時間は実は50年ではなく，数世紀ではないかという考えが再び頭をよぎった。その30年後の2019年9月1日，私は再び同じ場所を訪れ，我が人生を振り返った。これまで平和に過ごせてきたのは，なんと幸運なことか！　ドイツでは，それ以前にこれほど幸運だった世代はない。

┃ヨーロッパ──運命と我が祖国

　私の家族の運命には，19世紀と20世紀のヨーロッパの混乱が反映されている。私の曽祖父はパリで働き亡くなった。祖父が生まれたのもパリだ。ザールラント州では，フランスとドイツが交互に統治し，戦後はしばらく国際連盟が統治する中で，私の家族は暮らしていた[注20]。

　父方の祖父は第一次世界大戦でベッサラビア（現在のモルドバ共和国辺り）に派遣中にマラリアに感染した[注21]。おじのヨハネス（ジョン）・ニルスはオーストリアの聖ガブリエル伝道所で神学を学び，1935年に司祭に叙任された。その後，彼は53年間宣教師としてパプアニューギニアで過ごし，そこから日本に足を伸ばしたこともある。私の両親は第二次世界大戦中にポーランドに行き，職場である軍の病院で出会った。2人のおじはロシアで戦い，そのうちの1人は戦死した。父は1944年に大西洋岸のサンナゼールに派遣された。母方のおじは，北アフリカでエルヴィン・ロンメル陸軍元帥の下で従軍した。彼らは後にケンタッキー州の農場にあるアメリカの捕虜収容所で出会ったが，ドイツに戻れたのは何年も後になってからだった。

　私の家族の歴史がヨーロッパや近隣諸国の運命と非常に密接に絡み合っている事実は間違いなく，私が根っからのヨーロッパ人であることに一定の役割を果たしてきた。フランスの哲学者のブルーノ・ラトゥールは「ヨーロッパ，それをヨーロッパ人の祖国と呼んでよいかためらってしまう」と懐疑的な見方をしていたが，私はそうは思わない[注22]。ヨーロッパが我が祖国（Patria Nostra）であるか，私たちに祖国がないかのどちらかだ。

　祖先が経験した数々の運命の巡り合わせは，ヨーロッパの激動の時代を実証している。父方の曽祖父の8人の子どものうち4人が，父の双子の兄弟と同様に，産まれたときか幼少期に亡くなった。1940年におじの1人は列車事故で亡くなった。4年後，別のおじは黒海で溺死した。アイフェル出身の祖父は75歳のときに，納屋の屋根裏部屋から転落して亡くなった。

　運命は母方の家族にも激しく頻繁に打撃を与えた。曽祖父がセーヌ川で溺死しただけでなく，母の3人の兄弟は子どもの頃に亡くなった。

　こうした悲劇はほとんどの家族で起こっていたことで，昔は乳幼児死亡率が高く，戦争や事故でも多くの命が奪われた。私につながる祖先の連鎖が途絶えなかったの

は，偶然なのか，それとも神の導きなのだろうか。

アイフェル

　1945年9月に連合軍の捕虜となった父が戻った後，母はアイフェル山地でずっと過ごすことになった。母は祖父母であるヨハンとマルガレーテ・サイモン，未婚の大おばが住む農家に引っ越した。当時，3人とも70歳前後だった。祖父母には7人の子どもがいて，そのうち5人は戦後も生き伸びたが，全員が家を出ていたので，農場を続けるための働き手がいなかった。

　私の前で話題にのぼることはなかったが，祖父母は自分たちが高齢であることや農場の将来についてひどく心配していたに違いない。だから，戦前は牛乳検査官として働いていた父としては，実家に戻って農家を継ぐしかなかった。父は1930年代に農業学校で2学期間，勉強をしたが，農業に情熱を持つことはなかった。戦後，父の世代にはほとんど選択肢がなかった。家系や一族の伝統，経済的な現実が邪魔して，他の多くの人々と同様，父は自分の道へと踏み出せなかった。両親の老後の世話をしなくてはならない，2人きりにさせられないという義務感から，他の人生プランを描けなかったのである。

　何よりも，すでに32歳だった父が既婚者として戦争から戻ってきた事実は，祖父母に希望の光を与えたに違いない。しかし，家族や村にとって，父の配偶者はかなり風変わりな人だった。遠い場所から来て，異なる方言を話し，フランスやポーランドなどで何年も過ごしたことがあったので，それなりに世慣れしていた。対照的に，近所の女性たちは自分の村のことしか知らなかった。一部の人は，他の町や，あるいは近隣都市の富裕層のために女中として働いていた。しかし，母は父の地元に移り住んだことを後悔していなかった。母は容易に話せたかもしれないが，村人たちと話すときに高地ドイツ語〔訳注：標準ドイツ語〕を使わなかった。故郷のザールラント方言で話し，徐々にアイフェルの方言を学んでいった。アイフェル，ルクセンブルク，ザールラントの人々は，それぞれの方言でコミュニケーションがとれる。いずれも，いわゆるモーゼルフランケン語族に属する言語だ。モーゼルフランケン語は，1789年まで都市国家として存在し，かつて強い勢力を誇ったトリーア大司教区の公用語で，今日でも欧州連合の少数言語に認定されている。トリーア大司教はドイツ皇帝を選定する7人の選帝侯の1人だった。

　方言を話すことが大いに役立つこともある。たとえば，後に西ドイツ外務政務次官となるアロイス・メルテスはアイフェル地方出身で，お国言葉を完璧に話すことができた。冷戦の緊張がピークに達していた頃，彼はモスクワで外交官を務めていた。ソ連国家保安委員会（KGB）が会話を盗聴していることは，外交官なら誰もが知るところだ。そこで彼とルクセンブルク大使はモーゼルフランケン方言を使った。KGB内にこの風変わりな言語に堪能な諜報員はいなかったので，どうやらKGBを果てしなく苛立たせたようだ。時には，風変わりで珍しい言語を話すことが大きなメリットになる場合がある。

▌言語の絆

　私は基本的にバイリンガルとして育った。2つの言語を持つ家庭は世界でごく当たり前だと思っていた。母はザールラント方言で話し，父や村の人たちはアイフェル方言で話した。私は母と話すときでも，よくアイフェル方言を使った。子どもの頃，母が父と違う方言を使っていることに気づかなかった。その意味で，バイリンガルに育ったことは私にとってごく自然だった。おそらく，両親が2つのまったく異なる言語でコミュニケーションをとっている子どもたちは，同じ感覚を持っているだろう。

　私は習得したアイフェル方言を忘れず，地元にいるときは必ず使う。そうすることで，その土地で感じる快適さのレベルがぐっと上がる。しかし，方言に堪能な人は減り続けている。外の世界で困らないように高地ドイツ語で子どもと話そうとする両親が多く，親から方言を学ぶ若者が減っている。方言は口伝えでしか継承されないので，私が子ども時代に話していた方言が今後も存続するかどうかの見通しはバラ色ではなさそうだ。しかし，私はお国言葉を忘れたことはないし，今後も使い続けるつもりだ。それは私の一部になっている。

　共通の方言は，村や地域社会のアイデンティティの重要な部分を形作っている。方言を話す人は，そこに属している。共通の方言を話す人同士，自然と親しみが湧き，距離感がなくなっていく。最も有名なドイツの詩人，ヨハン・ヴォルフガング・フォン・ゲーテは「どの地方も地元の方言を愛している。というのも，正確に言うと，そうした要素に魂が宿るからである」と述べた(注23)。共通言語から信頼や安心感が生まれる。国際経営セミナーや同様のイベントでは，さまざまな国や地域

から来た参加者が意図的に混ざり合う。彼らは多国籍グループで働き，問題を話し合い，プレゼンテーションを行う。そこで使う共通言語は英語であり，ほとんどの参加者にとって外国語だ。しかし，休憩や食事の間は，無意識のうちに同じ言語を話す人同士で固まる様子を，私は何百回も見てきた。日本，フランス，中国，イタリアなど，同じ言葉を話す人たちが一緒に座っているのだ。自分たちの言語という殻に閉じ籠もることは，こうしたイベントの重要な目標である国や言語の壁を越えて親しく交流することを阻害し，時には弱体化させることもある。

　ある晩，私が共同創業した企業の数百人の同僚がケルンの旧市街にあるビールの醸造所に集まった。私はテーブルを回ってみんなに挨拶した。ある大テーブルにはパリから来た同僚だけが座っていた。この配置は，さまざまな国やオフィスの同僚を集めるために開いた当社の世界会議の精神に反すると私が指摘すると，何とも文句をつけにくい答えが返ってきた。「パリでは，みんなで一緒に集まる時間などありません。ようやく１つのテーブルを囲めるのは素晴らしいことです」。当社のパリオフィスの同僚は全員英語が堪能だが，明らかに母国語を使うほうが快適だと感じている。数年後，東京オフィスの同僚の間でも同じことが起こった。

　個人的には，言語が自分の原点となり，永続的な絆も生み出す状況を何度も経験してきた。それは同郷意識から始まる。私はアイフェル地方や近隣のモーゼル渓谷（ワインで有名だ）の出身者にばったり会うことが何度もあった。講演，議論，コンサルティング・プロジェクトの過程で，人々は私の訛りを捉えて，私の出身地に気づくことが多い。私も他の人に関して同じような経験がある。元ドイツ文化相のミヒャエル・ナウマンは「願おうと願うまいと，方言には一生持ち歩く個人的な身分証明書と同じ効果がある」と述べていた[注24]。

　その意味で，思い出すのがボッシュ・レックスロスという企業を訪ねたときのことだ。同社のCEOは私を昼食に招待してくれた。会話の最中に，経営幹部の１人が突然，話に割り込んできた。「サイモンさんは，当社のヒエロニムス博士とまったく同じ話し方をしますね」

　「ヒエロニムス博士とはどなたですか。ご出身はどちらですか」と，私はすぐに尋ねた。

　アルバート・ヒエロニムスはレックスロスの取締役で，その後，ボッシュ・インディアのCEOを経て，油圧の世界市場リーダーであるボッシュ・レックスロスのCEOになった。「アイフェルの小さな村の出身で，きっと一度も聞いたことがないと思いますよ」と，本人が答えた。しかし，私が知っていると思うと言い張ると，

「火山"アイフェル"として知られるインメラートです」と言うではないか。私の曽祖父はインメラート出身で，私の故郷の村にサイモンという名前をもたらした。

　私は長年にわたって，アイフェルの子どもたちと同様の出会いを何度も経験してきた。私の道が非常に多くのアイフェル出身者の道と交差したのは偶然だろうか。こうした出会いから，各人の成功，キャリア，経験は，そのルーツから来ていると私は考えるようになった。彼らはほぼ全員，幼い頃に田舎にある故郷の村や町を離れていた。故郷に戻ると，自分はどうなるか，自分の人生がどのように風変わりで印象的な道をたどったのかを知っている人はほんのわずかだ。そこで私は「世界で成功したアイフェルの子どもたち」と題する記事を地方紙に連載し始めた。毎週，アイフェル出身者の新しい話を執筆し，最終的に同じタイトルの本になった[注25]。連載記事も本も好評だった。アイフェルの人々は，外の世界で特筆すべき道を切り開いた子どもたちを誇らしく思ったのである。

　これまでの人生で，言語が統一にも分離にも作用する状況を見てきた。私は1958年から，近隣都市ヴィットリヒにあるクサヌス高校（ギムナジウム：中等教育学校）に通った〔訳注：ドイツでは4年制の基礎学校の後で，高等教育に進む場合はギムナジウムで中高一貫教育を受ける〕。学生の多くは地元の村出身で，うまく話せるのはそれぞれの方言だけであり，高地ドイツ語は事実上，外国語だった。一方，都会育ちの学生は方言があるにせよ，一般的に高地ドイツ語を話していた。彼らの親は公務員，医者，弁護士，ビジネスマンだった。言語によるこの分離は学校を超えて続き，今日でも多かれ少なかれ変わっていない。村の子どもは方言を話し，都会の子どもとのコミュニケーションでは高地ドイツ語で行う。私は一度方言で話したことのある人に会うと，自動的に共通のお国言葉に戻ってしまう。高地ドイツ語ではどうも話しにくいのだ。相手もそう感じるようだ。ミュンヘンのオクトーバーフェストで，私は数人の友人と楽しい時間を過ごしていた。そのうちの1人は私の故郷の村で育ち，投資家となったマイケル・ティエル博士だ。私たちにとって，話すのは方言だけなのは明白だった。そうでなければ違和感を持っただろう。

┃第1章の注┃

（注1）*Frankfurter Allgemeine Zeitung*, August 7, 2017, p.4.
（注2）正確な座標は，北緯50度3分10.03秒，東経6度54分37.01秒。
（注3）1947年2月10日から，この文章を最初に書いた日（2017年3月15日）までに合計2万5,601日が経過した。

（注4） Seneca, *Aus den moralischen Briefen an Lucilius*, Position 6406 in the Kindle Version.（セネカが親友のルキリウスに宛てて書いた倫理の手紙集より）

（注5） Michael Wolffsohn, *Deutschjüdische Glückskinder – Eine Weltgeschichte meiner Familie*, Munich: dtv 2017.

（注6） Sebastian Kleinschmidt, "Zeuge der Dunkelheit, Bote des Lichts, Rezension eines Gedichtes von Ulrich Schacht," *Frankfurter Allgemeine Zeitung*, February 11, 2017, p.18.

（注7） Robert Thurman, *The Tibetan Book of the Dead: The Great Book of Natural Liberation Through Understanding in the Between*, New York: Bantam Books 1993.

（注8） ドイツでは2016年に537人が溺死事故で亡くなった。しかし，この数は私の心証では，歴史的に少なかった同年の交通事故の死者数（3,214人）よりも多く感じる。以下も参照。"Wieder mehr Badetote," *Frankfurter Allgemeine Zeitung*, March 17, 2017, p.6.

（注9） セヴァストポリは2014年に，クリミア自治共和国とともにロシアに併合され，それ以降，セヴァストポリ連邦市となった。

（注10） 第13章を参照。

（注11） https://www.osho.com/osho-online-library/osho-talks/einstein-mystery-saint-augustine-4452b948-65c?p=356d142ff374e5e1e80cbae079cfe69e

（注12） https://www.philosophie-raum.de/index.php/Thread/24555-Gehirn-Bewusstsein-Nichtlokalit%C3%A4t/?postID=544600（"Zeit ist, was die Uhr zeigt." を引用）

（注13） Palle Yourgau, *A World without Time: The Forgotten Legacy of Gödel and Einstein*, New York: Basic Books 2005, p.115.

（注14） Ralph Waldo Emerson, *Self Reliance (Illustrated)* Kindle Edition, p.14.

（注15） 以下も参照。*Die 72. Infanterie-Division 1939-1945*, Eggolsheim: Nebel-Verlag/Dörfler Utting 1982.

（注16） "Im Gespräch: Der polnische Schriftsteller Andrzej Stasiuk," *Frankfurter Allgemeine Zeitung*, March 9, 2017, p.40.

（注17） *The Wall Street Journal*, June 17, 016.

（注18） ロレーヌは当時ドイツ領だったが，現在はフランスである。

（注19） 以下も参照。Wlodzimierz Borodzie, *Der Warschauer Aufstand 1944 (Die Zeit des Nationalsozialismus)*, Frankfurt: Fischer 2004.

（注20） 1920年から1935年まで，ザール地域は国際連盟（本部はジュネーブ）管理下にあり，国際調査委員会が管理していた。

（注21） ベッサラビアの大部分は現在，東欧のモルドバ内にある。その名前はアラビアとは無関係である。13世紀と14世紀に同地域を支配したワラキア公国（ルーマニア）の君主，バサラブ家の名前に由来する。

（注22） Bruno Latour, "Das grüne Leuchten," *Frankfurter Allgemeine Zeitung*, October 7, 2017, Frankreich Spezial, p.L7.

（注23） Johann Wolfgang von Goethe, *The Auto-biography of Goethe: Truth and Poetry: from My Own Life*. H.G. Bohn. Kindle Edition.

（注24） Michael Naumann, *Glück gehabt. Ein Leben*. Hamburg: Hoffmann und Campe 2017；以下も参照。"In den Rollen seines Lebens," *Frankfurter Allgemeine Zeitung*, April 22, 2017, p.12.

（注25） 以下を参照。Hermann Simon, *Kinder der Eifel – erfolgreich in der Welt*, Daun: Verlag der Eifelzeitung 2008. *Eifelzeitung* 紙で今も断続的に連載している。2018年には約140人を紹介した。第 2 の連載（アイフェルの子どもたち――ほかの時代）では2018年に約400人を紹介し，書籍化された。Gregor Brand（Autor）, Hermann Simon（Editor）, *Kinder der Eifel – aus anderer Zeit*, Daun: Verlag der Eifelzeitung 2013; Gregor Brand（Autor）, Hermann Simon（Editor）, *Kinder der Eifel – aus anderer Zeit*, Band 2, Books on Demand 2018.

中世さながらの
世界で育った
Growing up in the Middle Ages

「私の幼少期や青年時代は，今日の基準でいくとまるで中世のようだが，ほんの半世紀前にはそれが現実だった。一夜にして，誰も想像のつかなかったほどの急激な変化が起こった」と書いたのは，私と同世代の教授のヨハネス・ノスブシュである[注1]。彼は私と同郷で，私の子ども時代はまさにこの言葉通りだ。第二次世界大戦後も，私の村では中世の農業が続いていたといっても過言ではない。19世紀以降にいくらか進歩が見られたが，手工芸，自給自足，伝統的な習慣がいまだに浸透していた。

農場でどんなふうに育ったかという自伝的な本を書いた人は何百人もいるが，そこで詳説されている状況は総じて，私自身の子ども時代と重なる。したがって，そういうお決まりの体験談を繰り返すよりも，ここでは印象に残った状況について少し触れる程度としよう。

教員，郵便局員，警官などの少数の例外を除いて，私たちの村の住民はみんな農業で自給自足生活を送っていた。最も大きな農場は11ヘクタール，平均サイズは8ヘクタール。ほぼすべて手作業で行われていた。農機具に関して言うと，ドイツの中でも機械化の進んだ先進地域と比べて，この地域は数十年遅れていた。我が家の農場にあったのも，およそ「機械」とは呼べないような草刈り機と種蒔き機で，どちらも馬で引くタイプだった。祖父は1940年1月10日に341.50ライヒマルク（当時のドイツ通貨。当時のお金で約136ドル）でその草刈り機を購入した。鎌で草を刈るよりは大きな前進だったが，干し草作りはまだ手作業だった。種蒔き機の良さは，手作業のときよりも，畑全体に均一に種子を蒔けることにある。それ以外は，1950年のアイフェルの農民の世界は1〜2世紀前と大差なかった。

カトリック教会はいまだ中世の力がいかに大きいかを表すうえで一役買っていた。村の生活の中で最も影響力を持っていたのはカトリック神父だ。それが如実に表われるのが，私たちが神様に祈るときだろう。神父が「主よ」と呼びかけ，私たちは神の前でひざまずき，静かに「イエス・キリストをたたえよ」と言う。収穫期の日曜日に畑で働いてよいかどうかを決めるのは主である。日曜日のミサでそうしてよいと「宣告」されたときだけ許され，もちろん誰もがそのしきたりに忠実だった。

超自然的な力を信じることも一般的だった。村には「呪術師」がいて，家畜が病気にかかると治療のために呼ばれた。ただし，呪いをかけられるかもしれないので，みんな呪術師のことを恐れてもいた。激しい雷雨に見舞われると，我が家から稲妻を遠ざけようと，ろうそくと祝別された枝に火を灯した。

我が家の農場は自給自足で営まれていた。塩，砂糖，香辛料を除けば，ほぼすべ

て自分たちでつくっていた。森の中で薪を集め，父は熊手やカゴなどの道具をつくった。私が生まれるほんの数年前まで，みんな自分で毛織物や亜麻布をつくった。祖母が織機で織り上げた JS（ヨハン・サイモン用）のモノグラム柄入りのベッドシーツやテーブルクロスはいまだにたくさんある。

　このような自給自足型経済では，お金はたいした役割を果たさない。少ないながらも必要なお金は牛乳，豚，子豚を売って得ていた。お金はいつもギリギリだったが，節約しているとか，貧乏だとか感じたことはなかった。種類は限られていたが，食べ物はいつも十分にあった。オレンジやバナナはクリスマスだけにありつける特別なご馳走だった。みんなが大好きなお菓子，チョコレート，ソフトドリンクでさえ，どれも珍しかった。街で「甘やかされて育った」いとこたちが一度休暇でうちにやって来たときには，ソーダ水の箱を持ってきたので，私にとってパーティー・ウィークとなった！

　生活は厳しかった。子どもでも常に農業や雑用を手伝わなければならなかった。私が 9 歳のときに祖母が亡くなった。その時点から，両親だけで農場を切り盛りしていたので，手が空いているなら，子どもでも労働力として使う必要があった。小さな農場では農夫や女中を雇う余裕などない。私が嫌いだったのは，なんと言っても，ビーツを間引きして適切な間隔を開ける作業だ。ビーツの種はもともと庭に蒔き，少し育ってから畑に植え替える。しかし，その作業中に日照りが続くと，植え替えた苗は成長しない。そこで新しい方法に切り替えて，畑に種を直蒔きしたところ，新たな問題が出てきた。間引く必要のある芽があまりにも多かったのだ。ビーツの苗は最もよい状態で育つように，約 1 フィートの間隔をあけなくてはならない。単胚性種子を育てる場合，1 粒の種から 1 つの芽しか出てこないので，作業プロセスは簡単だが，やはり間引く必要があった。というのも，畑には種子が均一に分布していなかったからだ。

　間引きをするときには，腰を曲げたり，しゃがんだり，ひざまずいたりしながら何日も過ごすうえ，果てしない忍耐力も求められたので，1 年間で最も嫌いだった。問題の 1 つは，達成感も，目に見える成功の証もないことだ。ひたすら地面から芽を引き抜くしかない。

　ジャガイモの収穫はもう少し社会との接点があったので，それほど単調な活動でもなかった。掘ったジャガイモは畑全体に散らばるので，手で拾わなければならない。いつも大勢の子どもがいて，畑で一緒にはしゃぐことができた。好天に恵まれれば，私が子どもの頃はこれ以上に楽しい体験はほとんどなかった。子どもも働く

必要があったが，常に遊ぶ時間はあった。私たちは自家製ラズベリージュースを飲み，野外でお茶と一緒にジャムやパンを楽しんだ。午後遅くになると火を起こして，新鮮なジャガイモを焼いた。たまに焦がしたり，指をやけどしたりするが，とても楽しかった。

夕方になると，父が荷馬車でやってきて，袋を積み上げた。袋には，飲食用や飼料用，種イモ用などの使用目的や畑ごとに異なるマークがついている。最もおいしくて大きなジャガイモは食用に取っておく。小さいもの，干からびたもの，傷のあるものは家畜の豚用とし，次の春に植える分（通常は中くらいで形のよいもの）も取り分けた。

作業が順調に進んだ日には，袋の数は30個以上になるため，畑から重い荷馬車を引っ張る馬は大変だ。時には，隣人の馬を借りてくることもあった。舗装された道まで出れば馬は楽になる。私たちが畑を出て公道を歩いて村まで戻る頃にはたいてい暗くなっていたので，荷馬車に灯油ランプをつけて照らした。ところが，これがまたイライラの原因になった。灯油が切れたり，芯が朽ちたり，ランプが壊れたりするのだ。このため，薄明かりや暗闇の中での家路はしばしば冒険と化した。車通りは少なく，事故に遭ったこともなかったが，警官に見つかったら，ランプなしで荷物を運んでいるとして違反チケットを切られるのではないかといつもビクビクしていた。帰宅後も，家畜の世話や荷下ろしをしなくてはならなかった。荷下ろし作業は傾斜台を使ってジャガイモを移動させる。ジャガイモは小さな穴から地下室に直接滑り落ちていき，豊作の年には地下室の天井までいっぱいになる。種イモは地下室の特別な場所か庭の穴の中で保管する。飼料用のほとんどは，家の裏に山積みにされた。

私の人生は十代まで，毎日と年間の農場生活のリズムに則っていた。ギムナジウムに入学すると，近くの町まで電車通学となったが，生活のリズムはほとんど変わらなかった。午後2時頃に帰宅すると，収穫期は自転車に飛び乗って畑に向かった。夕方には家畜の餌やりを手伝ってから宿題をする。

いつもの状況であれば，このスケジュールは珍しくも難しくもない。私は目立つ生徒ではなかったが，学校で問題を起こしたことはなかった。しかし，1959年は厳しい年となった。母が収穫期に数週間入院し，その後も1カ月間，養生のため保養地で過ごすことになったのだ。妹はおばの家に預けて，父は12歳の私と2人だけでこの繁忙期に臨んだ。私は学校の勉強に加えて，今や大人並みの仕事をこなす必要があった。

　父はその対策として，搾乳機を購入した。朝と夕方の牛の乳搾りを私がこなせるようにするためだ。私はこの機械の真空技術に魅了された。父は時々深夜まで畑で働いた。私たちは疲れ果てて夕食の席に着くこともあった。父は自分用のラガーと私のためにノンアルコールのモルトビールを持ってきて，2人で乾杯すると，一人前の男になった気分がした。

　学校での私の成績は，この困難な時期に急激に落ちた。そのことは気がかりだったが，翌年に母が元気になると，奮起して勉強し，学生生活の中で一番の成績を収めることができた。

　片親に何かあれば，農場経営を続けるのは極めて困難になるという不安感が常に拭えなかった。大人2人だけで小さな農場を切り盛りするのは危険な事業だ。誰かが病気になれば，すぐに人手不足に陥る。私には目の前の生活状況に文句をつける理由はまったくなかったが，そうした経済的な不安が消えたことは一度もなかった。その感情の根っこを探っていくと，このときの出来事に行きつく。

　こうした不安感の別の要因として，農業が天候や害虫など外的要因を非常に受けやすいこともあった。自分ではどうすることもできない力にさらされるビジネスに対して，私が疑念を抱く理由はここにある。もちろん，外部からの影響は経済活動から切り離せない要素だということは承知している。どのビジネスも他との関わりを持たずにはやっていけない。2009年の世界金融危機では，私が共同創業したサイモン・クチャーの売上は約10％減少し，新型コロナウイルスによるパンデミックの影響も受けた。それによって，若い頃の経験や常につきまとう経済的な不安感がよみがえってきた。

　村で過ごした子ども時代は，強制と自由という奇妙な矛盾に満ちていた。生活の多くの部分は大人が取り仕切り，厳格に遂行することになっていた。特に教会や祈りに関連することはすべてそうだが，学校や食事の時間を守ることも大切だった。神父や教師などの権威者に関係するところでは，私たちの行動は厳しく管理されていた。しかし，それ以外の時には，子どもたちは好き勝手に，完全な自由を謳歌していた。両親は単純に，私たちに絶えず目を光らせたり，「楽しませること」をする時間がなかったのだ。私たちはほぼいつも外で遊び，村や近場のオーク林をあてどなく歩き回った。大人の監視や介入を受けずに，やりたいことは何でもできた。

　私は近所の男の子6人の中で最年長だったので，自然とリーダーの役割を果たすことになった。リーダーと扇動者になることは，私の人生で最初の，そしておそらく最高のリーダーシップ教育だった。私の役割は，アイデアを考え出して，みんな

24

を煽ってその気にさせたり，足並みを揃えるためにグループ分けしたりすること
だった。こうした役割は，数十年後に対処することになったリーダーシップ課題と
根本的に変わらなかった。こうして男の遊び仲間と一緒に育ったのは，幸運や偶然
だったのだろうか。近所に女の子しかいなかったら，あるいは，子どもがまったく
いなかったら，違っていたのだろうか。写真は私たちちびっこギャング団であり，
6人のうち一番背の高いのが私だ。

　子どもの頃，私たちは「生命の輪」に目一杯さらされたが，現代の子どもはほん
の一部しか体験していない。近所の誰かが亡くなれば，もちろん私たち子どもは通
夜に行って，正装安置された遺体を目にした。生まれたばかりの赤ちゃんを見るこ
ともできた。子牛や子豚のお産や，豚の屠殺も目撃した。鶏の頭を切り落とし最後
に調理鍋に投入するとき，私たちを遠ざけたり見せまいとしたりする人は誰もいな
かった。レンダリング工場の労働者が拾い上げる前に，私たちはあらゆる種類の死
んだ動物を見た。温室育ちで保護されたやり方で成長する今日の子どもたちの成長
に比べて，このように直接的に「生命の輪」にさらされることには，どんな意味が
あるのだろうか。私には答えられない。

　私たちの生活の別の側面は村内の深い共同体意識であり，その良さがわかるよう
になったのはほんの数年前だ。この共同体意識には2つの基盤がある。1つはかな
り高いレベルの社会的平等だ。本当の大金持ちも，その反対で極貧の家族もいな
かった。村全体が祭りなどの地域活動に参加した。農業も共同体意識に一役買った。
どの家族も同じくらいの広さの畑で同じ種類の作物を育てていた。これは，どの農
家もジャガイモや穀物の収穫時期に集まることを意味した。私たち子どもにとって
大人数で遊べるので，楽園だった。大人にとっても，世の中「仕事ばかりで遊びが
ない」わけではなく，畑越しに隣人とおしゃべりする時間があった。夕方になると，

最初のリーダーシップの学校

収穫物で満載の荷馬車が長い列をなして村に戻った。

　全員がお互いのことを知っているのは心地よいが，欠点でもある。秘密にして長い間バレないことは1つもなく，実際に驚くほどのレベルで社会統制が効いていた。社会規範の一線を越えた人は誰であれ，地域社会から激しい非難を浴びせられた。幼い頃はそうした制約にあまり気づかなかったが，大人になるほど，抑圧感が増していった。

　中世から1950年代半ばまで，この地域の「飛躍的な」変化は片手で数えられるほどだった。基本的に何世紀もの間，ほとんど変わらなかった。1726年，新設された郵便馬車路線の停車地に，私たちの村が割り当てられた。それは「大きな」外の世界との最初のつながりだった。約150年後の1879年に鉄道が通った。1912年から公共水道，1918年以降は電気が使えるようになった。しかし，私が生まれた1947年までに屋内トイレやテレビを持っていた村人は1人もいなかった。

　1950年代半ばになるまで，ほとんど変化はなかった。その後，いわゆる遠隔地の変化に弾みがつき始め，最初の自動車とトラクターがお目見えした。図表にあるように，画期的なイノベーションは，数百年ではなく数年刻みで起こったようだ。

　1955年から1975年かけて，その前の200年間よりも多くの技術革新が起こった。20年以内に，私の子ども時代の世界は完全に消え去った。今日，村には農家は1軒

図表　イノベーションの歴史

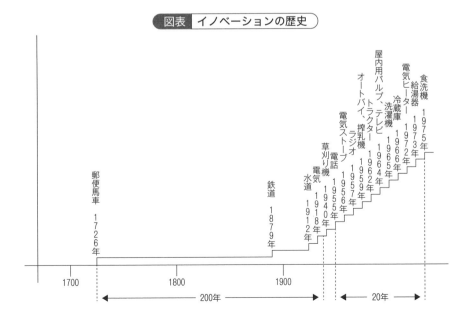

郵便馬車 1726年
鉄道 1879年
水道 1912年
電気 1918年
草刈り機 1940年
電話 1955年
ラジオ 1956年
電気ストーブ 1957年
搾乳機 1959年
オートバイ、トラクター 1962年
屋内用バルブ、テレビ 1964年
冷蔵庫、洗濯機 1965年
電気ヒーター 1966年
給湯器 1972年
1973年
食洗機 1975年

1700　1800　1900

◀──── 200年 ────▶　◀── 20年 ──▶

もない。商人，職人，企業，税関，教会の役割はすべて，この急激な進歩の犠牲者となった。しかし，一番恋しいのは子どもの頃のあの濃密な共同体意識だ。「中世の時代」にもう一度戻って，共同体全体で収穫を手伝って一日過ごせるのなら，私は何だってするだろう。

▌故郷の大地でできている

　ある根本的な変化は，ほとんど認識されていないが，私たちの身体やそれを構成する細胞に影響を及ぼす。私は子どもの頃，「私は何でできているのか」という疑問について明快な答えがあった。それは「故郷の大地でできている」という答えだ。受胎から授乳段階まで，人の身体は自然な形で母親から細胞を受け取る。その後，身体の細胞は食物から摂取した材料からつくられ，その食物は地元の土地でとれたものだ。砂糖，塩，香辛料などの少数の例外を除けば，食べるものはすべて自分でつくっていた。パンを焼くのに使う穀物だけでなく，庭の野菜もそうだ。肉，牛乳，卵でさえ家畜からとれたもので，家畜は畑の作物や牧草地の草を食べて生きていた。私たちは文字通り，故郷の大地，空気，水からできていたのだ。

　私たちは今日，何でできているのだろうか。私たちにはわからない。というか，少なくとも正確には答えられない。「地球全体の大地から」という答えが真実に近い。私は以前，農産物売り場で見つけたものの原産国を数えてみたことがある。チリ産リンゴ，ニュージーランド産キウイ，スペイン産オレンジ，南アフリカ産ブドウ，エジプト産マンゴー，モロッコ産イチジク，ポーランド産キノコ，オランダ産トマト，といった具合だ。マーガリンの原料をたどっていくと，おそらくマレーシアやインドネシアのパーム油が使用されている。食卓にのぼる前，牛はどこで放牧され，魚はどこを泳いでいたのか。ほとんどの場合，私たちにはわからない。

　自給自足するためには，今日の世界から姿を消した幅広いスキルが必要となる。私たちはさまざまな動植物を育てる必要がなくなり，収穫物を下処理し保存する能力も失った。かつては肉を保存するために燻製や塩漬け，缶詰めにする方法を知っていた。果物や野菜を加工保存するためには専門的な料理のスキルが必要だった。果物を干し，キャベツをザワークラウトにし，プラムを酢漬けし，ニンジンは砂に埋めて保存する。何も買わずに長い冬を乗り切るには，何千もの巧みな技や微妙な匙加減が求められた。とはいえ，そうやって手を尽くしても，食生活はかなり単調

だった。今日，冬を乗り切るために，もはやそうしたスキルは要らない。手に入る食品の種類ははるかに増えている。

　私たちの身体の細胞は今，世界中でとれたものでつくられ，小さな村や地域でとれたものだけに由来するわけではない。そうした事実は，私の子どもの頃の世界と今日の世界を分ける，最も重要だが，ほとんど意識されていない違いの1つだ。この違いはどの程度の関連性があり，その結果はどうなのか。私に知るよしもないが，やや気がかりなことがある。

　食物連鎖のグローバル性は私たちの免疫システムに影響を与えるだろうか。その答えもわからない。しかし今日，私たちの身体の組成が根本的に異なることは純然たる事実なので，このような疑問はじっくり考えてみる価値がある。この変化は私自身の時間の経過を表している。私の身体は，その構成要素から見ても，地元の環境しか知らない農場の少年から，どんな場所でもくつろぎ，全世界からの分子で構成された身体を持つ世界的プレーヤーへと移行したことを示している。

▌1教室で8学年の生徒を教える

　今日，1つの教室で1人の教員が8つの学年の子どもたちを教える状況は想像しにくい。しかし，私が1953年4月から通った小学校では，そういうやり方をしていた。おそらく室内は絶え間ない騒音と混乱状態だったせいか，小学校で過ごした5年間はあまり具体的に思い出せない。それでも，私にとって勉強はたいして難しくなかった。私は学校をなめてかかっていた。先生が年長の生徒用に準備した資料はたいてい，私たち年下の生徒用の資料よりも興味深かった。

　私たちの先生は病気がちで，数年後に亡くなった。このため，近隣の村から入れ替わり立ち替わり代用教員が来た。若い女性教員が正式に赴任するまで，一貫性は失われたままだった。その先生が来てから私の学習意欲は高まったが，同時に先生をからかうことに楽しみを見出していた。当時，先生が課す特別な罰は居残りで，私にとって毎週の定例行事となった。私のクラスは通常，土曜日の午前11時以降は自由だったが，私は午後1時まで年長の生徒と一緒に過ごさなくてはならなかった。土曜日は毎週そうだったので，私の両親はその状況に気づきもしなかった。私もいたずらで居残りを命じられたことを両親に一切明かさなかった。もし知らせていたら，おそらくさらに罰を受けたことだろう。私の目標は，常に家庭と学校を明確に

分けておくことだった。

　もちろん，罰の与え方は居残りだけではなかった。「鞭を惜しめば子どもは駄目になる」がこの時代のモットーのようで，教員はよく鞭を使った。それは教員の七つ道具の中でも重要な道具だった。軽いいたずらをすれば，伸ばした手をビシリと打たれ，もっと悪いことをすれば，お尻を叩かれた。私たちの教区のカトリック司祭が罰するときは，先生よりも容赦なかった。司祭は優秀でみんなから愛されていたが，悪ふざけに激怒するとすぐに手が出るタイプの人で，私はかなりこっぴどく叩かれた思い出がある。年上の女子に連れられて四旬節中の十字架の道行きという儀式を見に行き，友だちと一緒にお祈りの邪魔をしたときや，喫煙がバレたときがそうだ。

　時には罪のないいたずらでも厳しく罰せられた。私たちは軍用車両，特に戦車に夢中だった。フランス軍や米軍は私たちの町でよく軍事訓練を行った。あるとき休憩時間に，学校のそばを戦車の列が通り，近くのオークの木立で攻撃体制をとった。私たちはつい我を忘れて，学校などそっちのけで見に行った。戦車のほうがはるかに面白かったのだ。休憩後，教室には男子の姿はなく，神父は女子ばかりを前にしていた。私たちがようやく学校に戻ったとき，神父は激怒し，私たち全員に鞭打ちの罰を与えた。

　女性の先生が引き継ぐと，学校生活は楽になった。この先生に打たれた記憶はない。一般的に，女子は体罰を受けなかった。

　今から見ると，小学5年間で学んだことはあまりない。最初の先生が病気になり，次々と代わりの先生が来たうえ，8つの異なる学年の子どもを同時に指導するのだから，効果的に教えるのはほぼ不可能だった。ヤコブ・ティエルという新しい教員が赴任し，2つめの教室が開設された最終学年まで，こうした状況は改善されなかった。ティエルは熱心でエネルギッシュな先生だったが，私は残念ながら，数カ月しか教わらなかった。

▌運命の朝の決定

　上の学校（ギムナジウム）に進むために選ばれる生徒はごく少数だった。小学校での私の成績はごく平凡で，どう見ても選ばれる対象ではなかった。パンク〔訳注：1970年代に流行したロック音楽に由来し，伝統を無視し，奇妙な服装や行動で体制に反抗する

若者を指す言葉にもなった〕で鳴らしていた私は，教師がぜひとも推薦したいと思う生徒のはずがない。しかも，進学対象者を決める際に，神父が決定的な役割を果たした。その背後には，口には出さなかったが，進学した少年が最終的に司祭になることへの神父の願望も込められていた。

　果たして神父が進学するように声をかけたのは，私ではなく，別の生徒だった。それは近所に住む少年（名前はハインツ）で，私より1学年下だったが，成績と行儀が良かったので目立っていた。毎日遊んでいた幼なじみとして，ハインツのことはよく知っていた。私ではなく彼が選ばれた事実をきっかけに，私の中で思考プロセスが回り始めた。おそらく，教育の意味と，自分の将来について考えたのは初めてである。屈辱感も少しあったのかもしれない。かくして私は，この問題について両親に相談することにした。両親は無理強いすることなく，最終的に私は1人で決断を下した。入学願書の受付締切日の早朝，父が私のベッドの横に立って，交した言葉を正確に思い出すことができる。

　「入学願書の親の署名欄にサインしたほうがいいか，それとも必要はないか」と，父は尋ねた。

　私は少しためらった後で，「お願いします」と言った。

　1958年1月15日早朝に発したその簡潔な一語は，私の人生で最も重要な決定だったかもしれない。ただし，願書は最初のステップにすぎなかった。次のステップは入学試験に合格することで，村の子どもには生易しいことではなかった。私たちの学校の状況では入試準備が満足にできないことは誰もが知っていたので，ティエル先生は試験対策として個別指導をしてくれた。ハインツは早くに願書を提出していたので，試験の準備に入ってからすでに数週間が過ぎていた。私がそこに加わったのは1月15日で，入試まであと数週間しかなかった。

　個別指導は先生の家の居間で行われた。初めて訪ねたときには，本棚が全部本で埋まっていたことに感動した。個人の家でそんな本棚を見たことがなかったのだ。とはいえ，教区の図書館から本を借りる機会があったので，私はそれを最大限に活用していた。

　最初の授業でわかったのは，私は1年長く学校に通っていたにもかかわらず，ハインツよりもかなり勉強が遅れていたことだ。ハインツが私よりも優秀だったのか，あるいは，数週間前から個別指導を受けてきた成果なのだろう。いずれにせよ，ティエル先生は私の努力にも進み具合にも満足していなかった。先生は短気で怒りっぽく，私が割り算の問題を解けずにいると，ついに我慢しきれなくなった。か

なり大声で文句を言われた私は，残念ながら，お決まりの反応をとった。歯医者で口を開けずにいて怒鳴られた後，数年間も歯科医に行かなかったのと同じで，私はそれを機にティエル先生の個別指導に参加するのをやめてしまった。

ギムナジウム

　とうとう入試の日がやってきた。母は電車で学校のある町まで私を連れていくと，すぐに家へ戻った。私は100人以上の受験者に混ざることになったが，唯一知っているのはハインツだけである。これは私にとって奇妙な状況だった。というのも，村では普通すべての人を知っていたからだ。

　ティエル先生による個別指導を受けなくなった後，私は自分では何も準備をしなかった。たぶんそれもあって，私は試験中にあまり緊張していなかった。それから何十年も後，私の息子のパトリックは親が教育にうるさいとこぼしていたが，私はそういうことで悩まされたことはない。息子の言う通りだ。人生を変えうる試験中に，私はプレッシャーも，期待という重荷も感じなかった。しかし，両親はおそらく私の合格見通しについて複雑な心境だったろう。私は一人息子で，ほかに妹しかいなかったので，当然ながら農場の跡継ぎは私だ。当時，私たちのコミュニティの農家は，農業にまだ実現可能な未来があるという幻想の下で働いていた。したがって，一人息子がギムナジウムに行けば，家族経営の未来を破滅に追いやることになりかねない。母には高等教育を受けた兄弟が2人いたが，母が私もそうしろと強く迫ることはなかった。私に学校教育を受けさせる人生と，農場を継がせる人生との狭間で，母は葛藤していたようだ。

　筆記試験は午前中に行われ，書き取り，小論文，数学の問題などがあった。書き取りでは知らない言葉が出てきた。ブドウ園に関する言葉で，絞りかすという意味だった。近くのモーゼル渓谷で育った子どもであれば，毎年ブドウの収穫と圧搾を直接体験していたのでわかりきった言葉だが，アイフェル出身の子どもには外国語だった。私は勇気を出して，この言葉とスペリングがわからないと先生に話した。それは明らかに彼に強い印象を与えた。

　筆記試験の後は昼休みで，午後2時に部屋に戻ることになっていた。当時は，筆記試験の結果で合格する生徒もいれば，さらに口頭試験を受けなくてはならない生徒もいた。農家の人は町に行くときには，簡単なサンドイッチを持参し，肉屋に

行ってスープを買った。ハインツと私もそうした。子どもだけで町にいるのは初めてだった。私たちはお金を持っていたので，肉屋で食事をとることができた。それは私たちにとって十分な冒険で，午前中の試験のことはすぐに忘れた。

　午後2時にギムナジウムに戻ると，驚いたことに，私は試験に合格していた。つまり，他の多くの人と違って，口頭試験を受けなくてもよい。私はたいして努力せず，熱心でもなかったのに，教育や学問の道に立ちはだかる最初の関門をクリアしたのである。それは，私がその後の22年間ずっと進み続け，今日まで傍らにある道だ。長く続いてきた父方の血統の中で，初めて農業に就かずにまったく異なる人生を歩むことが，多かれ少なかれ，公認された瞬間だった。母方を見れば，まさに学のあるおじの足跡をたどることになったと言えるのだろう。

　近くの町のギムナジウムに通うために，地元の学校を去るのはつらかった。生まれてからずっと慣れ親しみ，子どもだけでなく，大人も全員知っている環境から引き離される思いがした。村の外にあるものがすべてそうだが，この新しい環境は大きすぎて見当がつかないように感じたのだ。当時，ギムナジウムには約600人の生徒と30人の教員がいた。今日から見れば，その数は少ないかもしれないが，1教室での学校経験しかない村の少年の目には巨大だった。町はわずか10キロ先で，私たちの村と鉄道で結ばれていたが，私はこの新しい環境で長いこと外国人のように感じ，時折，激しいホームシックに襲われた。

　英語の授業で，「私の心は高原にあり，ここにはない」というスコットランドの歌を習った。その一節は，とりわけ学校がある奥深い谷間の街から，アイフェル高原まで帰るときの私の心境を的確に言い表していたので，耳から離れなかった。急な坂道をのぼる途中で，赤い鉄道車両はガタゴトと音を立てる。家に着くと，母が夕食をつくって迎えてくれるのが嬉しかった。植え付けや収穫の時期は，私は帰った後で畑に行った。そういう日は，母は私の夕食を温めておいてくれた。そこで重宝したのが，タワー式の料理鍋だ。下の段でお湯を沸騰させると，蒸気が二重壁を通って上昇し，3段に重ねた上の鍋を温めるという精巧な作りになっていて，食品を良い具合に保温することができた。他に手伝ってくれる人手がないので，両親がそろって畑で働くときには，そういう食事が多かった。私はその日の畑仕事が終わった後で，ようやく宿題に目を向けた。

　ごくたまに，懐かしい小学校に2～3時間顔を出した。というのも，教員が外出して休講となり，一日中もしくは何時間か自由になる日があったのだ。せっかくの個人指導を途中で投げ出したにもかかわらず，ティエル先生とは良い関係が続いて

おり，先生はいつも私を歓迎してくれた。私たちは友だちになり，一緒にハイキングに行ったこともある。彼の息子のマイケルはミュンヘンで投資家として働いているが，今日でも変わらず交友している。

しかし，小学校で過ごす時間は短く，自分はもう完全にそこに属していないことが実感された。当時，村から「上の学校」に通う生徒はほとんどいなかった。特別なステータスをすぐに得た人たちや現役生のかなり多くが，このステータスを鼻にかけていた。中には，高地ドイツ語しか話さない人もいた。特に寄宿学校に通い，休暇中にしか村に戻らない人はそうだ。私は通学生だったので，村のコミュニティに溶け込み地元のクラブ活動に参加するのはたやすかった。それでも，やはり「上の学校」に行ったという特別な立場により，やや部外者のように感じていた。

私たち生徒は小学生の頃から体罰に慣れていた。ギムナジウムでも腕力にものを言わせる体罰が続いた。最も多いのが平手打ちで，お尻を叩かれる頻度ははるかに少なかったが。一部の教員は，独特の個人技を身につけていた。たとえば，ある先生は生徒の片方の頬をつまみ，しっかりと固定してから，もう片方の頬を強く平手打ちをする。頬ではなく首根っこを押さえて，同じようなことをする先生もいた。家でも，多くの生徒はやらかしたことの重大さに応じて，平手打ちされたり，殴られたりした。こうした習慣は家庭によって違いがあった。最も怖い罰は，夏場にむき出しの足を鞭で打たれることだ。我が家では一度もなかったが，近隣の家ではそれが当たり前のように行われていた。

今日の見方からすれば，教員，聖職者，保護者による体罰は，とんでもない違法行為のように見える。私の世代の発育不良の一部はこうした習慣のせいかもしれない。しかし，私たちは当時の経験について別の見方もしている。もちろん，殴打や罰は嫌なものだが，罰せられた人は後からヒーロー気分になることができ，他の人からもそう見られることが多かった。それがいわば，他の少年たちから「点数を稼ぐ」方法だったのだ。私が毎週土曜日に居残りをさせられた事実も同じく，仲間の生徒から一定の尊敬を集めた。しかし，私たちの行いを正すうえで，こうした罰の効果はあまり長続きしなかった。私たちにとっての貴重な教訓は，次回（喫煙をするときなど）は捕まらないようにすることだ。告げ口をした人（主に女子）に睨みを利かせることにも力を入れた。

ギムナジウムでは，男子クラスに入った。ふるい落とし方式がとられ，すぐにその効果が現われた。留年せずに卒業したのは，私の学校区出身の38人中5人だけ。そのうち3人は村の出で，町から来たのは2人だけだった。女子やプロテスタント

の生徒が学ぶ共学コースでは，留年しないで卒業する生徒の割合が大幅に高かった。コースによって文化が完全に違っていた。私たちのコースはマッチョな文化だったが，共学コースはもっとバランスが取れていて，私たちのように喧嘩っ早くもない。6年後，2つのコースは統合された。振り返ってみると，私は幸運だったと思う。私たちのマッチョな態度は卒業する頃までに，完全には消えないものの，間違いなくトーンダウンしていた。22人の卒業生のうち5人だけが「我々」サイドからで，明らかに少数派だった。

　忘れられない印象を残した先生は誰か。習った先生の名前は挙げられるが，その印象がどうだったか，私にとってどんな影響があったかについて正確には表現できない。アダルベルト・プールはドイツ語，歴史，地理の先生だった。優秀な生徒をすぐに見抜く先生で，その勘はたいてい当たっていた。私のことをかなり買ってくれていたので，私も俄然やる気になった。プール先生は政治的なキャリアを進むべくして進んだが，その頑固さが災いした。

　私たちの地元で政治家のロールモデルといえば，長年市長を務めてきたマティアス・ジョセフ・メスだ。ナチスからのけ者にされた彼は，1929年から1946年までの出来事を日記に幅広く書き残している(注2)。彼はドイツ連邦共和国が設立された後，キリスト教民主同盟（CDU）のメンバーとして連邦議会（ブンデスターク）に参加した。しかし1950年代初めに，再軍備に反対票を投じ，コンラート・アデナウアー首相の面目をつぶすこととなった。メスの連邦レベルの政治家としてのキャリアはそこで基本的に断たれたので，その後は市長職を目指して，故郷の歴史研究に打ち込んだ。メスはこの地域で最も愛されている豚の丸焼き祭り（ヴィットリヒ郡のSäubrennerkirmes）を始めたことで知られている。毎年恒例のこのお祭りは8月16日以降の第1日曜日に始まり，町の守護聖人の聖ロクスを祭る。10万人以上が町を訪れ，100頭以上の豚がローストされる。お祭りのいわれは中世の伝説にまでさかのぼる。ある晩，町の見張り役は門のかんぬきが見つからなかったので，ニンジンで代用した。その晩遅く，雌豚がそのニンジンを食べて，門が開いたままとなったことで敵兵の侵入を許した。その罰として，ヴィットリヒ市民は豚をすべて集めて丸焼きにしたのである。

　プール先生はカトリックの世界観に根差した，明確で断固とした政治的スタンスをとっている点で，メスと瓜二つだった。プール先生は全盛期にカトリック界に強い影響を与えた全国紙を読んでいた。私たちに読ませるために，次々と読み物を調達した。それは，私たちの心を捉え，すっかり夢中にさせられた。デビッド・シュ

ブによるレーニンの伝記のコピーが配布されたが，それは私が生まれて初めて読んだ伝記だった。それを機に，私は生涯ずっと伝記に興味を持つようになった。

　引退後に，プール先生が近所の大きな森を散歩する姿を時折見かけた。森の中の曲がりくねった道を運転中に彼と出会うと，私は車を止めて話をした。それはいつも感動的な経験だった。彼は勉強の進み具合を尋ね，君のように才能ある人間は政治に参加すべきだと，力を込めて言ってくれた。彼は教え子の成功を通じて自分の夢を代わりにかなえてもらおうとしたのだろうか。私はこれまでの人生の中で，政治へと誘う分岐点が何度かあったが，結局いつも立ち入らなかった。今日，政治から距離を置いていると言ってもいい。私も歯に衣着せずに発言して頑固なところがあるので，政治の道に進めば，メスやプール先生と同じ境遇に苦しんだ可能性が極めて高い。

　プール先生は97歳まで存命だったが，先生との出会いは確かに私に影響を残した。彼は主に言葉よりもその人間性でメッセージを伝えた。私にとって，彼の最も決定的な性格上の特徴は，人々の拍手喝采とは関係なく生きる能力だ。それがプール先生の特徴だ。

　ほかにも強い影響力を受けた先生が，ハインリッヒ・デボレだ。「使命感に満ちた」若い司祭であり，エネルギッシュで，評価が分れる存在でもあった。私たちの教員の中で，彼はワークシートをコピーして使うなど，最新の方式を真っ先に取り入れた。クラスではホットな話題をよく取り上げ，現代的で説得力があり，出色だった。デボレ先生はカトリックの公教要理にとらわれなかった。私たちはコーランを読み，共産主義について話し合い，アジアの宗教を学んだ。彼は毎年，夏休みの旅行を企画した。そうした旅行で私は青春時代における忘れられない経験をしたが，それについては後で触れる。

　デボレ先生は狂信的だったと言っても過言ではない。彼はとにかく宣教師になりたいと思っていて，私たちに行動しろと何度も促した。イエズス会の伝道師がドイツを旅して大勢の人々を惹きつけたとき，その行動はお手本になるとデボレ先生は考えた。そこで，私たちはカトリックの月刊誌の購読を呼びかける活動に参加した。私たちの教区内に約600人いたが，私は購読申込みを40件獲得した。ご褒美として革製ブリーフケースをもらって誇らしかった。その雑誌は教区内の庶民には高尚すぎたので，申し込んだ人の多くが長く購読し続けたかどうかは怪しい。

　「SOS（Save Our Souls，私たちの魂の救済を）」と書かれたステッカーを車のリアガラスに貼るようにとドライバーを説得する活動もした。そのステッカーは，事

故に遭って生命の危険がある場合に，カトリック司祭を呼ぶことを促していた。それから，日曜日にミサに参加するよう観光客に呼びかけるために，キャンプ場にポスターも貼った。デボレ先生は2014年7月30日，90歳の誕生日を迎える直前に亡くなった。その1週間後，彼から初めて教わったカール・マルクスの故郷，トリーアに先生を埋葬した。参列したのは昔から親しかったごく少数の人々だった。それでも，若かった私たちのために先生がしてくれたことを，私は決して忘れない。

　個々の先生から私は何を学んだのか。どんな教えが頭に残ったのだろうか。私たちはラテン語と一緒に，英語とフランス語を学んだときには多少なりとも頑張った。国語（ドイツ語）の授業はあまり印象に残っていない。科学と歴史の細かなことは長い間，すっかり忘れていたが，そこで学んだ知識が失われたとは感じていない。むしろ，物事を理解し，会話にある程度ついていくための基礎になった。はっきりと思い出せるのは，基本的な事実や詳細を超越した教えなど，ごく一部だ。そのいくつかは第14章で取り上げる。

　私たちが学校に通っている期間は，相当数の教員にとってナチズムの時代がずっと影を落としていた。確かに，ナチス時代の間に誰が関与したかの確実な情報はほとんどなく，ほとんどが噂話にすぎなかった。私たちの町に住んでいたユダヤ人の運命についてもそうだ。ユダヤ人は人口の約5％を占めていた。おそらく，それよりも比率が高いのはフランクフルト市くらいだろう。1910年に建造されたシナゴーグ（ユダヤ教の会堂）は，1938年の「水晶の夜」と呼ばれる反ユダヤ主義暴動後も存続したが[注3]，有刺鉄線つきの木の柵で囲まれていた。ニワトコの茂みが生い茂り，まるで深い眠りについているようだった。傍を通り過ぎるときにはみんな目をそらした。シナゴーグはその後改装され，現在は文化の中心地となっている。

　学校では，町にいたユダヤ人の運命は決して語られず，何が起きているのかを聞くこともなかった。この話はするなと正式に言われたわけではないが，それこそが得てしてタブーの本質である。要するに，明示的に禁止されていなくても，とにかく誰も口にしないのだ。若者が立ち上げたプロジェクトでユダヤ人の元市民を招待したのは，1980年代になってからである。彼らとの出会いについては第13章で取り上げたい。

　教員から聞かされたのは「革のように丈夫で，鋼のように硬く，グレイハウンドのように速く」なるために努力しなさいというスローガンだ。ある宗教書には「人生で素晴らしいことをしたいならば，身体を鍛えよ」と書かれていた。その世代の教員たちの回顧展で，「ギムナジウムの先生は典型的な奴隷監督だった」と誰かが

書いていた^(注4)。それはまさに私たち自身が経験したことだ。「貴様のような奴らと次に戦えば，勝つのは我々だ」といった声明文は学校ではおなじみだった^(注5)。私はドイツ空軍に入隊した後で，特にブートキャンプで同じ口調の言葉をよく耳にした。かなりの数の下士官（NCO）が第二次世界大戦でドイツ国防軍の任務に就き，圧迫に近い訓練方法を用いた。若手将校のほうが現代的な精神を示し，もっと自由な考え方をする市民として兵士を扱っていた。

　ギムナジウムでは，私は「活発な」生徒だったが，中には破壊的な振る舞いに及んだクラスもあった。そうした攻撃をもろに受けたのがドイツ語の先生だった。ドイツ古典文学を含めて，私たちや今の時代と，教科書との関連性について，私はいつも執拗に先生を問い詰めた。他の分野，特に音楽でも，私は厄介者だった。過度に批判的で，素っ気ない態度をとったせいで，私は素晴らしい芸術をもっとよく学べたはずなのに，その機会を失ってしまった。要するに，ギムナジウムでの9年間をもっと有効に使えばよかったということだ。それができなかったのは主に自分のせいだが，私をやる気にさせることが一部の教員の強みでなかったことは間違いない。今日，神経学的研究から，学習の成功にはモチベーションが不可欠だとわかっている。

　卒業までに学校で13年半過ごしたが，どれだけ学んだか，その教育全般がどれほど良いものだったかはっきりとは評価しにくい。最初の5年間（小学校）はあまり学んだとは思えないが，おそらくそうでもないのだろう。というのも，1教室の学校で，年長の生徒向けの内容をたくさん吸収した可能性は否定できないからだ。ギムナジウムで過ごした時間の質についても，いまだに判断しかねている。おそらく，自分で思っているよりも良かったのかもしれない。たとえば，校長の卒業式のスピーチを覚えているが，いくつか実に先見の明のある提言が含まれていた。「未来は，他の人との競争があらゆる面で一層厳しくなるでしょう。この競争に押しつぶされないために，私たちはいろいろな能力を習得しなければなりません。それを達成する重要な要素が教育です。それは人々が前に進んでいく唯一の機会です」^(注6)。この言葉は，1966年10月よりも今日のほうが一層重要になっている。

▌境界線を破る

　当時の生活の特徴の1つは，移動手段がなかったことだ。車もバイクも持ってい

なかったので，どこへ行くのも極めて不便だった。両親も旅行や休暇をとる閑がなかった。要するに，子どものときにはずっと村にいたということだ。周辺地域の町に行くことでさえ大きな出来事だった。学校の遠足でトリーアやケルンなどの大都市に行ったのは，その年のハイライトの１つだった。私たちは年に１，２回，母の出身地であるザールラント州の親戚のうちを訪ねたので，みんなから羨ましがられた。それはいつもワクワクする旅行だった。というのも，税関を通る必要があったからだ。ザールラント州は1959年までフランス領だった。同地の親戚はドイツにいる私たちよりもはるかに裕福で，私の後見人であるおばは食料品店を経営していた。母は旅行のたびに，村で手に入らない商品や，はるかに安いコーヒーなどを買い込んだ。帰りに税関を通る際にはいつも危険だったが，一度も捕まったことはない。

　成長するのに伴い，閉塞感が募っていった。友だちと一緒に座りながら，向こう側の大きな世界をどれほど夢見たことだろうか！　当時のヨーロッパで唯一の民間ラジオ局だったラジオ・ルクセンブルクで聴いた感傷的なヒット曲の数々は，私たちの放浪癖を煽った。２，３人の年長の子どもはうまく逃げ出した。船の料理人として航海に出たり，軍に入って遠方に駐留したり，男性であれば仕事のために大都市に週日は通勤したりする人もいた。帰郷した彼らからは，1960年代のタバコ・ブランドの有名なキャッチコピーである「大きな広い世界の香り」が漂ってきた。

　それから突然，私たちがその大きな広い世界を探索できるよう扉を開いてくれたのが，私たちの教区のハインリッヒ・デボレ先生である。彼は私たちをイタリア旅行に連れ出してくれたのだ！　イタリアは，ゲーテの時代からドイツ人の憧れの場所だ。私たちは１年前から計画や準備を始めた。必要な資金を集めるために，アドベントリースをつくって販売し，スポンサーを探した。また，イタリア語や訪問場所について学んだ。私たちにとって，これは単なる旅行ではなく，私たちを規定し閉じ込めていた境界線を破る冒険だった。1963年の夏休みが始まると，100人の生徒はバス２台に分乗し，24日間の冒険の旅に繰り出した。

　それはおとぎ話のようだった。ヴェネツィア，フィレンツェ，ピサ，アッシジ，ローマ，風光明媚なガルダ湖での数日間のキャンプ。私たちは修道院や巡礼者向けゲストハウスで夜を過ごした。旅行費用はわずか280ドイツマルク（当時の約70ドル）である。とはいえ，私の両親には大金だった。しかし，私が罪悪感を抱いたのは，それが理由ではない。収穫期の間，両親だけにしてしまうことにあった。16歳の私は一人前の働き手として，通常は１日数時間，農場の仕事を手伝っていた。夏休みに私抜きで仕事をこなすのは大変であり，どうやって両親がやりくりするのか

見当もつかなかった。しかし，両親は疑う余地もなく，私はこの旅行に参加すべきだと考えていた。私は今日でもそのことについて感謝している。

デボレ先生が自身の休暇中に，100人の若い生徒と一緒にイタリアに旅行する責任を引き受けたことの重要性を軽く見てはいけない。この旅行は，学校行事とは関係のない純粋にプライベートな取り組みだった。神のご加護により，何の問題も起こらなかった。事故や他の不幸に見舞われていたなら，どのような責任問題になっていたかわからない。バスに乗っている間，デボレ先生がピリピリし，指先でロザリオをいじっていたことに，私は気づいていた。

デボレ先生は教区の教師として，当然ながら，教会やアッシジなどの巡礼地に私たちを連れて行った。ミサにも頻繁に参加した。同時に，都市に行くと，私たちにかなりの自由を与えてくれた。私たちはヴェネツィア，フィレンツェ，さらにローマでさえ自由に歩き回った。ある晩，私たちはフィレンツェ大聖堂の階段に座って，真夜中までドイツ民謡を歌った。ローマでは，ニコラウス・フォン・クース（1401～1467年）の墓地を訪れた。同胞のドイツ人ではクザーヌスの名で知られるが，生粋のルネッサンス人である彼のアイデアは今でも科学者を魅了している。ガリレオの約200年前，クザーヌスは地球が太陽の周りを回っていると主張した。今日でも，彼の最も有名な著書『知ある無知』や『推測論』に影響された論文が毎年いくつか発表される。クザーヌスはサン・ピエトロ・イン・ヴィンコリ教会に埋葬されたが，彼の心臓は故郷であるモーゼル河畔のベルンカステルクースに戻された。日本の哲学者たち，特に早稲田大学名誉教授の八巻和彦氏や神戸大学などの研究者がクザーヌスに非常に興味を持ち，実際に日本クザーヌス学会がある。

このイタリア旅行は2つの理由で，私の人生において実に素晴らしく感動的な体験となった。第1に，故郷の小さな村の閉塞感から抜け出す最初の機会となった。第2に，この上ない美の世界に触れることができた。私から見て，ヴェネツィアとフィレンツェは世界屈指の美しい都市だ。村の生活しか知らない青年にとって，まるで露光前のまっさらなカメラフィルムに画像が焼き付けられるように，イタリアの印象は強烈だった。

デボレ先生は意欲的で，休むことを知らなかった。2年後，スペイン，モロッコ，ポルトガルをめぐる，さらに大きな旅行を計画した。夏休みのほぼ全期間に当たる35日間，約50人の生徒が1つのバスで旅をした。デボレ先生は再び旅行参加費として420ドイツマルク（100ドル強）という破格の低価格を提示した。このとき，両親だけを残して出かける罪悪感はイタリア旅行よりもさらに大きかったが，それでも

参加したことを後悔していない。豊かな経験ができ，視野が大きく広かった。今書いている最中にも，スペインのモントセラト回廊が頭に浮かんでくる。バルセロナ，エルチェのヤシの木立，アルハンブラ宮殿のあるグラナダ，コルドバ。「ヴィルゲン・デ・アフリカ」号という船でスペインからアフリカとスペインの飛び地セウタに渡った。第13章では，私の「魔法の瞬間」の1つとして，ジブラルタル海峡を渡ったときのことを詳しく紹介したい。

　モハメッドの秘蔵っ娘にちなんで名付けられたポルトガルの巡礼地ファティマでは，巡礼者の信心深さに感銘を受けた。この場所の神話の背後にある現象は，デボレ先生と私たちにとって現実だった。今日でも，私はその感動的な経験をうまく整理しきれずにいる。

　約30年後の1990年代半ば，私は妻と子どもたちと一緒にイタリア，スペイン，モロッコを旅した。こうした旅行は我が家の子どもたちにとって大きな出来事だが，その時までに（日本を含めて）世界の多くの国々をすでに見てきたので，私が若い頃に訪れたときに味わった感嘆や驚きは見られなかった。私は1963年の忘れられない旅の記念としてローマからデボレ先生にポストカードを送った。先生から電話があり，20年ぶりに話した。デボレ先生は昔のままで，東ドイツで行った宣教活動について熱心に話してくれた。東ドイツの共産主義は多くの人々を無神論者に変えた。先生の目標はそうした人たちを教会組織に戻すことだったが，願っていた規模では成功しなかったようだ。洗礼式で再会したとき，先生は80代で，体力が低下していたが，その声にはいまだに消えることのない炎があった。先生がその日に行った説教は，私が学校に通っていた1960年代でも違和感はなかっただろう。

　こうした旅の話をすると，私が育った小さな村に嫌気がさし，そこでの人生に辟易としていたかと思うかもしれない。実際はまったく違う。幼い頃に旅行熱に駆られたことはあっても，旅行中にはやはりホームシックにかかり，家に戻りたくなった。この何とも言いがたい，明らかに矛盾した感覚はいまだに抜けない。旅行熱とホームシックは矛盾というよりも，私の2つの人間的側面を表している。家を出ることと帰ってくることは，どんな旅でも一番ワクワクする部分だ。

▌第2章の注▐

（注1）Johannes Nosbüsch, *Als ich bei meinen Kühen wacht '…. Geschichte einer Kindheit und Jugend in den dreißiger und vierziger Jahren*, Landau/Pfalz: Pfälzische Verlagsanstalt 1993, p.15.

（注2） 以下を参照。Günter Wein und Franziska Wein (Hrsg.), Matthias Joseph Mehs (Autor), *Tagebücher November 1929 bis September 1946*, Trier: Kliomedia-Verlag 2011. この非常に包括的な日記（1,305ページ）を読めば，地域レベルでナチスのイデオロギーがどのように実行に移されたかがたちどころに理解できる。

（注3） ドイツで「*Kristallnacht*（水晶の夜）」として知られる事件は1938年11月9日に始まり，ナチスがユダヤ人とその財産を攻撃した。窓ガラスが壊されて破片が散らばったことから，このように呼ばれるようになった。

（注4） Markus Fasse, "Hart wie Krupp-Stahl", *Handelsblatt*, July 11, 2009, p.9.

（注5） 同上。

（注6） "Die höhere Bildungsarbeit nicht lähmen, Oberstudiendirektor Quast sprach in Wittlich zu den Notständen an den Gymnasien," *Trierische Landeszeitung*, October 29, 1966, p.5.

第 3 章

雷鳴の時代
Years of Thunder

打ち砕かれた夢

　ドイツのシンガーソングライター，ラインハルト・メイの有名な歌に「雲の上では，自由が無限に広がっているに違いない。みんなが言う恐怖や不安はすべて，空の下に隠れている」とある。この歌詞は，まさに私が若い頃に感じていたことを表している。

　「戦後は戦前だ」という表現もよく用いられる。幸いにも，私が生きてきた時代のドイツには当てはまらなかったが。1947年生まれの私は幸運な世代で，ドイツ史上初めてこれまでずっと平和に暮らしてきた。ドイツでは，1945年に第二次世界大戦が終結して以降，「熱い」戦争は経験していないが，私が生まれて約1カ月後に，いわゆる冷戦への序章が始まった。

　冷戦が本格化したのは1947年3月12日。ハリー・トルーマン米大統領がトルーマン・ドクトリンを発表し，米国は共産主義の脅威にさらされるすべての国に軍事的，経済的な支援をする用意があると述べた[注1]。数々の緊張をはらんだ火種から浮き彫りになったのは東西の対立であり，その後何十年も続いた。1948年のベルリン封鎖と空輸作戦，1950～1953年の朝鮮戦争，1953年6月17日のベルリン暴動，1956年のハンガリー動乱，1962年のキューバ危機，1968年のチェコ事件などがそうだ。こうした出来事によって，私の故郷は「アイフェル要塞」と化し，後々まで爪痕を残した。ソ連主導のワルシャワ条約機構による攻撃は東側からしか来ないので，重要な西側連合軍の基地は西ドイツ最西端のアイフェル地域に移された。

　私の幼少期や十代の頃，空には戦闘機の轟音が鳴り響いていた。頭上で雷鳴を轟かした最初のアメリカのジェット戦闘機はロッキードT33で，主に練習機として使われていたのを覚えている。F-86セイバー，F-4ファントム，ドイツ軍保有のF-104Gスターファイターなど，近代的なジェット戦闘機が次々と開発された。地上にいる民間人などお構いなしで，航空戦隊演習が繰り広げられた。幾度となく，戦闘機が音の壁〔訳注：飛行速度を音速に近づけると機体の操縦が難しくなることから「音の壁」と呼ばれた〕を超えて耳をつんざくような衝撃音を人や動物に浴びせかけた。それは紛れもなく雷鳴の時代だった。

　私はこうした超近代的な飛行機に夢中になった。そのきっかけの1つが，1950年代半ばに巨大なシュパングダーレム米空軍基地で開かれた航空ショーだ。地元では非常に関心が高く，私は道中で生まれて初めて交通渋滞に遭遇した。誰も車を持っ

ていない村で育った幼い子どもには，半マイル以上も続く車列がどう見えたのか想像してほしい。

　私は何度も何度も空を見上げて，ジェット機の軌道を追い，コックピットの操縦席に座ると，どんな気分だろうかと空想した。すっかり航空機の虜となった私は機体の種類を熟知し，寝室の壁は考えられる限りの機体のポスターや模型で埋め尽くされていた。しかしお気に入りは，エレガントなスターファイター，ロッキードF-104だった。私が初めて定期購読した雑誌も『フライト・レヴュー』誌である。

　近隣地域にいる米国人は，私の興味の的だった。時折シュパングダーレム空軍基地に行くと，彼らの世界が垣間見えた。手に入る情報はすべてむさぼるように読んだ。米空軍のパンフレットに書かれていたウキウキする文句は，いまだに思い出せる。

> 広大な宇宙では
> どこが果てなのかわからない
> 遠く離れていくほど
> 我々の巨大な鳥は虫けらのようだ
> 飛行の評価は
> 距離，スピード，男らしさ
> 機体の品質で見るけれども
> 大多数を占めるのは，男らしさだ

　第二次世界大戦の最も有名なドイツの戦闘機パイロットの1人，エルボ・フォン・カゲネックは私と同郷だ。弱冠23歳で最高メダルを授与したが，同じ年にアフリカ上空で撃墜され，悲劇のうちにその人生を終えた。それでも，私を含めて郷里の若者たちはパイロットになる夢を諦めなかった。理解しがたいが，そうなのだ。飛行機への憧れはスターファイターのパイロットになる夢へとつながった。そういう夢を持ったのは私だけではない。アイフェルの上空で轟くジェット機の魅力は，多くの子どもにとって魅力的だった。私のギムナジウムから数人の生徒が戦闘機のパイロットになった。同郷出身のパイロットは不釣り合いなほど多かった。エルハルト・ゲーデルトもその1人で，非公式だが非常に珍しい記録を残した[注2]。海抜ゼロ以下で音の壁を破った唯一のドイツ人パイロットとされているのだ。彼はどのようにやってのけたのだろうか。

　ゲーデルトは1961年に，ドイツ軍に配備されていたF-104Gのテストパイロットとして北米で訓練を受けていた。あるとき試験飛行でカリフォルニア州デスバレーに突入した。デスバレーの最深部は北米で最も低い海抜マイナス282フィートになる。地上約30メートルでも海抜マイナス50メートルであり，ゲーデルトは轟音を立てながら谷を飛ぶことにより音の壁を破った。背後に見えるのは巨大な粉塵雲だけだったと，彼は語っている。素早く抜け出したので，幸いにもその大胆で向こう見ずな行動は誰にも気づかれなかったそうだ。卒業生のアンドリス・フロイテルはドイツ空軍で将官に昇進した。現ドイツ空軍司令官で中将のインゴ・ゲルハルツも私と同郷だ。一緒に話していると，いつも若い頃にほかの男子生徒と話していたときの感覚になる。

　1960年代に近隣のビュッヘルで第33戦闘爆撃航空団にスターファイターが装備されたとき，私の夢はさらにかき立てられた。理論的に言うと，私は故郷〔訳注：ドイツ軍駐屯地がある〕を離れずに，その夢を実現できていたかもしれない。選抜試験を受けるためミュンヘンに行ったが，わずかな色覚異常があって不合格となった。ひどくショックだった。しかし，振り返ってみれば，そこで夢破れたのは幸運だったと思う。スターファイターのパイロットになる夢がかなっていたら，私はまだ生きているかどうかわからない。それでも，私はめげずに空軍に志願した。

空軍に入る

　1967年1月2日，空軍での任務が始まった。当時は兵役が義務付けられていたが，招集されなくても「入隊する」ことにまったく疑問の余地はなかった。ドイツの主要都市では反戦運動の波が高まっていたが，農村部にはまだ達していなかった。あるクラスメートは身体検査で軍務に不適格だと判定されて失望していた。同じく不合格になって，不服申し立てをして入隊したクラスメートもいた。

　当時の若者の間で見られたこの態度は何を物語っているのか。後年ではこうした態度はすっかり様変わりしたが，冷戦で絶えず緊張感があったことが間違いなく一定の役割を果たしていた。私たちはみんな，ソ連とワルシャワ条約機構という差し迫った脅威があると信じていた。私の抱いていた「ロシア人が来るかもしれない」という恐怖心は非常に現実的だった。また，私たちの教員は，そのほとんどがナチスと第二次世界大戦の恐怖をくぐり抜けてきたとはいえ，平和主義者とも言いがた

かった。

　第4航空訓練部隊第16中隊で，私は基礎訓練を終えた。若者はみんな，初めて実家を出て，見知らぬ環境で自分がやるべきことを知る必要がある。この先何が起きるのか，私は案じていた。私のいた中隊は全国から集められた高卒者で主に構成されていた。この新しい環境でどうすれば自分の能力を発揮できるのだろうか。田舎出身で経験の乏しい村の子どもが，どうすれば大都市出身の世間ずれした新兵たちと伍していけるのだろうか。基本訓練中にどのように体力を維持すればいいのか。

　こうした不安はほんの数日で消え始めた。逆境と思えたこの状況に，自分がかなり容易く対応できることがわかったのだ。農場で働いていたので身体は丈夫で，ハードワークにも慣れていて，行進や訓練でもそれほどプレッシャーを感じなかった。基本訓練中に体重が増えたほどだ。私は味にうるさくないし，食事に満足していた。兵舎は暖房が効き，必要なものはすべて揃っている。6週間後，新兵はお互いのことがわかってきたので，広報担当者を選ぶことになった。私はみんなから選ばれたが，そのことは間違いなく自信になった。その頃には，この新しい状況で自分は「男を上げられる」とわかってきた。

　ただし，教官とはソリが合わなかった。第1に，その口調が気にくわなかった。第2に，従順さは私の強みではなかった（いまだにそうだ）。とりわけ，その命令が理にかなっていると思えない場合や，単純に自分に合わない場合はそうだ。高位の将校と年配の下士官はドイツ国防軍で任務に就いてきた。2017年の取材で退役将軍に確認したところ，「私が1966年に陸軍に入ったとき，出会う部隊長は全員（大隊司令官から将軍まで）かつてのドイツ国防軍の将校で，古参の下士官も同様だった」[注3]。それぞれが育ってきた経験は部隊を率いる方法に影響を与えたが，終戦から20年が経ち，特に市民兵士の新しい指導原則に照らして，彼らやその口調は時代錯誤だった。

　基礎訓練の後，私は教官として連隊に留まり，ミュンヘンで空軍士官学校に通った。そこでの口調は著しく異なっていた。教官は私たちにリーダーの役割を果たす準備をさせるのが自分の仕事だと理解していた。

　士官学校では，第二次世界大戦を経験し，片目が不自由な年配の大佐に私は感銘を受けた。戦略に関する講義をしてくれたが，彼の定義はずっと記憶に残っている。それは「戦略とは，相手を抑止させる方法，あるいは，紛争の場合には相手を可能な限り弱体化させる方法であり，国の全戦力を養い展開するアートとサイエンスである」というものだ。私はこの定義に少し修正を加えてビジネスに適用した。「戦

略とは，長期的に収益を出しながら確実に生き残れる方法であり，企業の強みを培い展開するアートとサイエンスである」^(注4)。これは一例だが，このようにして，私が受けた士官学校の訓練はその後のエコノミストやコンサルタントとしての活動に直接つながっている。

　私は士官学校の訓練をクラスでトップの成績で終えた。そのことで，私は士官学校を率いてきた大佐と激しい口論になった。それは，露骨な反抗ではないが，命令拒否の部類に入る。

　「サイモン，君がいるのはこの士官学校だ。教官として残ってくれ」と，大佐は私を呼び出して告げた。

　それは私の神経を逆なでした。私は訓練コースを受けるために士官学校に送られてきたのであって，それが終われば，アイフェルの我が最愛の第33戦闘爆撃航空団の古巣に戻るのは当然だという前提でいたのだ。だから，頭に血が上った。そのときなぜスチールヘルメットをかぶっていたのかわからないが，私はヘルメットをとって地面に叩きつけ，大声で叫んだ。「ここに残るいわれはない。私は第33戦闘爆撃航空団に戻るつもりだ」

　このような言動は兵士に断じて許されるものではない。結局，士官学校に残ったほうがよかったのだろうかと，今でも考えてしまう。しかしその事件から，従順ではなく命令を拒絶するという隠れた性分はおそらく，私の軍隊でのキャリアを運命づけたであろうことはわかる。後日，私はその件で大佐に謝罪したが，だからといって何ら変わらない。こうして，私は第33部隊に戻った。

■ドナウホール襲撃事件

　ネオナチ政党であるドイツ国家民主党（NPD）は，1964年に創設されて以降，わずか数年で非常に力強い成長を遂げていた。1968年4月28日，同党はバーデン・ヴュルテンベルク州の議会選挙で9.78％の票を獲得した。NPDは明らかに極右政党だった。当時のメンバーの多くは旧ナチス党員で，いまだ働き盛りだった。

　NPDはその選挙に先立って，1967年11月15日に，当時私が駐屯していたウルム市のドナウホールで大規模集会を開いた。収容人数が2,000人を越えるホールだ。私たちの部隊の姿勢は明らかに反ネオナチだった。NPDが集会を開くことを聞きつけると，仲間内で激しい議論となった。その後，仲間の1人が「ホールを襲撃し

たらどうか」と言い出したのである。

　仲間の反応は完全に一致していた。「よし。やろう」

　私たち80〜100人の隊員は，軍服ではなく私服で行くことにした。すでに寒くなっていたので，ほとんどの人が冬用コートやパーカーを羽織った。乱闘が予想されたので，それは有利に働いた。私たちは小グループに分かれて，ホールの複数の入り口に近づいていった。入り口にはNPDの警備員が詰めていて，来場者にチケットの提示を求めた。ところが，私たちはチケットを渡す代わりに，党員をかなり激しく突き飛ばしたのである。私たちは兵士として「戦闘の準備」ができていたので，実際にNPDの警備員など目ではなかった。私たちはすぐに入り口を片付け，ホール内を襲撃した。すぐに大混乱になり，招かれざる客は私たちだけではなかったことに驚いた。当時，ウルムには2番目に大きな西ドイツ軍駐屯地があった。私たち空軍兵士と同様に，別の兵舎に駐留していた陸軍の新兵も独自に集会を混乱させようと決意していたのだ。ウルム・スクール・オブ・デザインの左翼派学生も強い存在感を示した。

　NPDのリーダーと幹部がステージに立ち，騒音や混乱に負けずに叫ぼうとした。私たちがステージにたどり着くまでほんの数分しかかからなかった。大勢のNPD警備員がステージに近づかないよう防御していたが，私たちは数で勝り，接近戦の備えも万端だった。ステージを襲撃すると，NPDのリーダーは逃げ出した。集会は中断され，警官が来てホールから人々を追い出した。

　この出来事は残念ながら，悲劇的な結末を伴った。地元紙の記者が混乱の最中に死亡した。攻撃時に投げつけられた発煙弾の煙での窒息死である。翌朝，警官が私たちの部屋に踏み込み，目の前に新聞を突きつけた。その大きな写真は紛れもなく，

1967年11月15日，筆者はウルムのドナウホールでNPDの警備員を拘束した[注5]。

48

私がNPDの警備員を拘束する様子を示していた。

　記事の見出しには「最後の仕事。当社の記者はデモ参加者と警備員との口論に注意を向けた。この写真は，記者のカメラの中から見つかったもので，手を挙げて撮影者に近づくNPD警備員を写している」とあった。1週間後，ホール襲撃に関する記事が，私が警備員を拘束している写真ともども全国版ニュース誌『Spiegel』に掲載された[注6]。

　『Spiegel』誌は犯罪捜査の内部情報をもとに，発煙弾は兵士が投げたものではなく，「集会を混乱させようとした芸術大学の学生たちが手作りした爆弾」だったと公表した[注7]。同誌によると，爆弾を作ったのは「ウルム・スクール・オブ・デザインの前衛的で反逆的な現場」の学生だったという。私たちの隊員は誰も発煙弾で武装していなかったと断言できる。それから数日間，私たちは警察が再びやって来るのではないかとビクビクしながら過ごした。私は危うく報道写真を根拠に最初の逮捕者になるところだった。発煙弾とは無関係とはいえ，不法侵入を咎められる可能性は十分にあったが，何事もなく済んだ。

　私たちの中隊長も，間違いなく新聞で私の写真を見ていたが，何の行動も起こさなかった。司令官は一度もその晩にホールで起こったことを聞いてこなかった。とはいえ，ネオナチ攻撃を密かに計画していた我々グループの下士官とは仲が良かったので，すべてを知っていたのではないかと思う。その一方で，私たちはネオナチ集会を混乱させ，ステージからリーダーを追い払った事実が誇らしかった。ただし，記者の死は不可抗力であり，私たちは頭を冷やして反省した。

▌人命を奪った手榴弾

　私の軍歴は短いが，その中でもやはり悲劇的なことがあった。

　第4空軍訓練連隊ブートキャンプの最後の演習で，塹壕を掘って板と枝で覆う必要があった。敵の攻撃のシミュレーションで中尉が投げた発煙弾が，1人の新兵が眠っている塹壕付近で爆発した。彼が仲間の助けを借りながら，塹壕から抜け出すまでに数分かかった。しかし，この数分が命取りになったのである。兵士は煙を吸い込み，11日後に亡くなった。

　私たちの空軍隊はこの兵士の故郷に最も近い場所に配置されていたので，葬儀に派遣され，棺の担ぎ手となった。私たちの部隊は事故とは無関係だったが，墓地で

Beisetzung des toten Rekruten Norbert Theisen
»Das Teufelszeug hat ihm die Lungen zerfressen«

亡くなった新兵の葬儀で棺を担ぐ筆者
（右後部）

は，新兵の親族や同郷の人々からの冷たい視線を感じた。私たちはドイツ空軍の代表であり，軍務によって身内や同胞が究極の犠牲を払うことになったのだ。この出来事の記事は，全国ニュース誌『Stern』に掲載された[注8]。

　この事件は後日，個人的な展開があった。退役後にボンに留学していたとき，クラスメートの妻が亡くなった新兵のいとこだと判明したのだ。

▌爆弾は珍しくもない当たり前の物品だった

　私は空軍ではほとんどの期間，第33戦闘爆撃航空団に配属されていた。この航空団には36 F-104G ロッキード「スターファイターズ」が配備されていた。この機体は1人乗り用有人ロケットに似ていた。

　航空団にはある機密性の高い任務があった。冷戦がこのうえなく加熱してきた場合，私たちの航空機は鉄のカーテンの背後で，事前に設定された目標地点に爆弾を運ぶことになっていた[注9]。各パイロットは，具体的な目標を与えられ，そこまで

アイフェル上空を飛ぶ第33戦闘爆撃航空団
の F-104G スターファイター

のルートを頭に入れていた。時には，目的地が遠すぎて，スターファイターの戦闘行動半径を越えてしまい，パイロットが基地に戻れなくなる場合もあった。このような場合，パイロットは爆弾を投下後に可能な限り飛び続けてから緊急脱出を図る。こうした理由もあって，スターファイターの全パイロットの基本訓練では，サバイバル訓練が欠かせなかった。

　私たちの空軍基地には厳重な警備体制が敷かれていた。私たちの任務には士官の訓練と全般的な基地の警備も含まれていた。北大西洋条約機構（NATO）が警報を発した際に，基地外の補給処から駐機場まで爆弾輸送を警護する必要があった。当時，こうした輸送には主な公道を使った。軍隊が専用道路を建設して公道まで橋を架けたのは後になってからである。

　治安部隊の兵士は完全に社会の縮図を示していた。刑務所帰りもいれば，酔っ払って持ち場に現れる者もいた。となれば，使う言葉や口調は想像できるだろう。そうした兵士を率いるのは，当時まだ21歳だった私には大きなチャレンジだった。

　第二次世界大戦後，最大級の危機が起こったのは1968年8月。ソ連軍がドイツに隣接するチェコスロバキアに軍事介入した。NATO内では何度も警報が鳴り響いた。私は「クイック・トレイン警報」担当将校だった。警報区域では，既にスターファイター6機に武器が詰め込まれ，パイロットが操縦席で待機していた。真夜中直前の午後11時30分にサイレンが止んだ。その意味するところは，とにかく最短時間で残りのスターファイターにも爆弾を装備せよということだ^(注10)。NATOの警報下で，警護特務部隊が実弾で武装した人員を基地に配備した。よりによってそんな夜に，中隊の半数が酒を飲んでいた。私はすぐに，この手に負えない連中を，うわべだけでも制御下に置く術を見つけなくてはならなかった。私が招集をかけると，隊員の1人が仲間に耳打ちし，「あいつをビビらせようぜ」と言っているのが聞こえた。

　「サイモン，放っておいてくれ。でないと，俺が初めて射殺するのはお前だぞ」と，そいつは叫んだ。

　知っての通り，その夜は全員が実弾を装備していた。

　そんな脅しをかけるのは，酒が入っていたからというよりも，そいつが弱い者いじめで定評のある兵士だったからだ。私と非常に仲の良かった伍長が，その脅しを聞いて，民間人時代に積んだトレーニング経験を大いに活用した。彼はミドル級ボクサーで，両手で繰り出す強烈なパンチが自慢だった。地元の格闘シーンでは今日でも伝説となっている。

　この厄介な状況をどう収束させたかという詳しい説明は割愛するが，私はそのボ

クサーあがりの友人に組織の規律を取り戻すように命じ，その直後，くだんの酔っ払い兵は私を含めて誰にも危害を加えられない状況になったとだけ，述べておこう。

　その瞬間から，部隊は厳格な規律をもって動くようになった。兵士は道沿いに15メートル間隔で並んだ。素面の兵士が酔っ払いの兵士の隣に立ち，問題の兵士のライフルから実弾入り弾倉を外して預かっているのを私は確認した。NATO軍の監察官が近づいてきたときだけ再装弾するのだ。翌朝，部隊が非常に迅速かつ正確に所定の位置に着いていたので，私は公式に褒められたばかりか，休暇を1日余分にもらうことができた。しかし，実際の状況が噂になっていたなら，私と仲間の伍長は営倉送りになっていただろう。

　もちろん，私は良きリーダーシップの例として，この事件を正当化しているのではない。しかし時には，小賢しい戦術では効かない不安定な状況が起こりうる。こうした兵士は関わらないほうがいい人間だ。そのうちの1人は，夜の見回りの間に，自分のサブマシンガンの弾をすべて撃ちつくした。幸いにも，怪我人は出なかったが。とにかく，第33戦闘爆撃航空団で過ごした時間は，私にとって，後半生に非常に役立つリーダーシップ経験となった。

　第33戦闘爆撃航空団で過ごした時期を，現時点でどう捉えているのだろうか。おそらく，私たちの航空団に不可欠だった軍事抑止力は，冷戦の加熱を防ぐ一助となった。同時に，1990年に鉄のカーテンとベルリンの壁が崩壊し，軍備拡張した超大国間の数十年にわたる対立が，一度も発砲や空爆を起こすことなく解決したのは，今でも奇跡のように思える[11]。

空飛ぶ棺と呼ばれた戦闘機

　基地内で私たちの部隊の兵舎は，滑走路からわずか約200メートルのところにあった。スターファイターは昼夜を問わず離陸し，そのたびに兵舎は揺れた。ゼネラル・エレクトリック製J79エンジンからの爆音は，飼い慣らされていない野生のドラゴンの咆哮のようだった。この戦闘機は「人間が搭載されたミサイル」と呼ばれていた。F-104は実際にベトナム戦争中に配備され，戦闘での飛行時間は1万4,000時間以上にのぼった。F-104の戦闘航空哨戒の際に，敵兵はソ連製MIG機に「特に乗りたがらなかった」という記述が残っている[12]。今日まで，ミュンヘンのドイツ技術博物館に，この時代に敬意を表して我らがスターファイターの1機が

30年後，ミュンヘンのドイツ技術博物館に
展示された第33戦闘爆撃航空団のスター
ファイター

展示されていることを誇らしく思う(注13)。

　しかし，スターファイターには「未亡人メーカー」，「地面に釘打ち機」，「空飛ぶ
棺」など，皮肉混じりのダークな異名もあった(注14)。ある朝，飛行中隊が集合する
と突然，異常な音が鳴り響き，みんな滑走路に目をやった。ジェット機が離陸して
いたが，そのエンジン音は，いつもの耳慣れた均一的なしわがれた声というよりも，
断続的に咳込んでいるように聞こえた。離陸した直後，スターファイターから炎が
出始めた。離陸に必要な再燃焼装置が作動していなかったのだ。

　機体はやや高度を得てから，放物線を描いて地面に戻っていった。その後，私た
ちは約１マイル離れたところで巨大なキノコ雲を目にした。学校や軍隊で上映され
た映画で何度も見てきた核爆発と同じ形だ。私たちは事故現場を保全するためにす
ぐに移動した。パイロットは無事に脱出し，重傷を負うことなく生き延びた。私た
ちが見つけ出したとき，彼が最初に発した言葉は「ビールの樽を注文してきてくれ」
だった。

　これは，私の航空団において，また間違いなくドイツ空軍においても，唯一の墜
落事故ではなかった(注15)。916機のスターファイターのうち，合計269機，航空隊の
29.4％が墜落し，116人のパイロットが死亡している(注16)。それでも，スターファ
イターはその上昇力と操縦性によって，パイロットから高く評価されていた。私は
いまでも以前の航空団の面々とよく連絡を取り合っている。元パイロットに会うと，
みんなF-104Gを褒めちぎる。

　空軍での任期が終わりに近づいた頃，相棒（例のボクサー）と私は自分たちへの
餞別としてパリ旅行に出かけた。当時はまだ，パリのど真ん中に巨大な中央市場の
レ・アールがあった。パリには３日間滞在したが，昼夜を問わずどんちゃん騒ぎを
して，一晩だけホテルに泊まった。ただし，ルーヴル美術館でモナリザも見たし，

モンマルトルの丘に登り，パリを歩き回った。それが本当にパリを知る唯一の方法だ。

レ・アールでは，ロイ・デ・アレス（ホールの王様）というバーでたむろしたが，何よりも人間ウォッチングの機会となった。娼婦から食肉処理場の労働者まで，あらゆるタイプの人を目にしたからだ。辺りには緊張感も漂っていたかもしれない。少しでも間違った動きや不用意な発言をしようものなら，波風が立ちかねなかった。私たちは，腕相撲をしようと言ってきた怪しげな人々と同席していた。彼らがドイツ人を良く思っていないのがわかったので，その挑戦は断れなかった。幸いにも，私の仲間は再びボクシングのトレーニングが奏功して，フランス人を簡単に打ち負かした。それで空気が変わってテーブルに平和が訪れ，お互いにハウスワイン代をおごり合ったりもした。「俺が腕相撲で勝ったから，フランス人とドイツ人の友情が芽生えた」と，私の相棒はいまだに言い張っている！

正式に除隊した日に，私は再び好奇心を抑えきれなくなった[注17]。私たちの爆撃航空団は冷戦で特別な任務に就いていたので，高い情報アクセス権限が与えられていた。私は自分の人事ファイルを見たいと申し出た（許可された）。すると，そこには別人のハーマン・サイモンの身元調査データがあるではないか。軍事機密もただのお役所仕事のようだ。私は一言も言わずにファイルを閉じて元の場所に戻した。それはおそらく今でもそこにある。

▌後日談──雲の上で

パイロットになる夢はかなわなかったが，大人になってからの生活はかなり雲の上で過ごした。私は何回飛んだのか，どこまで飛んだのかわからない。数百万キロメートルというのは大まかに見積もった距離でしかない。今日でも，巨大な航空機が滑空するのを見るたびに，高揚感が沸いてくる。その衝動の背後にある力は信じられないほどだ。

私は何度もプライベートジェットに乗る機会に恵まれてきた。この移動形態は通常，一般人には利用できないにもかかわらず，「一般航空（general aviation）」という奇妙な名称がつけられている。私は確かに自分のプライベートジェットは持っていないが，講演を依頼されて，時間が厳しかったり目的地が遠かったりする場合に，「プライベートジェットをご用意いただけるなら，その依頼をお受けできます」

という返事をする。

　多くの企業は，中堅企業であっても，特に主要空港から遠い場所に拠点があるところは自前でプライベートジェット機を保有もしくはリースしている。また，世界中にこれほどたくさん飛行場があることにも驚いてしまう。飛行場だらけの国が多く，出発地や行き先を問わず，どこへ行くにもまったく時間がかからないほどだ。

　ある朝，私はオーストリア・アルプスに囲まれたインスブルック近くで講演した。その日の午後にドイツ南西部で会議があり，プライベートジェット機が40分で私をそこまで連れて行ってくれた。別の機会に，パリでの講演予定がドイツのBASFとの経営セミナーと重なったことがある。BASFのCEO専用のプライベートジェット機のおかげで，私はどちらにもしっかりと参加できた。

　隠れたチャンピオン企業のBHSコルゲーテッドは段ボール製造機の世界市場リーダーだが，バイエルン州中部の何もないところに拠点がある。プライベートジェットであれば，ボンから現地まで，講演や夕食の時間も含めて往復6時間みておけばよい。電車や車で行くと20時間はかかり，一泊せざるをえなかっただろう。

　プライベートの空の旅の柔軟性は何とも素晴らしい。ある日，シュトゥットガルトでの会議が長びいた。私は午後2時に「ボンで6時にもう1件仕事があるので，もう電車に乗らなくてはならない」と言った。

　「慌てなくても大丈夫」と，クライアントが言った。「私の飛行機で送りますから」

　機上で，私が住んでいるボン郊外の飛行場に降ろしてくれないかとパイロットに聞いてみた。「承知しました」と，パイロットは言った。

　小さな飛行場で降ろしてくれたので，私は午後4時までシュトゥットガルトにある会社のオフィスにいたのに，ボンで午後6時に開かれた会議に間に合った。両都市は360キロメートル離れている。

　時々，私たちは小さな北海の島々の草地に着陸した。なんと効率よく時間が使えて，便利だろうか。

　インフラが未整備の発展途上国では，プライベートジェットでの移動はさらに重要だ。私はヨハネスブルグからジンバブエのビクトリアフォールズまで移動したが，飛行機でなければ不可能だった。パプアニューギニアやフィジー諸島を周遊したときもそうだ。最近では，私はいくつかの国で，路上交通を避けて，代わりに飛行機を借りたり，クライアントに飛行機を手配してもらったりしている。これは時間と安全の観点で合理的だが，コスト面などの制限によって必ずしも実現できないことがある。プライベートな空の旅は非常に効率的な移動形態で，膨大な時間の節約に

なる。環境にやさしいかどうかはまた別の話だが。

　アイフェルと私が果たせなかったパイロットになる夢の話に戻ろう。今日でもいまだに，第52戦闘航空団のアメリカ製ジェット機や，アイフェルの上空を横断する第33爆撃航空団のドイツ製ジェット機を見かける。ジェット機が地平線に溶け込むように消えていく様子を見ると，昔の子ども時代の夢に再びふけり，頭の中でラインハルト・メイの「雲の上」の終盤の歌詞が流れ始める。その情感たっぷりなドイツ語の歌詞をそのまま他の言語に訳すことは事実上不可能だが，おおまかにでも伝わればと思う。

> 「ジェット機は地平線を越えて，空高く
> もう見えなくなったけれども
> 私の中で子どもの私が再び目覚めて
> エンジンの轟音を夢見る」(注18)

▌第3章の注▐

（注1）以下を参照。Peter Ochs, *Wir vom Jahrgang 1947*, Gudensberg: Wartberg-Verlag 2016, p.5.

（注2）以下を参照。"Erhard Gödert aus Wittlich – Starfighter-Pilot und Manager", in: Hermann Simon (Hrsg.), *Kinder der Eifel – erfolgreich in der Welt*, Daun: Verlag der Eifelzeitung 2008, p.67.

（注3）"Eigentlich kann sie so nicht weiter führen. Ein Gespräch mit Generalmajor a. D. Christian Trull über die Bundeswehr und über das Wesen des Soldaten," *Frankfurter Allgemeine Zeitung*, June 27, 2017, p.9.

（注4）Hermann Simon, *Was ist Strategie, in: ders. (Hrsg.), Strategie im Wettbewerb*, Frankfurt: Frankfurter Allgemeine Buch, 2003, pp.22-23.

（注5）Schwäbische Donau-Zeitung, November 17, 1967, p.9; 同じ写真は以下の雑誌にも掲載された。*Der Spiegel* on November 27, 1967.

（注6）"NPD Geblähte Segel," *Der Spiegel*, November 27, 1967, p.69.

（注7）同上。p.70.

（注8）1968年3月6日に事故が起こった。ニュース誌『*Stern*』の次の記事を参照。"Giftgas vom Leutnant" appeared after Norbert Theisen's death on March 17, 1968, pp.240-241.

（注9）第33戦闘爆撃航空団は2013年10月1日に第33戦術航空団に改名された。

（注10）以下を参照。Rainer Pommerin, "Aus Kammhubers Wundertüte, Die Beschaffung der F-104 Starfighter für die Luftwaffe der Bundeswehr," *Frankfurter*

Allgemeine Zeitung, November 15, 2016, p.8. 警戒中に核爆弾を積んだ航空機に乗っていたドイツ人パイロットの話が書かれている。

(注11) 以下も参照。Jörg Link, *Schreckmomente der Menschheit: Wie der Zufall Geschichte schreibt*, Marburg: Tectum Verlag 2015, p.32. リンク教授は2016年11月11日付けの手紙でこの話題に触れている。

(注12) Peter E. Davies, *F-104 Starfighter Units in Combat*, Oxford: Osprey Publishing 2014, p.16.

(注13) スターファイターは徐々にトーネードに置き換えられ，1991年5月22日に完全に退役した。

(注14) http://www.spiegel.de/einestages/50-jahre-starfighter-kauf-a-948207.html,（2017年3月20日調べ）

(注15) 妻のセシリアの実家からそう遠くないフンスリュック地方のノイヒュッテンで，第33戦闘爆撃航空団の別のスターファイターの墜落事故が起こった。

(注16) 以下を参照。Hannsdieter Loy, *Jahre des Donners – Mein Leben mit dem Starfighter*, Rosenheim: Rosenheimer Verlagshaus 2014 and Claas Siano, *Die Luftwaffe und der Starfighter. Rüstung im Spannungsfeld von Politik, Wirtschaft und Militär*, Berlin: Carola Hartmann Miles Verlag 2016.

(注17) 私はスポーツで負った怪我が完治しなかったので，1969年4月に大学で勉強を始めるまで，さらに3カ月間，軍に在籍した。1969年11月11日，ボンで予備役中尉に昇進した。

(注18) ドイツ語の原文は以下の通り。"Meine Augen habe schon/jenen winz'gen Punkt verloren/Nur von fern 'klingt monoton/das Summen der Motoren."

第 4 章

勉強に目覚める
Getting Serious

▎面白おかしい遊びばかりではない

　高校を卒業して直後，私は勉強にうんざりしていた。約14年間の学校生活ですでに包括的な知識基盤をつくってきたではないか，と。そんな学習態度は，知的刺激が少なかった空軍時代を経て180度変わった。すでに十分な知識があるという満腹感は消え失せ，新しいことを学びたいという新たな欲求に取って代わった。大学で勉強する日が待ちきれなかった。

　その頃には，経済，政治，社会問題に強い関心を持つようになっていた。さまざまな本を読んで，こうした分野をまず大まかに知った。ただし，政治学者や社会学者の言葉には辟易とした。仰々しく，曖昧で，時には無意味で，ちんぷんかんぷんだった。おそらくすべてを理解していなかったのだろう。とにかく，最終的にボン大学で経済学を学ぶことにした。同大学経済学部は現在，世界で29位，ドイツで1位となっている。最も有名な卒業生はカール・マルクスだ。経済学部は有名教授が大勢いることでも知られていた。私にとって，ボンはライン川沿い小都市以上のものであり，当時はドイツの首都だった。私は小規模な大学が気に入っていた。同時並行で経済学部生が6,000人いるケルン大学にも通って，いくつかの単位を取得したが，ボンが私の本拠地になった。

　勉強を始めると，私の中のスイッチが逆転した。今でも我ながら驚いてしまうほどの変貌ぶりだった。お気楽でしばしば不注意なハーマン・サイモン，いつも率先していたずらを考え，仲間を扇動していた人物から，真面目な研究者が現れたのだ。成長期の私を知る人々は，もはや私だと気づかなかった。大学で初めて出会った人たちは，以前の私のことを話すと驚き，信じられないようだった。私は小学校の5年間を無駄に過ごし，高校も真面目ではなかった。高校で最終筆記試験が終わると，私は仲間と一緒に学校を数時間抜け出し，次に受ける口頭試問の準備をすっ飛ばした。最終学年は並みの成績だったが，おそらく学校をさぼりがちだったのが教員のお気に召さなかったのだろう。

　ボンに入学すると，それがすべて一変した。講義を欠席したことは一度もなく，試験の準備は怠りなく，細心の注意を払って宿題とゼミの勉強に取り組んだ。時間の無駄づかいもやめた。当時，平均的な学生は卒業所要単位を取得するのに11.2学期かけていたが，私はなるべく早く取り終えたかったので8学期で完了させた。

■お金を稼ぐ

　もちろん，懐具合は苦しかった。実家からの支援は当てにできないし，望んでもいなかった。兵役時代の貯金でそれなりの経済的余裕はあった。１学期が終わって休みの期間は働いたが，それはとんでもない仕事だった！　アイフェルのアウトバーン（高速道路）建設現場で１日14時間，週６日働いたのだ。報酬はまずまずで，６週間で相当な貯金ができた。さらに，政府の経済援助プログラムで助成金ももらっていた。２学期から，統計学のチューターの仕事にありついた。その１学期後，経済学の教授が自分を補佐するチューターとして私を雇ってくれた。２科目で同時にチューターを務めることは正式には認められていなかったが，私はその申し出を断らなかった。

　時折，臨時収入を得る機会あった。ある日，出版社の担当者から「カタログ配達に興味がないか」と聞かれて，私はうなずいた。十分に簡単な仕事に思えたのだ。ダイニングホールや他の共用エリアに行くと，学生が常に何かしら配っているように見えた。数日後，ドアのベルが鳴った。

　ドアの前にトラックの運転手が立っていて，「サイモンさんですか」と聞いてきた。

　私は思わずその運転手を二度見した。それから，はたと気づいた。その運転手は私の村の隣人の20歳になる息子で，ケルンの海運会社で働いていた。その後，彼が４段積みの台車でカタログ２万部を寮のホールに運んできたときにも，私は思わず二度見した。

　我ながら，なんという窮地に陥ったのだろうか。食堂の入り口に立ち，２万部のカタログを配りたい気分にはとてもなれなかった。しかし，この仕事の片付け方について妙案があった。出版社は配布したカタログ１冊につき10セントを支払ってくれた。私が見つけた学生は５セント出せば喜んでカタログを配ってくれたのである。出版社はカタログごとに差し込まれたカードでちゃんと配布されたかどうかをチェックしたので，私は記入済みカードの枚数に応じてその学生に少額のボーナスを支払った。我々チームは最も高い応答率を達成し，追加のボーナスが私の懐に入った。誰もがハッピーだった。

投資ファンドを販売する

　偶然のことだが，別の副業をしたこともある。ボンからアイフェルに戻るために
ヒッチハイクをしていると，気さくなドライバーが車を止め，手招きして私を乗せ
てくれた。その人はボンと私の家の中間に位置し，F1レースで有名なサーキット
のあるニュルブルクリンクに向かう途中だった。同地にあるホテルで，投資ファン
ドの販売研修セミナーに出席するという。この種の投資はヨーロッパでは目新し
かったが，スイスのジュネーブで，インベスターズ・オーバーシーズ・サービシズ
（IOS）を経営するアメリカ人のバーニー・コーンフェルドのおかげですぐに評判
となった。IOSはその投資ファンドを売って成功していたので，一般の人々にも知
られるようになったのだ。もちろん，ドイツの銀行はもうけの分け前にあずかりた
いと考えていた。最初に投資ファンドをつくって売り出したドイツの投資銀行の1
つはケルンに本社があり，私を乗せてくれた男性の雇い主だった。

　彼は私にもセミナーに参加しないかと誘った。私としても，絶好の機会を逃すつ
もりはない。とにかく売ることに興味があったし，経済学の勉強をして十分に準備
ができていると感じていた。そのセミナーはファンドの財務面よりも，販売心理学
という，私にとって新しく，非常に魅力的な分野に重点を置いていた。トレーナー
は私にパンフレットや申し込み用紙をくれた。投資家に申し込んでもらうためには，
アポをとって説明しなくてはならないが，そういう販売方法はひどく大変だった。
第1に，私には，動かせるお金とこの新タイプのファンドに投資意向を持つ裕福な
見込み客に関するツテがなかった。第2に，コーンフェルドとこの投資形態の主力
企業であるIOSはその後まもなくトラブルに巻き込まれた。私が売ったファンド
を保有していた銀行は1974年に倒産した。投資ファンドは幸いにも，別の資産形態
として扱われ，倒産資産から免除されたので，顧客とトラブルになることはなかっ
た。とはいえ，ファンドの評判はガタ落ちとなり，ドイツで再びこうしたファンド
が定着するまでに何年もかかった。私はそのファンドを売るのをやめたが，その経
験から多くのことを学んだのは間違いない。

　学生の身では贅沢なことはできなかったが，こうしたさまざまな収入源のおかげ
で経済的な問題は回避できた。経済的な心配から解放されることは，大学のプログ
ラムに専念してうまく乗り切るための重要な前提条件だと思う。また，私が研究や
仕事以外で行っていた政治活動に熱中する余裕もできた。こうした刺激的で時間の

かかる活動は，人前で話したり，レトリックを用いたり，リーダーシップのレッスンとなり，私の正規の勉強を重要な形で補完することになった。

経済学は数学か？

　ボンの経済学のプログラムは非常に定量的，理論的，数学的に難しかった。私たちが学んでいるのは経済学よりもむしろ数学ではないかと言いたくなったほどだ。最初のうちは格闘したが，途中から私の数学の力が追いつき，その後はオペレーションズ・リサーチ（いわゆる数理最適化や数理計画法と呼ばれるもの）など定量的テーマを中心に研究するようになった。その分野の私の指導教授は，離散数学協会会長で世界有数の数学者でもあるベルンハルト・コルテだった。コルテ教授はチームを組んで，IBM が最も先進的な半導体チップの設計に使っていた「ボン・ツール」を開発した(注1)。1998年にチェスの世界チャンピオン（当時）のガルリ・カスパロフを破ったチェス専用コンピュータ「ディープブルー」のマイクロチップの設計も手掛けた(注2)。さらには，IBM メインフレームのプロセッサー「ボナ」(ギネスブックにも載ったものだ）の開発に携わった。64ビットのプロセッサーを搭載した最初のアップルのコンピュータ「Power Mac G5」のプロセッサー用チップのルーツもコルテ教授の研究にある。彼の最近の業績は，ノルトライン＝ヴェストファーレン州のイザベル・プファイファー・ポエンスゲン科学大臣に敬意を表して命名された IBM チップ「イザベル」だ。オークリッジ国立研究所のスーパーコンピュータ「サミット」は，このチップで駆動する。サミットは2018年6月に稼働し，理論計算能力は毎秒約18.7京だった(注3)。

　私が敬愛した教授は，経済学者のヴィルヘルム・クレール（1916〜2004年）だ(注4)。物理学の博士号を持つ彼は，経済学を物理法則やモデルの応用分野と見なしていた。こうしたモデルは明白な仮定に基づき，数学を使って最適解を導き出せたので，魅力を感じたことを認めよう。その解には，成長軌道の最適化やマクロ経済目標が含まれる。クレール教授の講義にはカール・マルクス理論の数式化に関するものもあった。

　クレール教授の最も野心的なプロジェクトは，70の方程式に基づいて国民経済を説明する包括的な予測モデルだった。このアイデアは，主要な経済的ドライバー（金利，税金，補助金など）の変化がマクロ経済指標の範囲に及ぼす影響を予測す

ることにあった。その理論は美しく心躍るものだったが，実際の結果は不十分なところが多かった。このモデルを使った予測が喫緊に必要になるたびに，うまく機能しなかった。特に1973年の石油危機と1978年の2度目の石油危機のときがそうだ。

今日，政府や中央銀行がこの種の包括的なモデルを使っているかどうかはわからない。しかし，次々と危機が起こるたびに，私にとって明らかになっていった知見がある。物理学の世界のレンズは経済にはあてはまらないということだ。物理学には自然定数がある。確立された測定可能な物理法則では，何度繰り返しても同じ条件下であれば同じ結果になる。このような定数や一貫した結果は経済学には存在しない。現実世界では，同じ条件を正確に複製することは不可能だ。場合によっては，パラドックスに直面することもある。

教えるのが一番上手だった教授が，オーストリア人のフランツ・フェルシュルだ。彼は統計を愛し，その熱意には伝染性があった。その模範的な講義は，彼の類い稀な才能，複雑な統計学の概念をわかりやすく説明する能力を示していた。彼の授業は，私の大学生活だけでなく，後に研究者になったときにも，とても役立った。結局のところ，統計学は至る所で用いられる。フェルシュル教授はよく，有名なアメリカ人統計学者のジョン・テューキーの言葉を引用した。当時よく聞いた「自分のデータを見なさい」といったシンプルな言葉は今でも記憶に残っている。私は可能な限り，正式な統計分析を始める前に，データセットを打ち出して視覚化するようにしている。もちろん，多次元データセットを視覚化しようにも限界がある。しかし，ビッグデータ時代でさえ，この助言には注意を傾けるべきだと感じている。

ビジネス経済学では，ホルスト・アルバッハ教授が生産からマーケティング，組織に至る全分野を担当していた。後に私は論文指導をしてもらったが，アルバッハは新しい教育方法としてケーススタディを導入した。エコノミストの使う理論に依拠したアプローチとは違って，実践に基づくアプローチは大歓迎だ。ケーススタディはなんと言っても現実世界の事例に基づいていたので，私にはたまらなく魅力的だった。これらの概念がすべて現実のビジネスの世界でどう組み合わさっているのか理解したいと思っていた。

学生の政治活動

1968年は学生運動が盛んだったことで知られている。私が勉強を始めてしばらく

すると，ヨーロッパ，特にパリとベルリン出身の学生が政治に目覚め，その動きが小都市や大学に波及していった。なぜそういうことが特定の年に起こったのか。この論点を取り上げた書籍は図書館中に溢れている。私たち学生にとっても，私個人にとっても，ドイツではある要因が中心的な役割を果たしていたことは間違いない。それは，両親や教師によってナチスの過去が完全に闇に葬られてきたことだ。私たちを育て，行政，ビジネス，政治の責任を担ってきた人々の多くは，あの暗黒時代に何らかの形で関係していた。しかし，彼らは自らの関与を隠そうとした。その世代がヒトラーの擁護やナチスの犯罪の正当化を図ろうとしたということではないが，起きていることをはっきりと非難する声はごく稀だった。

　1960年代末に，若い世代はついにこの抑圧された偽善的な世界から一挙に解放されたいと思い立ち，激動の時代が始まった。大学では，反対派が講義の邪魔をし，建物を占拠し，公共財産を破壊し，デモを行う状況が日常的に見られるようになった。多数の学生グループが結成され，そのほとんどは左翼だった。そのうちかなりの数が急進左翼で，たいていマルクス・レーニン主義か毛沢東主義に傾倒していた。保守系はキリスト教民主主義学生連盟（RCDS）が最も強い派閥だった。その中間にリバタリアン（自由至上主義者）と独立系がいた。これは，カリスマ性を備えた才気溢れる話し手が登場し輝く肥沃な土壌となった。

　私は個人的に独立の立場を選び，どの組織にも属さなかったが，意見を同じくする人々とは協力した。その1人がウォルフ・ディーター・ツォンプフォートだ。彼は後にシュレースヴィヒ＝ホルシュタイン州で自由民主党議長を務め，ドイツ連邦議会議員にもなった。私たちのグループは学生自治会選挙で数回勝った。私は後年，人生のこの時期を振り返って，「何よりも政治にスパイスのような刺激を感じた」と説明してきた。激動の学生運動時代に，学生自治会メンバーとして過ごした2年間（そのうち1年は会長を務めた）は，正規の勉強など取るに足らないことに思えた(注5)。

　その活動を通じて，多くの貴重な経験が得られた。私はいつも数百人の学生の前でスピーチをした。議論をリードし，支持を呼びかけ，左翼の無政府主義者と戦い，一心不乱に取り組んだ。ある左翼過激派グループがチラシで，私のことを「最高内通者」で「学生の裏切り者」だとこき下ろした(注6)。別のグループは「サイモンが言っていることは理論的根拠のないプラグマティズム」だと語った(注7)。

　私たちは新聞やチラシを制作し，イベントやキャンペーン活動を企画した。運動に参加してくれる仲間を見つけ，やる気を促し，足並みを揃える必要があった。私

64

は学生自治会長として教授と直接渡り合い，大学内である程度，名前を知られるようになった。新しく設立されたビーレフェルト大学の委員会に学生代表として派遣された。その委員会は経済学の教員を養成する任務を負っていた。私は研究助手になった後も，ボン大学とビーレフェルト大学の委員会で活動を続けた。

　私の世代は今日でも，現在の学生よりもはるかに政治的な活動をしてきたことをある程度誇らしく思っている。私たちは閣僚，教授，管理者が課そうとした条件を唯々諾々と受け入れなかった。変化を起こそうと懸命に戦った。もちろん，変化が常に改善につながると主張するつもりはないし，そんなことはありえない。当時流行っていたのは「官服の下は1,000年分のカビだらけ」という挑発的なスローガンで，伝統を壊すのに一役買った。今となってはそうした伝統も懐かしい。

　当時の学生運動や積極的な行動は何につながったのだろうか。特に，学生の間で途方もない時間とエネルギーが費やされたことを考えると，取り立てて言えることはあまりない。私たちは政治活動に多くの努力を注ぎ込んだが，その分，教室に行って勉強することは必然的にできなくなった。それでも，私はそこに力を入れたことを後悔していない。そこで得られた経験は，講義や書物から得られるものを超えていた。子供の頃につるんだ仲間（父に言わせると「ギャング団」），軍隊で過ごした時間に続いて，学生運動は私にとって別のリーダーシップを学ぶ場になったと思う。

学生時代の社会生活

　ボンで勉強していた間の社会生活は最初から最後まで楽しかった。新しい寮に入り，国際的な学生たちのど真ん中に身を置いた。全員が同時に引っ越してきたので，みんな友だちづくりに熱心だった。私たちのフロアには，アフガニスタン，リビア，ブルンジ，コンゴ，カンボジア，日本，アメリカの学生がいた。私は勉強に身を入れ始める前には，故郷に駐留していたフランス人とアメリカ人の兵士を除いて，たいして外国人に会ったことがなかった。それが今では，寮の同じフロアで生活し，同じキッチンを使い，一緒に日課をこなすようになったのだ。私はアフガニスタンのカブール出身のサミ・ヌールと友だちになり，クリスマスには実家のつましい農家に彼を招待した。そのときに生まれた友情は今でも続いている。彼は何度もアフガニスタンに来るよう誘ってくれた。私たちは何度もアフガニスタン旅行を思い

立ったが，都合がつかず毎年延期していた。そうこうするうちに突然，時機を逸すことに。1979年末にソ連軍がアフガニスタンに侵攻し，同国を支配下に置いて以降，そうした旅行は危険きわまりないものとなってしまったのだ。

　1971年のある休日，授業の予定もなく，寮で隣の部屋だったアメリカ人学生のハロルドが若い女性を部屋に呼んだ。彼は彼女の英語翻訳を手伝い，寮での夕食に彼女を招待した。キッチンに入った私は，彼が若い女性と一緒に座っているのを見かけた。彼はいわゆるイケメンではなく，2人でいるのを見た私は思わず，「ハロルド，どうやってこんなにきれいな女の子と知り合いになれたの？」と聞いてしまった。

　彼がどう答えたのかは覚えていない。私は女性の前では固くなることで有名だった。とにかく，彼女は私の言葉に感銘を受けなかったようだ。しかし数カ月後，私はカーニバルの時に彼女とばったり会い，会話を交した。その日の夕方，私はフォルクスワーゲンのビートルで彼女を寮まで送った。偶然にも，私の友だちのサミが最近，彼女と同じ寮に引っ越したばかりだったので，注意を引くことなく，いつでもそこに訪ねていけることを知った。サミは，私がしょっちゅう訪問する真の目的（彼女にもう一度会うこと）を隠すのにうってつけの存在だった。幸いにも，彼女を見かけることは多かった。そんなわけで，アフガニスタン人のサミが間に入っていなければ，セシリア・ソーソンは私の妻になっていなかっただろう。私たちは1973年10月，アイフェルからモーゼル川を渡ったフンスリュック郡にある彼女の故郷の村で結婚式を挙げた。

　ボンで過ごした学生時代を振り返ると，懐かしい。授業そのものは順調で，経済的な不安もなく，学生らしい自由を満喫できた。その後の人生で直接役立つほど多くのことは学ばなかった。しかし，骨の折れるプログラムを通じて思考方法を学んだ。研究者やコンサルタントとしてのキャリアの中で，思考力と分析力は，具体的な事実を覚えることよりも重要だった。そして，大学時代に妻とも巡り会った。これ以上のことは誰も望めないだろう。

▌院生助手

　私は大学で思っていたよりも好成績を収めた。その結果，アルバッハ教授，コルテ教授，クレール教授から自分の院生助手にならないかと声をかけてもらえた。そのおかげで次のキャリアの一歩について悩まずに済んだが，ひどく難しい選択肢を

突きつけられることにもなった。私はアルバッハ教授の下で卒業論文を書き，コルテ教授の選択科目を取って試験に合格し，クレール教授のチューターとして働いていた。それが今，誰か1人に絞らなければならないのだ。私は決めあぐねて，幾晩も眠れぬ夜を過ごした。コルテ教授の数学者チームについていけるだろうか。それは自分の能力を超えているように思われた。コルテ教授の助手は皆，素晴らしい数学者だった。となれば，クレール教授か，アルバッハ教授か。クレールは大好きな教授だった。というのも，その定量的なアプローチを気に入っていたことが大きい。しかし最終的に，アルバッハ教授の大学院助手として働くことを選んだ。経済学よりも，経営学や経営管理のほうが自分の能力に合っていると薄々感づいていた。将来を見据えれば，最も向いているのは経営者だと思っていた。アルバッハ教授は実業界と密接なつながりを持っていたので，そうした目標を実現する最良の成長機会になりそうだった。私は経済学の学位を持っていたが，経営管理の道を選んだ。それは私の人生行路を変える分岐点であり，後から振り返っても正しい決断だったと感じている。

　アルバッハ教授は経営管理全般を教えていた。ドイツで経営学教育の「長老」とされる義父のエーリッヒ・グーテンベルクの流れを汲むことを，教授は自認していた。グーテンベルクやその流派は日本でも知られており，日本人研究者が滞在期間を延長するために私たちの研究機関を定期的に訪れた。私が続けている習慣の1つは，グーテンベルク教授を見習ったものだ。教授は，私がワーキングペーパーやプリントを送るたびに，それがどのくらい役立ったかに関係なく，いつも「ありがとう」と声をかけてくれた。経営学の世界の巨匠から感謝のメモをもらったことはとても誇らしい。私はなるべく同じ習慣を持つようにしてきた。ただしデジタル時代には，どうも電子メールが氾濫し，時々見過ごしたり応答がなかったりしても確証を持てずにいる。

　院生助手になることには，どんな意味があるのだろうか。まず，3年間は安定収入が得られる。当時の私は，それだけの収入があれば王侯貴族の生活ができる気がした。しかしもちろん，それだけの働きをしなくてはならない。私は講義で教授の代理を務めたり，テストを採点したり，事務処理をしたりして教授を手伝った。それと同時に，博士論文も書く必要がある。アルバッハ教授は私になるべく自由を与え，仕事の負荷がかかりすぎないようにしてくれた。教授に言われた課題をこなすために，主に自分の裁量で取り組んだ。論文研究はほぼ自宅で行ったが，大学にいるときよりも深く集中することができた。アルバッハ教授は出張が多かったので，

講義を代行する機会もたっぷりとあった。教えることほど，ためになる訓練はない。フランス人哲学者のジョセフ・ジュベールはかつて，教えることは２度学ぶようなものだと述べていた。ピーター・ドラッカーも，年をとっても教え続けたのは，それが学び続ける最善の方法だったからだとしきりに言っていた。

　アルバッハ教授は，ドイツ経営学教授協会の春季カンファレンスの主催を私にほぼ任せてくれた。私はずぶの素人で経験も浅かったので必死に打ち込んだが，幸いにもおおむね滞りなく実施できた。参加した350人の教授からひとつも苦情は来なかった。アルバッハ教授も満足し，「未上場及び上場企業の投資理論と政策」と題する議事録の共同編集者として私を抜擢してくれた[注8]。それは私の名前が載った初めての冊子となった。

　院生助手時代に最も興味深かったのは，アルバッハ教授が行った鑑定分析の仕事だ。これは通常，大企業から委託され，市場支配力，価格戦略，マーケティング施策が独占禁止法に違反していないかなどを見ていく。ある大手製薬会社のプロジェクトは，私の研究上の関心とキャリアに決定的な影響を及ぼした。それはウェルカムという企業で，画期的なイノベーションが多いことで知られていた。ウェルカムの研究者のうち４人がノーベル賞を受賞している。1970年代の最も重要な同社製品は痛風治療薬で，ザイロリックというブランド名で販売された。この薬の特許が切れた後，ジェネリック薬品メーカーが同市場に参入した。こうした企業は独自に製品開発して特許を取得するのではなく，原物質の特許期限が切れた後で，はるかに安価に同じ治療薬を提供する。欧州委員会（EC）はウェルカムがこうした治療のために市場で支配的地位を乱用していると主張した。

　ウェルカムは，画期的なヘルペス治療薬，ゾビラックス（アシクロビル）でも知られている。今日でも，アシクロビルはヘルペスウイルスに有効な数少ない化合物の１つだ。業界再編の波の中で，ウェルカムは最終的にグラクソに買収され，その後，グラクソもグラクソ・スミスクライン・グループに吸収された。

　なぜこのプロジェクトが私にとってそれほど重要だったのかというと，経験的データに計量経済学の手法を適用する初の機会となったからだ。それは革新的な経験基盤となり，その後の研究だけでなく，コンサルティング会社サイモン・クチャー＆パートナーズの設立にもつながった。このときのレポートは製薬業界内で高く評価され，他の企業も新規開拓しやすくなった。ライフサイエンスがサイモン・クチャー内で最大部門となっているのは，この初期の仕事に根差している。

　私は研究の視野を広げネットワークを構築するために，アンテナを張って他大学

や国際会議に行くようになった。後から振り返ってみて，特に有意義だったのが，ブリュッセルで欧州経営学連合（EIASM）との接点を持ったことだ。そこで多くの国際的な研究者と知り合った。その1人であるマサチューセッツ工科大学（MIT）のアルヴィン・シルク教授はその後，私にアメリカへの扉を開いてくれた。私の研究成果と博士論文は1976年に『*Pricing Strategies for New Products*（新製品の価格戦略）』というタイトルの本として出版された[注9]。

▎大学教員の資格

　博士課程が終わると，もう1つの意思決定ポイントを迎えた。私がビジネスの世界に入ることは明白だと思われた。就職活動を始めたが，あまり分野を絞り込まず，職種にもこだわらなかった。数打てば当たる方式で，保険，消費財，化学品，鉱業，防衛などの業界の企業に応募した。ヘッドハンターからミュンヘンに来ないかと誘われたとき，光栄に思った。費用は会社持ちで飛行機に乗ったのは，それが初めてだった。私は，現在世界4位の大手保険会社となっているアクサの取締役会補佐役の職を今にも受けようとしていた。

　そのとき電話が鳴った。アルバッハ教授からだ。

　「君に博士研究員（ポスドク）のポストを用意している」と，彼は告げた。厳密に言うと，ヨーロッパの大学制度で正規の教授職に就くための最終ステップである大学教員資格をとる道を提供してくれたのだ。

　私の最初の反応は，「うーん」というものだった。

　それまで学術的なキャリアについて真剣に考えたことはなかった。本がずらりと並ぶ棚を背に，机に向かって座り，研究者として人生を過ごすのだろうか。そんな自分の姿はまったく想像できなかった。私はちょうど博士論文を書き終えたばかりだった。学術的にさらに高い基準をクリアしなければならない資格取得論文もさることながら，再び同じ種類の仕事をするとは思ってもみなかった。

　そこで，考える時間を少しもらうことにした。

　蓋を開けてみると，それほど長い時間は必要ではなかった。私の永遠のアドバイザーであるセシリアに相談すると，ほぼ即答で「もちろん，あなたは教授のオファーを受けるでしょう」と言われたのだ。

　我がアドバイザーは，私について私以上に自信を持っていたようだ。その結果，

私の人生は予期せぬ道をとることになった。

　資格取得論文では，扱う範囲を2つの点で拡げた。それまで，1つの製品と1つのマーケティング手段（価格）について調べていたが，マーケティング手段として広告と営業を加えた。さらに，1つの製品のライフサイクルを通じた最適な価格戦略ではなく，製品ライン全体を調べることにした。これは，同時に複数製品を検討する必要があるということだ。この研究は1985年に『*Goodwill and Marketing Strategy*（のれんとマーケティング戦略)』として出版された。のれんは，企業が時間とともに計上する「信用資本」の量だ。それは広告や好ましい経験を通じて醸成され，同じ会社の他の製品にも波及させられる。つまり，ある製品で素晴らしい顧客体験ができれば，他の同社製品の購入率や支払意思額が高まる。また，その逆も然りで，良くない経験をすれば，他の同社製品の印象も悪化しかねない。

　私がとったアプローチは，この研究を革新的にすることだ。いくつかの多国籍企業から提供された経験的データで自分のモデルをテストした。当時の学術的マーケティング研究者にとって最大の制約の1つは，経験的データを利用できないことだった。ビッグデータ時代の今は，その反対があてはまる。利用可能なデータが非常に多いので，実際に関連する調査結果や洞察につながる分析を組み立てることが課題となっている。しかし40年前，研究のために少しでもデータをとれるのは非常に恵まれていると，私は思っていた。製品ラインのブランド間に統計的に有意な関係を見つけた事実は，さらなる幸運な出来事だった。教授陣に私の研究は認められ，私は大学で経営学を教える資格（Venia legendi）を取得した。それは正規の教授になる前提条件である。

　ドイツ研究振興協会（DFG）から複数年にわたってかなりの助成金がもらえたので，私は資格取得に活用した。また，フルタイムで研究に専念し，マサチューセッツ工科大学スローン校で1年間，博士研究員になることもできた。その話は次の章で取り上げたい。

　後から振り返ったときに，院生助手と博士研究員としての時間はどう見えるのだろうか。その期間中，想像以上にさまざまな形で，私の視野は広がった。アルバッハ教授との協働は非常に学ぶことが多かった。実際の研究内容だけでなく，構成要素，効率性，見た目，講義のスキルなどの側面もそうだ。若くて経験の浅いアシスタントだったにもかかわらず，私はエグゼクティブセミナーの講師として呼ばれた。アルバッハ教授の教え方や話し方を頻繁に観察することもできた。教授の高い基準と幅広い能力は，私が努力する際の基準となった。到底そのレベルには及ばなかっ

たが。

　大事なことを言い忘れていたが，大学や科学機関における効率性の意味を教授から学んだ。その一例がディクテーションだ。文章を書いたりキーボードで打ったりするよりも，話したほうが数倍速いにもかかわらず，今日でも，ディクテーションを利用する人は少ない印象を持っている。その一方で，ディクテーションには非常に高いレベルの集中と規律が求められる。アルバッハ教授の活動を目の当たりにしなければ，私は熱心なディクテーションの有効活用者になっていなかっただろう。当時の私たちはアルバッハ教授の自宅に小さなカセットテープをとりに行き，研究所に持ち帰って文字起こしをしたものだ。今日，そのプロセスははるかに簡単だ。オフィスに直接，録音データを送信すればよい。

　アルバッハ教授に感謝したいのは，学問的なことだけでなく，自分のスタッフやその家族との交流機会もつくってくれたことだ。私は村育ちの子どもとして，洗練された社交のしきたりに馴染みがなかった。私たちの学部では毎年ダンスパーティーを開き，現役も退職者も招待された。アルバッハ教授はハイキングで遠征することでも知られ，1日40キロ以上歩くこともあった。

　煎じ詰めると，アルバッハ教授には心から感謝している。私が自由に学術プロジェクトに取り組めるように認めてくれなかったなら，今の自分にはなっていなかっただろう。

▌第4章の注▐

（注1）Bernhard Korte, Dieter Rautenbach, and Jens Vygen, *BonnTools: Mathematical Innovation for Layout and Timing Closure of Systems on a Chip*, http://www.or.uni-bonn.de/research/bonntools.pdf, 2018.

（注2）"Warum 'Deep Blue' im Schach siegte," *General-Anzeiger Bonn*, February 27, 2007.

（注3）"Spitzenforschung an der Universität Bonn: Mathematiker bringen schnellsten Computer der Welt auf Touren," *General-Anzeiger Bonn*, July 24, 2018.

（注4）クレール教授はドイツの陸軍元帥エルヴィン・ロンメルのスタッフであり，クルップの取締役だった。こうした状況により左翼の攻撃対象となった。クレール教授はフライブルクで経済学者のヴァルター・オイケンの下で論文を執筆した。そのときに，彼は私のおじ，フランツ・ニルスと知り合った。

（注5）WiWi, Mitteilungsblatt der Fachschaftsvertretung der Fakultät für Wirtschaftswissenschaften, University of Bielefeld, December 1981, p.13.

（注6）Die Strategie des Fachschaftsvorstandes: Lüge und Privatabsprache, Flugblatt der Basisgruppe Volkswirtschaft, University of Bonn, July 1971.

（注 7 ）"Neue Fachschaft! Neue Fachschaft!" 1971年11月，ボン大学学生自治会（私が率いていた）を解散させるために活動家グループが配布したビラ。

（注 8 ）Horst Albach, Hermann Simon（Hrsg.）, *Investitionstheorie und Investitionspolitik privater und öffentlicher Unternehmen*, Wiesbaden: Gabler 1976.

（注 9 ）Hermann Simon, *Preisstrategien für neue Produkte, Dissertation*, Opladen: Westdeutscher Verlag 1976.

アメリカ
──チャールズ川からシリコンバレーへ
America──From Charles River to Silicon Valley

▌夢がかなった！

　若い頃，私はアメリカに憧れていた。アイフェル上空を飛ぶ米軍機をよく目で追ったものだ。研究ではアメリカの書物から学んだ。若き研究者として，アメリカ人サイエンティストを尊敬し，私の憧れや視線は西洋に向けられていた。アメリカの神聖な研究機関に入る方法が見つかるだろうか。

　当時，あらゆる期待をはるかに超える形で私の夢が実現するなど，誰が思っただろうか。

　マサチューセッツ工科大学（MIT），スタンフォード大学，ハーバード・ビジネス・スクールという世界有数の研究機関で約3年を過ごしたことで，非常に大きな影響を受けた。その当時について思い出すことは何か。ジュリア・ショーの著書『*The Memory Illusion*（記憶の幻想）』の一節を引用しよう。

　「タイムトラベルをしながら記憶をたどっていくと，ほかよりも目立つ出来事がいくつか見つかる。こうした記憶に共通する特徴を考えると，最も鮮明なのは，私たちの人生の中で最も感情が揺さぶられた出来事，最も重要な出来事，最も美しい出来事，あるいは，まったく予想だにしない出来事だったと気づくかもしれない。そうした記憶は塊になっていることもある。しかも，人生のある時期に凝縮しているように見えることが多い。この現象はレミニセンス・バンプ（reminiscence bump）〔訳注：高齢者が振り返ると10代～30代の出来事をよく思い出す現象〕と呼ばれている」[注1]

　アメリカ時代は私の心に多くのレミニセンス・バンプを残した。

　マサチューセッツ州に行った当初を振り返ると，一見するとたいしたことのない，ちょっとした出来事が頭に浮かんでくる。初めてボストンを訪れたとき，バックベイのにぎやかな通りの角にあるエリオットホテルに泊まった。そこからMITを目指してハーバード橋を渡っている最中に，通りがかった車の中から生卵を投げつけられたのである。新しい皮ジャケットのあちこちが卵だらけになったが，おそらくそれが投げた人の狙いだったのだろう。

　「ああ，アメリカではこういうことを面白がるのか」と思ったのを覚えている。

　しかし，アメリカには長く滞在したが，こうした「サプライズ」を経験したのはこのときだけだ。

その当時，もっと不快で腹立たしかったのは，自分の英語のつたなさを思い知らされたことだ。ギムナジウムで9年間英語を学び，シェイクスピアを原著で読めたのに，アメリカ英語の日常会話ですぐに行き詰まってしまった。今日でも，私が話をするとすぐに「ハーマン，あなたはドイツ人ですか」とアメリカ人から質問される。それとは対照的に，セシリアは「あなたはアメリカ人ですか」とよく聞かれる。そんな具合に我が家の中で語学力に違いがあった。

マサチューセッツ州で目にした些細なことのいくつかは，私にとって完全に新鮮だった。2つの例で説明したい。まず，どの時間でも公園，歩道，路上など至る所で，一定のペースで走っている人々を見かけた。「ジョギング」と呼ばれるものだ。当時のドイツにはジョギングの習慣がなく，実際に想像もつかなかった。私が故郷の村に戻って，クロスカントリーの競技会に出るために数キロ走っているだけで，みんなから，どうかしていると言われた。暗くなってから走るように努め，なるべく人目につかないようにした。ドイツでは「ジョギング」という言葉自体がまったく知られていなかったのだ。

2例目が，バックパックを背負っている学生や若者が多かったことだ。これも当時のドイツでは考えられないことだった。バックパックはハイキングと軍隊で使うもので，特に，街中でバックパックを背負う学生は1人もいなかった。対照的に，私たちドイツ人としては，数年前に流行していたブリーフケースを持ち歩くのが自慢だった。2017年に私はついにブリーフケースをバックパックに持ち替えた。バックパックで旅行したほうが，手で持ち運ぶブリーフケースやショルダーストラップよりもはるかに快適で便利だから，それは賢い判断だった。とはいえ，私がバックパックを背負って現れると，今日でも驚く人がいる。この2つの事例からわかるのは，トレンドは多くの場合，アメリカから始まり，その後，他の国々に広まるまでに数年かかるということだ。

MITで研究に没頭する

私がMITスローン経営大学院と接点を持ったのは，ブリュッセルの欧州経営学連合（EIASM）で出会ったアルヴィン・J・シルク教授を介してである。私にとって，EIASMは国際経営学の世界への早期の重要な橋渡しとなった。MITスローン校にはマーケティングの教授が7名在籍していた。テニュア（終身在職権）を持つ

教授は，アルヴィン・シルク，ジョン・D・リトル，グレン・アーバンの3人で，学術界で名声を博していた。この優れたマーケティング教授陣のオフィスは互いに近くにあり，ある種の「オフィス共同体」を形成していた。私の机は教授たちが交流する場の傍にあり，オープンな議論の文化に加わることができた。

　メソドロジーに関して，MIT 教授陣の中で最も優れていたのが，シルク教授だ。彼の博士課程の講義で，私は複雑な尺度化技術と難しい統計分析を使った市場調査設計に何週間も取り組んだ。当時の大半のマーケティング研究者はトレードオフ分析やコンジョイント分析に不慣れだったが，シルク教授率いる我がチームはこうしたメソドロジーを積極的に推進していた。同僚ともどもこの時に学んだ基礎は，その後サイモン・クチャーで役立った。

　アーバン教授が主に関心を持っていた分野は，新製品とそのマーケティング方法だ。私は新製品の価格戦略に関する論文を書いていたので，この分野にも興味を引かれた。教授陣の中で最も有名人だったリトル教授の専門は，意思決定支援システムである。彼はオペレーション・リサーチ（OR）コミュニティでも類い稀な評価を得ていた。ビジネスの効率性とオペレーション管理用の重要なツールと考えられている「リトルの法則」は彼の名前からとったものだ[注2]。

　リトルとアーバンはマネジメント・ディシジョン・システムというコンサルティング会社を設立し，定量的手法を使ってマネジャーの意思決定を支援することを目指した。当時，ID 付 POS データが利用できるようになり，彼らの研究において重要な役割を果たした。このデータのおかげで，それほど労力をかけずに，実際に購入された製品の量や個々の顧客の購入量を初めて見極められるようになったのだ。このテーマに関するリトルの画期的な論文が『*Journal of Marketing*』誌に掲載された。私はその論文をドイツ語に翻訳し，ドイツの学会誌『*Zeitschrift für Betriebswirtschaft*』（現 *Journal of Business Economics*）に寄稿した[注3]。リトルとアーバンの会社はその後，ID 付 POS データの利用のパイオニアであり，シカゴを本拠とするインフォメーション・リソーシズによって買収された。「ビヘイビア・スキャン」と呼ばれる彼らの主力商品は消費財業界で流行した。エカード・クチャー（ビーレフェルト大学での私の最初の教え子で，その後に私たちの会社サイモン・クチャーの名前の由来となった）の博士課程の論文テーマは，このリトルのPOS データ研究との出会いから生まれたものだ。

　MIT スローン経営大学院のような一流研究機関に私がどうやってアクセスできたのだろうか。それはシルク教授と個人的に面識があったことが大きい。私が願書

を送れるようにと連絡先を教えてくれたのだ。しかし，より決定的だったのが，1978年に学術誌『*Management Science*』に掲載された私の論文だろう。その重要性はどれほど評価してもしすぎることはない。当時，この学術誌はマーケティング学界で「A＋」の評価を受けていた。

　「コトラーの競争シミュレーションモデルの分析調査」と題したその論文は，私自身の研究をマーケティングの第一人者として有名なフィリップ・コトラーの研究に結び付けたものだ。コトラーは美しい数理モデルに基づいて，製品ライフサイクルにおけるマーケティング・ミックスに関する独創的な論文を発表していた。このモデルは時間が経つと無意味な結果につながることを，私は実証したのである[注4]。たとえば，製品ライフサイクルの中で，企業は販売量を大幅に損なうことなく，価格を自由に引き上げることができる。それを実証するには数学的にかなり複雑だったので，誰もこうした推測結果を打ち出してこなかった。ドイツの完全な「無名の人間」が大胆にも，超一流の経営ジャーナルで名高いフィリップ・コトラーを批判した事実を，関連するサークルが見過ごすはずがない。この一打で私は認められ，ともすれば閉まったままだったはずのドアをこじ開けることができた。

　コトラー自身は私の「攻撃」に腹を立てなかった。実はその逆の反応を示した。私はシカゴ近郊のエバンストンにあるノースウェスタン大学へ彼に初めて会いに行ったとき，製品サイクルにおける価格弾力性に関する自分の研究結果を提示した。私は自信満々で，現実世界に影響を及ぼす研究を進めるのが自分の目標だと彼に語った。

　「ほとんどのマーケティング学者は，日々のビジネスに影響を及ぼすものを明らかにしたいと思っていますよ」と，コトラーは私に語った。「ほとんど成功しませんけどね」

　プライシング分野ではミクロ経済学が主流で，実践との関連性は限定的だと彼は述べた。そして，その通りだった。

　このときの旅行で，私はシカゴ大学助教のトーマス・T・ネーグルとロバート・J・ドーランに会った。ネーグルは数年後にシカゴ大学を離れて，主にプライシング研修を手掛けるストラテジック・プライシング・グループを設立した。ドーランは後にハーバード・ビジネス・スクールに移り，私が同校の客員教授となった10年後に再会した。そこから始まった私たちの協力関係は長く続き，共著書を出版した。また，普及モデルで有名なパデュー大学のフランク・バス教授も訪ねた。私たちはこのモデルを用いてドイツの電話の普及について説明した論文を『*Management*

Science』誌に発表した^(注5)。

　私はこうした出会いにより，自分の研究分野を主導する米中西部の大学を訪問し，個人的に最も重要なマーケティング研究者に会った。その後，東海岸でも同じように，コロンビア大学やニューヨーク大学，さらにはペンシルベニア大学ウォートン校にも訪れた。MIT とはチャールズ川の対岸に位置するハーバード・ビジネス・スクールのマーケティング教授陣とも親しく交流するようになった。

　日常生活には落とし穴もあった。ドイツはさまざまな点で，北米に大きく遅れをとっていた。1970年代後半，ドイツではクレジットカードを持つ人はいなかったが，アメリカではクレジットカードなしには，レンタカーの利用をはじめとして，多くのことができなかった。国際電話は非常に高くて不便だった。同時に，アメリカ生活の多くの側面は，ドイツよりもシンプルで気楽だった。

　私はアメリカ滞在中に，大学教員資格の取得に向けてダイナミックな製品ライン・マーケティングに関する研究を完了させる計画だった^(注6)。広範な実証分析がしたかったこともあり，これはかなり野心的な試みといえる。分析にどのくらい時間がかかるか「事前に」見積もるのは難しかった。唯一効果があるのは，ハードワークに尽きる。私は32歳の誕生日を除いて，2カ月間は毎日オフィスに通った。家族は私が研究に専念できるように，私よりも数カ月早い1979年春にドイツに戻った。もっとも，クリスマスと新年の休みは，フロリダで短いバケーションをとり，セシリアの親戚を訪ねてヒューストンを旅行した。フロリダでは赤いポンティアック・ファイアーバード車を借りて，デイトナビーチの固い砂浜の上を走った。今日でもそういうことがまだできるのだろうか。

　当時3歳だった娘のジーニンにとっての目玉は，オーランドでディズニーワールドに行ったことだ。最も質素なモーテルでさえ，私たちには快適だった。食べ放題のビュッフェにもはまった。当時のドイツではまったく知られていない，もう1つのアメリカ的な現象といえる。ジーニンがいつも遠くから見ていたマクドナルドのゴールデンアーチにも，素通りするわけにはいかなかった。ドイツでは，私たちが渡米する直前にマクドナルド1号店がオープンしたばかりだった。

　MIT 時代，同じ建物内の経済学部に在籍する有名な学者たちと会う機会にも恵まれた。1970年のノーベル経済学賞を受賞したポール・サミュエルソンや，成長とイノベーションに関する研究で広く知られ，やはりノーベル賞の受賞者であるロバート・ソローなどだ。週に数回，そうした大御所の講義を聞く機会があった。1979年度末に MIT を去るとき，ここにまた戻ってこなければならないと，はっき

りと思っていた。ただし当時は「どのように」「いつ」「どこで」なのかは想像もつかなかったが。最初の MIT 滞在はその後につながった。約17年後，私たちはスローン校の目と鼻の先に，サイモン・クチャー＆パートナーズの最初のアメリカオフィスを開設した。

▌髪に飾った花

　私たちが乗った飛行機がサンフランシスコ空港の滑走路にスムーズに着陸すると，アメリカのシンガーソングライターであるスコット・マッケンジーの有名な歌の「サンフランシスコに行くなら，髪に花を飾るといい」という歌詞が頭の中を駆け巡った。2度目のアメリカ滞在の場となったのは，西海岸のスタンフォード大学である。講演旅行やコンサルティングの仕事でカリフォルニアには何度も行ったことがあったが，長期滞在となれば，東海岸とはまるで違う体験になることは確実だ。
　最も美しい大学を挙げるようにと言われたら，私は近くにある姉妹校のカリフォルニア大学バークレー校よりも，スタンフォード大学を一番に推すだろう。スタンフォード大学は1891年にアメリカの鉄道王リーランド・スタンフォードによって設立された。発足当初から掲げていたのが，ドイツ語のスローガン「Die Luft der Freiheit weht（自由の風が吹く）」だ[注7]。ナチス時代にこのスローガンは激しい攻撃にさらされたが，スタンフォード大学は現代に至るまでドイツ語で通してきた。同校のキャンパスはシリコンバレーと太平洋を隔てる山々のふもとに果てしなく広がり，スパニッシュ・コロニアル様式の回廊がどこまでも続いている。1980年代，シリコンバレーにはまだ広い空き地が多かった。インターネット時代と建築ブームはかなり後の話である。その先駆けとなったのがヒューレット・パッカードだが，インテルなどの半導体企業が急速に躍進した。アップルはまだ新参のニッチプレーヤーだった。1984年1月のスーパーボウルで，世の中にアップル・マッキントッシュを知らしめた有名なテレビ CM が思い出される。スティーブ・ジョブズに関するある記事はこの画期的な広告を振り返っていた。「ジョージ・オーウェルの小説に出てくる『ビッグブラザー（全体主義の独裁者）』軍門の支配下で，若い女性アスリートがハンマーを持って群衆に向かって走るコマーシャルである。彼女がプロジェクション・システムを壊すと，真っ白な映像になる。稲妻が走って暗い全体主義的な過去の記憶をすべて消したかのように」[注8]。CM では名指ししていないが，

ビッグブラザーがIBMであることは誰もが知っていた。IBMは当時，市場で今日のインターネット企業すらもしのぐほどの力を持っていた。この広告でジョブズは崇拝の的になったのである。

　私がスタンフォード大学で出会った学者はMITと同じく実力者揃いだったが，研究分野はより多様だった。最も重要な議論のパートナーはデビッド・B・モンゴメリー教授とシーヌ・スリニヴァサン教授，カーネギーメロン大学で博士号取得ほやほやでスタンフォード大学の助教として1年目を迎えた23歳のラジブ・ラルだ。モンゴメリーはかつてMITで教えていたこともあり，同校の教授陣に引けを取らなかった。スリニヴァサンはメソドロジーを専門とし，コンジョイント分析の開発に基本的貢献をした。それは続く数十年において最も重要な定量的な市場調査手法となり，サイモン・クチャーの業務でも重要な役割を果たすことになった。

　ラルは計量モデルの最も生産的な構築者の1人で，新刊されたA＋評価の学術誌『Marketing Science』で多くの論文を発表した。その後，ハーバード・ビジネス・スクールに移り，理論的な計量研究から離れてより実用的な研究を好むようになった。私たちはいまだに友人で，今日でも定期的に会っている。

　スタンフォード滞在中に私が最も刺激を受けた1人が，ロバート・ウィルソン教授だ。彼は『Marketing Science』誌に非線形プライシングに関する画期的な論文を発表していた(注9)。このアプローチの理論と可能性を説明した彼の講演には魅了された。それはすぐに，私がギオルク・タッケに割り振った博士論文のアイデアにつながった。タッケはスタンフォード大学の客員研究員として1学期間を過ごし，1988年に非線形プライシングに関する論文を書き終えた(注10)。その論文はドイツ鉄道のバーンカード・プログラムなどのイノベーションの理論基盤となった。サイモン・クチャーのチームはタッケに率いられて，当時ドイツ鉄道の最高マーケティング及び営業責任者だったヘムジョー・クラインと一緒に，このプログラムを開発した。1等席用バーンカードの年会費515ユーロを前払いすると，年間の切符代が50％割引されるというプログラムは好評を博した。現在では約600万人がバーンカードを保有し，ドイツ鉄道はそこから数十億ユーロの売上を得ている。スタンフォード大学で聞いた講演から，ドイツで非常に利益を出しているバーンカードの投入まで，一直線で結ぶことができる。

　カリフォルニアはあまりにも美しいので，ずっと机にかじりついてもいられない。毎朝，ドアの外に出ると，澄み渡った青空と明るい日差しが出迎えてくれる。ドイツでは，こんな良い天気をやりすごせば，なんだか損をした気分になってしまう。

しかし，カリフォルニアで数週間を過ごすうちに，そわそわした気持ちは収まっていった。チャンスを逃しても，翌日か週末には好天に恵まれ，雨で計画が流れたりしないのがわかったからだ。

　私たちは近場のサンフランシスコを探索した。私からすると，サンフランシスコはアメリカで最も美しい都市で，ボストンやニューヨークにまさっている。車で太平洋岸のアニョヌエボ州立公園に出かけて，何百頭ものアザラシとアシカが浜辺で動き回っている光景を目にした。モントレーでは，ジョン・スタインベック時代の港町キャナリー・ロウの情景が頭に浮かんできた。私は学校でスタインベックなどの小説を読んだことがあった。イエローストーン国立公園にも出かけ，美しい風景と壮大な崖を満喫した。

　私は時々，教授としてではなく，起業家としてカリフォルニアに滞在すべきだったのではないかと自問してしまう。ちょうどシリコンバレーでいろいろなことが起こり始めた時期だった。インテルは期待の星で，まだ新興企業のアップルが周囲をざわつかせて注目を集めていた。インターネットが出てくる前で，グーグルやフェイスブックのはるか前の話だが，新しい時代の兆しが見えていた。大勢のドイツ人がシリコンバレー，特にインテルで働いていた。アンドレアス・フォン・ベヒトルスハイムやピーター・ティールなど，シリコンバレーで大成功を収めた投資家にはドイツ出身者も含まれている。もしも私がカリフォルニアに滞在することを決めていたなら，私の人生は間違いなくまったく異なるコースを取っていただろう。

　それを考えると，別の形だったとはいえ，後日カリフォルニアに戻ってきたことは私にとって幾分か慰めになる。2006年，シリコンバレーの中心部にあるマウンテンビューに，サイモン・クチャーはオフィスを開設した。2015年にはサンフランシスコにも拠点を構えた。どちらも非常に順調に成長している。今日では，ウーバー，エアビーアンドビー，アサナ，ストライプをはじめ，西海岸のユニコーン30社以上が私たちのクライアントとなっている。

　スタンフォード時代，私たちはビジネススクールだけでなく，他の学部やシリコンバレーの新興企業などで，新しい友だちができた。それは私にとって視野を広げる豊かな経験となった。カリフォルニア時代は大好きな思い出だ。素敵な家に住み，娘のジーニンは何の問題もなくアメリカの学校に通い，3歳の息子のパトリックも楽しい時を過ごした。私は，資格取得のために博士課程後期の只中で研究していたMITの頃よりも，はるかにリラックスしていた。カリフォルニアに行ったときには，私はすでにテニュアを持つ教授で，あまりプレッシャーを感じていなかった。確か

に，スコット・マッケンジーの歌詞はしっくりくる。「あらゆる世代が一堂に会して，新しい解釈を共有する。人々がやってくる」

「バック・トゥ・マサチューセッツ」 ハーバードへ

　時間を早送りしよう！　今回，私の耳元で鳴り続けたのは1960年代の別の曲の歌詞だ。1967年のビージーズの有名な曲で「マサチューセッツに戻ってきたことを感じる」で始まる。私はハーバードを去る前に，何度もその歌をかけた。

　一言でまとめると，ハーバード・ビジネス・スクール（HBS）はまるで違っていた！　私は時折主張するのだが，ドイツとアメリカの典型的な大学の違いは，ハーバード・ビジネス・スクールとアメリカの他大学との違いよりも小さい。

　私の印象では，HBSは独特の強い企業文化を持った企業のようだ。1908年に設立された世界最古のビジネススクールの1つで，年間900人の学生が通う，最大規模の2年間のフルタイムのMBAプログラムも持つ。HBSの卒業生は，フォーチュン・グローバル500社のCEOに占める割合が多い。ある研究では，500社のCEO中65人がハーバード大卒で，そのうち40人がHBSでMBAを取得していたそうだ。HBSは間違いなく，世界のビジネススクールの中で最高の知名度と評判を享受している。しかし，二極化もしていて，批判的な人はそこを突いてきた(注11)。

　チャールズ川のほとりにあるHBSのキャンパスは美しいが，美的な面，また間違いなく気候の面では，スタンフォードと比べるまでもない。マサチューセッツ州の8月は耐え難いほど高温多湿だ。冬になると，何週間もマイナス17度を下回ることがあり，悪名高い北風，いわゆるモントリオール・エクスプレスが気温を押し下げるので，考えただけでも身震いしてしまう。そうした急寒波の間，ドイツの穏やかな冬がどれほど恋しかっただろうか！

　HBSが世界のビジネススクールの中でユニークな地位を築くのに役立ったものは何か。第1に，教育を非常に重視していることだ。これは，ほぼすべてでケーススタディ・メソッドを用いることと密接に結びついている。ケーススタディ・メソッドをHBSの核心と呼んでもいいだろう。

　ダフ・マクドナルドは著書『*The Golden Passport*（ゴールデンパスポート）』の中で，ケーススタディ・メソッドについてこう指摘している。「それは同校の教育的アプローチの基礎である。財政的にも力を入れる対象であり，同校の残りの取り

組みを足し合わせたよりも多くの研究資金をかけている。効果的にケースを書いて教える能力は，HBS の教員のパフォーマンスの主要な評価尺度である。また，同校のビジネスに対する考え方を布教する主要な手段にもなっている。ハーバード大学はケースメソッドに信頼を置いている」[注12]。

　世界中のビジネススクールで使用されているケースの約80％は，ハーバード大学で書かれたものか，ハーバード・ケース・クリアリング・ハウスから供給されたものだ[注13]。同校の教授陣がどれほど熱心にケースディスカッションの準備をしているか，私は直に体験することができた。900人の MBA の学生は9クラスに分かれ，それぞれ約100人の学生が所属する。クラスでは並行して同じケーススタディに取り組む。教授は2クラスを受け持つので，通常は9人未満だ。個々人で集中的に準備した後，プログラム・ディレクターの指導の下で，講師が集まってディスカッションする。ケーススタディごとに数時間かけてグループレビューを行い，公開討論をしながらそのケースについて考えられる質問をすべて洗い出す。だからといって，9クラスすべてで同じ定型の手順で議論が行われるわけではない。講師のスタイルやアプローチはさまざまだ。しかし，集中的に議論することで，起こりうるあらゆる事態に準備しておかないといけない。プログラム・ディレクターと講師の数人は常に百戦錬磨のベテランで，若い教授に自分の経験を移転しやすいつくりにしている。

　教授陣の準備は学生の準備レベルと一致している。毎日3つの新しいケーススタディを頭に置いておかなくてはならない。それには非常に高い集中力と膨大な時間が求められ，勉強時間は深夜まで続くことも多い。教授が講堂に入った瞬間，学生は最上のコンディションでなければならない。どの学生が教授から「ケースの説明をして」と指名されるのかは事前にわかっていない。指された学生は約15分でケースの概要を説明し，分析し，可能な解決策を示す必要がある。議論でのパフォーマンスが成績全体の50％を占めるので，学生はこうした議論で果たす役割を非常に真剣に受け止めている。大事なことを言い忘れていたが，この極めて競争の激しい環境で恥ずかしい思いをしたい学生など1人もいない。クラス内での自分の評判は，ケースディスカッションでのパフォーマンスに大いに左右される。

　良いケーススタディを書くことは高度なアート形態といえる。まず，ケースライターは企業にコンタクトを取り，関連情報を積極的に公開してもらった後で，最終的にケースを承諾してもらう必要がある。ケーススタディでは企業が犯した過ちを取り上げることが多いので，決して確実に承諾が得らえるわけではない。成功より

も誤りから学ぶことのほうが多いので，こうしたケーススタディは特に有益だ。

　また，意思決定が明白ではない形で状況を記述することも難しい。複数の意思決定の代替案が考えられる場合に初めて，ケースに説得力が出てくる。考えうるアプローチや意思決定を擁護したり，異議を唱えたりすることで，活発な議論ができる。

　なぜ多くのケーススタディが HBS の教授陣によって書かれているのだろうか。その理由の１つは，それを非常に重視する組織風土にある。ハーバード大学ではケーススタディを執筆することが，他大学における一流学術誌向けに学術論文を執筆することと同じような役割を果たしている。ケーススタディは HBS にとっても儲かるビジネスでもある。ダフ・マクドナルドの著書によると，ハーバード大学は2014年に1,200万件のケーススタディを販売して3,000万ドルを売上げたという[注14]。ケーススタディのライターは，そのケースを使う学生数に応じて魅力的なロイヤリティ（使用料）を受け取る。あるケーススタディがヒットして，世界中の何百ものビジネススクールで使用されれば，かなりの金額になったりする。

　ハーバード大学教授の多くはコンサルタントでもあり，一部の教授は自分の会社を持っている。HBS の教授陣や全学生は非常に国際的だ。同時に，同校内の精神は非常にアメリカ的なままで維持されている。これは必ずしも矛盾することではない。経営思考は伝統的にアメリカ発で，それは今も続いている。経営思考や経営教育にこれほど世界的に大きな影響を与えている国は他にない。

　「HBS は常に自国で大学院レベルのビジネス教育で支配的な力を持ち続けてきた。国際ビジネス教育でも席巻している」というマクドナルドの指摘はやはり正しい[注15]。国際的に高い評判を確立している米国外のビジネススクールの大多数は，ハーバード大学からの派生もしくは，同校を模倣している。フランスのフォンテーヌブローにある欧州経営大学院（INSEAD），ロンドン・ビジネススクール，バルセロナのIESE，上海の中欧国際工商学院（CEIBS），ハーバード大学教授の竹内弘高教授が発足時に重要な役割を果たした東京の一橋ビジネススクール国際企業戦略研究科などがそうだ。したがって，ハーバードの留学生がアメリカ方式の経営を学びたいと思っているのは驚くべきことではない。

　私はハーバード大学で過ごす間，その10年前の MIT 在籍時よりも，机に向かって過ごした時間は少ない。そのように変わったのは，セオドア（「テッド」）・レヴィット教授が真っ先に私に奨めてくれた言葉による。「ハーバードでは，そこでしかできないことをやりなさい」。これは非常に貴重なアドバイスだとわかった。

　私は議論したり話を聞いたりすることに多くの時間をかけた。レヴィット教授は，

私が親しい間柄になった数人のうちの1人だが，ナチスドイツで味わった恐ろしい体験について話したことはない。今振り返ってみると，当時の出来事を積極的に議論するのを避けたことが正しい決断だったかどうかわからない。当時の私には，古傷をえぐるのは危険すぎるように思えたのだ。

　当時のHBSの最年少スター教授はマイケル・ポーターだった。彼は1980年代初めに，画期的な著書『競争の戦略』と『競争優位の戦略』を出版した[注16][注17]。その後，国の競争力に関心を持ち，『国の競争優位』という分厚い本を出した[注18]。最近では，政治問題についてコメントしている[注19]。いくつかのシンプルな概念によって，ポーターは世界的に有名になった。こうした概念には，バリューチェーンの水平方向だけでなく，垂直方向にも競争が見られることを示した「ファイブフォース（5つの力）」，巨大市場か小さなニッチ市場のどちらか（その中間はない）に集中することを奨めるU字カーブ，競争優位マトリックスなどがある。ポーターの強みは，複雑な問題から本質をあぶり出す能力だ。それは彼の講義でも見られた。彼には問題を少数の次元（2つだけにすることが多い）に圧縮して，その本質に迫る才覚があった。また，ケースに使う時間は75分間のクラスの約3分の2だけだったことも，典型的なハーバードの授業計画からはみ出している。彼は残りの時間でヨーロッパスタイルの体系的な講義をしていた。この組み合わせは非常に有益かつ有用であることに，私は気づいた。

　ポーターの学術的評判を示す明確な尺度は，182という非常に高いh（ハーシュ）指数と887のi10指数だろう。h指数は，少なくともn回数引用された文献がn本あることを示す。i10指数は，少なくとも10回引用された文献の数である。私が個人的に知っている学者の中で，ポーターを指数で上回るのはフィリップ・コトラーだけだ（h指数は195，i10指数は1211）[注20]。私がHBSにいた時期，ポーターは国際競争力に主眼を置き，時には竹内弘高と共同研究を行っていた。竹内はポーターのアイデアを日本に移植した。竹内は1983年に，日本で（激しい競争の末に）生き残った企業が7社未満になった時点で，それらの企業が世界を征服するだろうと，私に語っていたことが思い出される。今日では，驚くべき指摘に聞こえるかもしれないが，1990年以前はそれが真実だとみなされていた。こうした日本の浮かれ気分は，ウォマック，ジョーンズ，ルースの共著書『リーン生産方式が，世界の自動車産業をこう変える』で最高潮に達した[注21]。

　HBSのもう1人の印象的な人物は，心理的，社会学的側面に重点を置いたリーダーシップ問題を研究してきたロザベス・モス・カンター教授だ。彼女はアメリカ

の政財界に大きな影響力を持っていた。たとえば，1988年の大統領候補者となった元マサチューセッツ州知事のマイケル・デュカキスの顧問団の中枢にいた。24もの名誉博士号を贈られていることから，彼女の学術的な評価の高さがうかがわれる。私はその後，国際会議で何度も彼女と会った。

ビジネス歴史家のアルフレッド・チャンドラーなどの有名教授にも会った[注22]。彼の後継者であるリチャード・テドローは教養があり，とても親しみやすく（ドイツの作曲家，リヒャルト・ワーグナーのファンでもある），31年間の知的拠点となったハーバードを離れて，アップル大学に移ったときには大騒ぎとなった。

ウォルター・サーモンのことも私は高く評価している。彼は小売分野の真の専門家だ。同分野について，私は一度も勝手知ったる領域だと感じたことがない。

私にとってハーバード大学で最も近しいパートナーとして協力し合ったのは，ボブ・ドーラン教授だ。私と同じく，ドーランも価格マネジメントというテーマに関心を持っていた。初めて会ったのは40年以上前だが，それ以来ずっと連絡を取り合ってきた。セシリアとボブの妻のキャスリーン・スプレイン・ドーランは仲が良く，長年，みんなでよく集まってきた。

ドーランと私の協同研究の結晶が『Power Pricing（パワープライシング）』の出版だ[注23]。この本は驚くほど歳月を経ても古びることなく，出版から20年後にアマゾン・コムでベストセラーの表記がつくほど売れ続けてきた。残念ながら，第2版は執筆していない。ドーランは2001年にミシガン大学ロス・スクール・オブ・ビジネスの学長に就任し，10年以上在職した。それは非常に時間がとられる職務で，執筆に回せるほど自由な時間を持てなかった。ミシガン州を離れ，2012年にハーバード大学の教員に復帰したが，彼の関心は他のテーマに移っていた。そうこうするうちに，私も我が道を進み，『価格の掟』と『Price Management（価格マネジメント）』を出版した[注24][注25]。

ドーランは問題の核心に素早くたどりつき，簡潔に理解するうえで重要なスパーリングパートナーだ。しかし，彼の本当に好きなのはハーバード大学で教えることで，「教える喜び」についてよく話す。また，企業間の法的対立に関して専門家として証言し，ポラロイドとコダックの特許戦争では，ポラロイド側の代理人として分析結果を提供したことで悪評が立った。コダックのために証言した専門家は同じくハーバード大学教授の故ロバート・バッセル（1993〜2004年）だ[注26]。ポラロイドはコダックが特許侵害していると非難し，コダックは最終的にポラロイドに9億900万ドルの損害賠償を支払わなければならなかった。皮肉にも，どちらの企業も

生き残れなかった。ドーランはハネウェルとミノルタの法的闘争でも勝った側について証言し，ミノルタは1億3,500万ドルの損害賠償を支払った。ドーランの証言は，勝訴において決定的な役割を果たしたとされ，それに伴い，彼の評判は好転した。

　ハーバード大学には数々の目玉があるが，特に秋の就活期間中の経営トップの講演がその1つだ。ジャック・ウェルチ，マイケル・デル，ペプシコやプロクター・アンド・ギャンブルなど多くの大企業のCEOのスピーチを聞くことができた。これらの経営者は，卒業生の獲得競争に勝つためにハーバードに個人的に足を運んだ。最も時間のないCEOにとって，ポテンシャルの高い人材が集中しているハーバード大学は，足を運ぶだけの価値がある。経営者たちは親しみやすく，講演後に通常はレセプションが開かれ，気兼ねなく会話を交わすことができた。

　チャールズ川の対岸にあるケネディスクールでも非常に興味深い出会いがあった。同校では公共政策の修士号（MPA）が取得できる。そこでの講演者には，さまざまな国の首相や，ニキータ・フルシチョフ旧ソ連首相の息子のセルゲイ・フルシチョフなど，政界関係者も含まれていた。その数年後，セルゲイはアメリカに移住し，市民権を取得した。ケネディスクールでは旧東ドイツ出身の研究者にも初めて会った。ドイツ民主共和国（GDR）という正式名称で知られる共産主義国出身の2人の研究者は特別な許可を得て，1988/89年度にケネディスクールで数カ月を過ごした。2人が一緒のときは，公式な共産党の路線から外れる発言はしなかった。しかし，どちらか片方と個別に飲みに行くと，まったく違う世界観が明るみに出た。こうした1対1の会話から，何も変わらなければGDRは最終的にうまくいかないだろうと私には見てとれた，とだけ述べておこう。そういう状態は予想よりもはるかに早く起こり，1989年11月9日のベルリンの壁の崩壊とその直後のドイツ統一という結果に至った。

ハーバード文化

　HBSには，多くの側面を持つユニークな文化がある。その1つがファカルティ・クラブで，教授が昼食で顔を合わせ，レセプション会場としても役立った。残念ながら，この素晴らしい施設はもう存在しない。秋学期の終わりには，チャリティー舞踏会が開かれた。私が在籍中に，他大学で同じようなものを見たことがない。1988年10月5日に開かれたイベントも記憶に残っている。ハーバード大学のデレッ

ク・ボック学長は客員研究者たちを招待した。先述の2人の東ドイツ人研究者を含めて，ドイツ人も多かった[注27]。彼らの名札を見ると，我が国はドイツ，西ドイツ，ドイツ（西），ドイツ連邦共和国，GDR，東ドイツの6通りで表記されていた。その1年後，この問題はなくなった。ドイツは1つだけになったからである。

ハーバード大学での私の正式な地位は「マーヴィン・バウアー・フェロー」だった。マーヴィン・バウアーはマッキンゼーの3人の共同創設者の1人だ。同社はハーバード・ビジネス・スクールに4人の客員教授のためにお金を寄付し，プログラムにバウアーの名前を冠していた。ハーバード大学はこのプログラムを使って，さまざまな分野や国の研究者を招待し，ビジネススクールで1年間過ごしてもらう。私以外の3人のフェローは，イギリス，フランス，イスラエルから来て，物流，金融，組織を専門としていた。私の専門はマーケティングだ。みんな教授の地位にあり，教員としての特権をすべて受けられた。その結果，私はアメリカの社会保障制度に入り，社会保障番号を取得した。第12章で触れるが，バウアーとの個人的な出会いは，私に消えることのない印象を残した。

アメリカ！　アメリカ！

私はこの巨大な国を100回以上訪れ，3年近く滞在した。アメリカの地に降り立つたびに，奇妙な感情，錬金術のような驚き，不安，懐疑主義，同国の長所と短所を鋭敏に感じ取って，押しつぶされそうになる。一方では，同国の純粋な経済力，起業家精神，イノベーションを起こす不可思議な能力，トップ大学が見える。また一方では，多くの家や都市が荒廃している状況，インフラの崩壊，社会的，教育的な格差が目につく。ドナルド・トランプ大統領の下で，アメリカ社会の分断は極端に激化した。後任のジョー・バイデン大統領が再び敵対的なグループともう少し緊密な関係を築けることを願っている。それはアメリカ人にとって望ましいことだろう。私は今日まで，このような両極性があるため，筋の通った説明ができずにいる。

第5章の注

（注1）Julia Shaw, *The Memory Illusion: Remembering, Forgetting, and the Science of False Memory*, London: Random House Books, 2016.

（注2）John D.C. Little, "A Proof for the Queuing Formula: L = λW," *Operations Re-*

search. 9(3)/1961, pp.383-387. 安定したシステムでの長期的な平均顧客数 L は，長期的な平均実効到着率 λ に顧客がシステムで費やした平均時間 W を掛けたものに等しい。式で表せば，L = λW となる。

（注 3）John D.C. Little, "Entscheidungsunterstützung für Marketingmanager," *Zeitschrift für Betriebswirtschaft*, 49. Jg., Heft 11/1979, pp.982-1007.

（注 4）Hermann Simon, "An Analytical Investigation of Kotler's Competitive Simulation Model," *Management Science* 24 (October 1978), pp.1462-1473.

（注 5）Hermann Simon, Karl-Heinz Sebastian, "Diffusion and Advertising: The German Telephone Campaign" *Management Science* 33 (April 1987), pp.451-466.

（注 6）大学教員資格はドイツ語圏と東欧の国々で大学教授になるためのプロセスだ。博士論文よりも前進させた第 2 論文と新しい理論を展開する必要がある。

（注 7）https://web.stanford.edu/dept/pres-provost/president/speeches/951005dieluft.html

（注 8）Dirck Burckhardt, "Das Genie der Masse," *Frankfurter Allgemeine Zeitung*, June 12, 2017, p.13.

（注 9）Shmuel S. Oren, Stephen A. Smith, Robert B. Wilson, "Nonlinear Pricing in Markets with Interdependent Demand," *Marketing Science* 1(3)/1982, pp.287-313.

（注10）Georg Tacke, *Nichtlineare Preisbildung: Theorie, Messung und Anwendung*, Wiesbaden: Gabler, 1989.

（注11）Duff McDonald, *The Golden Passport, Harvard Business School, The Limits of Capitalism, and the Moral Failure of the MBA Elite*, New York: Harper Business 2017.

（注12）Duff McDonald, *The Golden Passport* (p.46). HarperBusiness. Kindle Edition, p.46.

（注13）同上。Position 5418 in Kindle Edition.

（注14）同上。Position 5418 in Kindle Edition.

（注15）同上。Position 4603 in Kindle Edition.

（注16）Michael Porter, *Competitive Strategy*, New York: Free Press 1980.

（注17）Michael Porter, *Competitive Advantage*, New York: Free Press 1985.

（注18）Michael Porter, *The Competitive Advantage of Nations*, New York: Free Press 1990.

（注19）Michael Porter and Katherine Gehl, *The Politics Industry: How Political Innovation Can Break Partisan Gridlock and Save Our Democracy*, Boston: Harvard University Press 2020.

（注20）2020年12月20日時点の h 指数である。

（注21）以下を参照。James P. Womack, Daniel T. Jones, Daniel Roos, *The Machine That Changed the World: The Story of Lean Production*, New York: Free

Press 1990.

（注22） 以下を参照。Alfred Chandler, *Strategy and Structure: Chapters in the History of the American Industrial Enterprise*, Cambridge, MA: MIT Press 1969.

（注23） Robert J. Dolan and Hermann Simon, *Power Pricing – How Managing Price Transforms the Bottom Line*, New York: Free Press 1996.

（注24） Hermann Simon, *Confessions of the Pricing Man – How Price Affects Everything*, New York: Springer 2015.

（注25） Hermann Simon and Martin Fasschnacht, *Price Management – Strategy, Analysis, Decision, Implementation*, NewYork: Springer Nature 2019.

（注26） バッセルは以下の書籍の著者として有名になった。Robert D. Buzzell und Bradley T. Gale, *The PIMS Principles: Linking Strategy to Performance*, New York: Free Press 1987.

（注27） デレック・ボックは，1971年から1991年までハーバード大学の学長を務めた。彼は就任時に41歳であり，1634年の創設以来，ハーバード史上最年少の学長だった。

第 **6** 章

日本，我が日本よ
Japan, My Japan

ライジングサンの向こう側へ

ドイツは私が生まれてから最初の40年間，分断された国家だった。1989年まで，東西ドイツの間には厳重な監視の下で要塞化された国境「鉄のカーテン」が存在し，それが実質的に私たちの世界の果てだった。その国境は我が国を横断し，西ベルリンは東ドイツという共産主義国家に囲まれていた。東ドイツの正式名称はドイツ民主共和国だったが，民主的どころではなかった。ベルリンの壁や鉄のカーテンの反対側で人々がどんな暮らしをしているのか，私たちにはわからなかった。科学や学問の世界でもまったく接点がなかった。だから，前章で述べたように，私たちの関心や旅行先がアメリカに向かったのは当然である。

しかし，私の好奇心は尽きなかった。日が昇る先のさらに東で何が起こっているか知りたかった。ジャカルタ，クアラルンプール，シンガポール，ムンバイなどの都市で経営幹部を教えるために，アジアには短期で2〜3回訪れたことはある。しかし，最も興味を持っていた国は，特に目覚ましい経済発展を遂げている日本だった。

日本で歓迎を受ける

大学教授としての生活で最も楽しい側面の1つは，3年ごとに取得できるサバティカル（長期の研究休暇）だ。教える責務から解放され，自分の研究に完全に専念できる。私はいつもこの時期を海外で過ごしてきた。1983年春に，東京の慶應義塾大学から客員教授としてマーケティング戦略の講義をしないかと招待されたが，その依頼はまさに私の計画にうってつけだった。

その後の準備は慌ただしかった。出発のほんの1週間前に，新築の家に移ったばかりだったのだ。セシリアは事実上1人でまた引っ越しの準備を取り仕切ることとなった。日本に旅立つ前日まで私は講演旅行から戻らないというのに，荷造りしなくてはならない。8歳と3歳の2人の子どもづれの旅となれば，それなりの荷物になる。結局，スーツケースは7個になった。

ヨーロッパから日本までの伝統的な空路は，アンカレッジを経由してアラスカ上空を飛ぶ。当時マッキンゼー・ジャパンの代表だった大前研一氏に会ったときに，

私は感銘を受けた。「アンカレッジ」は彼の著書『トライアド・パワー』の中で主に唱えた説だ（この本は後に私がドイツ語に翻訳した）[注1]。大前は日欧米三極の経済統合を提唱していて，その３つの力の中心に位置するのがアンカレッジだった。20年後，全日空の経営陣から講演を依頼され，フランクフルトから東京まで一緒に旅したときに，初めて来日した頃のフライトを思い出した。アンカレッジかモスクワのいずれかに立ち寄る必要のあった時代と比べて，東京までの直行便は何とも快適だった。

　1983年の長時間の飛行はセシリアにとって拷問のようだった。私たちの席は喫煙場所の裏の最前列だった。目の前で乗客がひっきりなしに煙草を吸い，セシリアは何度も咳の発作に襲われた。ついに東京に到着すると，堀田一善教授とその家族がシティエアターミナルで出迎えてくれた。堀田教授は慶應大学滞在中に私のホスト役となってくれた。堀田家の人々は非常に親切で，心から歓迎してくれた。このとき芽生えた友情はその後何十年も続くことになる。

　私たちはすぐに日本人の習慣や振る舞いの違いに直面した。大学側が用意してくれたアパートは，東京の中心部にある慶應大学三田キャンパスのすぐ近くで理想的だった。私のオフィスはわずか数百ヤードの距離にあった。そこは日本の典型的なアパートだった。約40平方メートルの部屋で，写真からわかるように身長約195センチの私はかがまないとドアを通れなかった。とはいえ，それは問題ではない。私は古い農家で小さいドアに慣れていた。私たちは布団を敷いて寝た。この慣れない環境は，まさに私の求めていた非西洋的な新体験だった。私だけでなく，セシリア

アパートのドアに対して
著者はやや背が高すぎる

と子どもたちもすぐに新しい環境の中で，安全で快適だと感じるようになった。

どこまでも続く山手線

　空の長旅で疲れきっていた私たちは深く長い眠りに落ちた。しかし翌朝，私たちの誰もが予想していなかった不快なサプライズで目が覚めた。セシリアの咳が悪化し，胸の痛みも訴えたのである。堀田教授がすぐに近くの三田キャンパスの救急外来に連れて行ってくれたので助かった。短い診察の後，慶應大学病院を紹介された。私たちはすぐに必需品をまとめて，タクシーで１時間以上かけて病院に向かった。医師や看護師は非常に親切で気遣ってくれたが，言葉の壁があってコミュニケーションをとるのがひどく難しかった。それでも，セシリアの状態は深刻で，入院が必要だとわかった。月曜日の朝，私は子どものジーニンとパトリックをつれて，東京の真ん中に立っていた。何をすべきだろうか。

　私が真っ先にしたことは，子どもたちを山手線に乗せて三田に戻ることだ。続く２週間で，山手線についてだいぶ詳しくなった。毎日午後，私は病院にいるセシリアを見舞うために，子どもたちと一緒に山手線に乗ったが，どこまでも続くように思えた。恵比寿，五反田，品川，田町といった駅名をいまだに覚えている。東京に戻って自由時間があれば，また山手線に乗って記憶を呼び覚ましたい。

東京で迷子になる

　子どもたちをどうすればよいのか。まずは，３歳のパトリックだ。慶應大学は非常に協力的で，数時間のうちに，ドイツ研究専攻の日本人学生を見つけてくれた。オオタニ・ミナさんはすぐにパトリックのベビーシッターをしてくれたので，この困難な状況では非常に貴重な助けになった。彼女はその後，私たちに会いにドイツに来てくれた。

　娘のジーニンは当時大森にあったドイツ人学校に通うことになっていた[注2]。通学には，最寄りの田町駅まで歩き，そこから山手線で品川駅まで電車に乗る。この巨大な品川駅で別の線に乗り換え，最終目的地の大森までさらに２駅。そこから学校までは徒歩となる。私は２回ほどジーニンの通学に付き添ったが，その後は１人

で電車に乗らなければならない。彼女はまだ8歳だった！　最初の数日間はうまく
いったが，ある日の午前9時にジーニンがアパートに戻ってきた。ひどくおびえて
いる。私は彼女を腕に抱きしめて，どうしたのかと聞いた。「大森駅から学校まで
の道が見つからなかったの」。後からわかったのだが，駅の改札口が違っていたのだ。
しかし，アパートまで戻れたのはありがたいことだ。ひとつ間違えれば悪夢にもな
りかねなかったが，幸いにも，娘は何とか帰宅する術を見つけ出した。翌日，私は
再び彼女に付き添ったが，それ以降，8歳の娘は毎日問題なく通学できるように
なった。

　2週間の入院後，セシリアは家に戻ってきた。子どもたちにとっても私にとって
も祝うべき日となった。彼女のサポートを得て，私は再び自分の仕事に完全に集中
できるようになった。この研究期間中に，在日ドイツ企業の市場参入における問題
を調査しようと計画していた。私は日本語を話せないし，読めるはずもない。主に
情報を得るために，経営者，起業家，研究者と話をしたり，インタビューしたりす
ることにした。

　広い東京エリアの主要なドイツ企業のほぼすべてのCEOと会った。また，他の
ヨーロッパ諸国やアメリカのトップマネジャーと話し，市場参入に関する問題や戦
略がドイツ企業の場合と似ていることを知った。こうした調査は私にとって非常に
有益で洞察に満ちていたので，その後，日本市場での成功に関する書籍『*Markter-
folg in Japan*（日本市場での成功）』をドイツで出版することができた。

　特に中小企業が日本市場に参入する時期だったので，この本を出すタイミングと

研究成果：日本市場での成功
に関する書籍

しては最適であり，多くのドイツ企業の日本参入に役立ったという自負がある。また，日の出と日本のレリーフを用いたブックカバーは特に気に入っている。

学者兼仲人

　慶應大学のホスト役は堀田一善教授だった。専門分野であるマーケティング理論を熟慮してきた彼との議論は非常に有意義であり，私は多くのことを学んだ。彼はまた，当時のマーケティング理論の第一人者であるアメリカのシェルビー・ハント教授とも密接に連絡を取り合っていた。しかし，堀田先生とは仕事上の付き合いに留まらなかった。遊びに連れて行ったり，選り抜きのレストランで日本料理を振る舞ったりと，家族ぐるみで私たちによくしてくれた。

　当時まだ若手だった榊原研互教授とも親しく交流した。彼はドイツ経営学を専門とし，ドイツ語を流ちょうに話すので，コミュニケーションがとりやすく，楽しかった。榊原教授はケルン大学とミュンヘン大学で数年間，客員教授として過ごしたので，家族と一緒にドイツの我が家にも来てくれた。私は東京に行くとき，堀田先生や榊原先生と再会するのを心待ちにしている。いつもその前に会ったのは昨日だったかのように感じる。

　慶應大学ではマーケティング戦略の講義を行った。そのプロセスは私がドイツで

堀田教授一家との外出

2015年に堀田一善教授と
榊原研互教授と東京で再会

慣れていたものとは非常に異なっていた。まず，学生は30名で，ドイツで一般的な
クラスの約10分の1だ。日本人学生は話をよく聞いてくれるが，ただ黙ってノート
ばかり取っている。こちらから質問して議論を始めようとすると，学生はおずおず
答えるだけだ。講義中に積極的に質問してくることもない。ところが，後から私の
オフィスに質問しにやって来る。ドイツの教え方とはまったく勝手が違った。ドイ
ツの学生は授業中に教授に質問し，時には物議を醸す議論に教授を引きずり込むこ
ともある。日本では，クラスの面前で教授を議論に巻き込まないことを私は学んだ。
教授が答えを知らないと，学生の前で面目を失うかもしれないからだ。

　講義では，村田昭治教授と緊密に協働した。彼は日本で，フィリップ・コトラー
のマーケティングの教科書を翻訳したことで知られていた。私がアメリカで数年前
に知り合いになったコトラーは，当時すでに世界的なマーケティング界の第一人者
だった。村田先生はコトラーの近代的なマーケティングの概念を日本に持ち込み，
彼自身も名声を得ていた。そこから思い出されるのが19世紀の古典時代だ。当時の
ドイツ人の作家，哲学者，科学者はすでにそれぞれ高く評価されていたが，有名な
海外作家の作品を翻訳することでさらに名声を高めたのである。

　しかし，村田先生は別の専門領域でも有名人だった。それは，縁を取り持つ「仲
人役」として，である。彼が間に入れば，うまくいくと評判だった。村田先生のそ
の手腕は，私たちもこの目で確認した。あるとき，妻のセシリアと私は日本の医療
技術会社の起業家の自宅に招かれた。一人娘は27歳で付き合っている相手もなく，
自分の会社に後継者がいないことを，その起業家はひどく心配していた。そこで娘
のために自分の会社を継いでくれる伴侶を探してもらおうと，村田先生を頼ったの
である。数年後，私は村田先生の仲介が成功したことを知った。その起業家の会社
では，義理の息子が経営者になっていた。村田先生は200組以上の縁談をまとめた

と言われる。彼は2015年に逝去された。

▌日本人研究者を探索する

　この機会を使って，企業訪問以外にも，さまざまな日本の学者や大学と接点を持った。一橋大学では，アメリカで13年間過ごした後，日本に戻って同大学での教授職に就いたばかりの竹内弘高教授と会った。彼にとって日本文化への再適応は容易ではなかったが，その後何十年も輝かしいキャリアを維持した。一橋ビジネススクールを立ち上げたのも彼の功績だ。一橋大学とは違って，一橋ビジネススクールは東京の中心部にある。彼はずっとマイケル・ポーターとも緊密に協業し，東京で退職後，ハーバード大学に戻った。私はいつも彼の魂は日本とアメリカの両方にあるような印象を受けていた。

　昔から天皇家の子弟が学ぶ学習院大学の上田隆穂教授とも知り合い，長年にわたる友情を育んだ。私たちはいまでも時折，共同でカンファレンスを開催する。彼は何度かドイツにも訪ねてくれた。私は東京に来るたびに彼と会う。彼の尽力により，日本の出版社やビジネス関係の人々とも引き合わせてもらった。

　東京，早稲田，一橋，学習院，中央，青山学院などの有名大学で講演する機会があった。大阪や神戸など関西にも行き，ボンで出会った教授や，ドイツでのカンファレンスに参加した教授たちと会うことができた。その1人が和歌山大学の生駒道弘教授だ。彼がボンに滞在していたとき，当時アシスタントだった私は，別のポルトガル人の客員教授と一緒に，自分の小さなアパートに彼を招待したことがある。その客員教授の名前はカルバリョで，ポルトガル語で馬の意味がある。日本語の駒も同じだ。私は図らずもどちらも「馬」の名を持つゲストを招待することになった。

　1964年の東京オリンピック開催を機に開設された日本の高速列車，新幹線に乗れたことも私にとってハイライトとなった。ドイツで独自の高速鉄道サービス（ICE）がようやく始まったのは1991年である。大阪に向かう途中の富士山の光景は神秘的だった。私はその後も，新幹線から雪に覆われた富士山を見るたびに心から感動した。以前の東京オフィスは全日空ホテルの隣の高層ビル内にあって，窓から富士山を垣間見ることができた。ある日の午後遅く，私は窓の外を見ながら考え込んでいると，突然，雲が晴れて富士山が現れた。最初は時差ぼけで幻を見たのかと思ったが，同僚に確かめてみると，やはり富士山だった。しかし，このような感動的な体

験をしたのは一度きりである。

日本の家庭で

　ビジネスパーソンの個人宅に招待されるのはちょっとしたセンセーションであり，日本では珍しいことだ。未婚の娘を持つ起業家から招待されたのはおそらく，ライン川の拙宅に彼を招いた返礼だったのだろう。いずれにせよ，セシリアと私にとって忘れられない体験となった。その起業家の家は都心部にあり，小さな公園に隣接していた。最初に訪問したとき，少し早めに着いたので，穏やかに晴れた10月の夕方，公園の周りを散歩した。巨大都市の喧噪の中で，その公園内には静けさが漂い，私たちを瞑想状態へと誘った。招かれた家にもおとぎ話から抜け出てきたような日本庭園があり，夕食後，私たちはそこに座って話をした。何度も会話が途切れたのは，話の種が尽きたのではなく，庭の静かな雰囲気に魅了されたからだ。

生魚を食べる

　私たちのアパートの隣の狭い路地には，小さなレストランが集まっていた。そのうちの1軒では，生魚を乗せた小さなにぎり飯がベルトコンベアで運ばれてきた。今日，寿司は世界中で知られている。しかし当時，この日本料理について私たちは何も知らなかった。生魚を食べることなど想像もつかなかった。村田教授と議論していたときに，「でも，あなたがたは生肉を食べますよね。タルタルと称して。だから，生魚も食べられますよ」と言われた。実際に，その通りだ。その日以来，私たちは寿司を食べるようになった。そして今日では，ますます寿司を満喫するようになった。世界中で同じ状況だ。というのも，寿司は世界的な美食となったからである。とはいえ，ドイツの寿司のクオリティは日本と同じではない。だから，私たちはオリジナルを味わうために，定期的に日本に戻ってこなくてはならないのだ。
　「晩飯は敵にくれてやれ」。このアジアの知恵を思い出したのは，2人の日本人の友だちと一緒に食堂で質素な夕食をとっていたときだ。日本人は昔の知恵を守っているらしい。日本人が長寿を誇るのは偶然ではない。日本滞在中は日本食を楽しみ，ヨーロッパよりも健康的な生活をしていた。日本滞在中，私の体重は今日よりも10

キロ軽かった。

日光や鎌倉などの美しい場所

　週末は東京やその周辺の美を探索して過ごした。皇居は印象的だった。というのも，ドイツには似たようなものがないからだ。2000年に開設したサイモン・クチャーのオフィスは皇居にとても近く，後年，私は写真にあるように家族と素晴らしい時間を過ごしたことを何度も思い出した。

　セシリアが再び元気になってから，私たちは時間があると，東京やその周辺の有名な神社や寺院を訪れた。政治論争を呼び，賛否が分かれる靖国神社，鎌倉の大仏，美しい滝の流れる崖を猿が登る観光地「日光」にも訪れた。もちろん，世界有数の高級ショッピングエリアの銀座も見逃さなかった。当時は，ほとんど懐に余裕はなかったけれども。私たちは日本を愛するようになり，また来ようと約束した。この約束は何度も守ってきた。私たちの子どもたちもそうだ。

中津川

　セシリアと私は2度ほど中津川に訪れ，素晴らしい経験をした。中津川は岐阜県東濃地域にあり，長野県に隣接する小さな町だ。実業家の中田智洋氏が「隠れたチャンピオン」に関するカンファレンスを開催し，私は基調講演者として招待された。中田氏のことは第12章で詳しく説明したい。ただし，そのカンファレンスは，

1983年，サイモン一家，皇居にて

中津川のパフォーマーたち

よくありがちなビジネス・カンファレンスを超えていた。ホテル，食べ物，人々など，そこでの体験は，東京や大阪など大都市圏で遭遇するものとは大きく違った。英語を話せる人はほとんどいなかったが，人々の親しみやすさはずば抜けていた。中田氏が地元で私たちのために用意してくれたものについて，どう表現すればよいかわからない。ハイライトとなったのは，中田氏が後援する舞踊学園ゆきこま会の150人の生徒が披露してくれた演目だ。日本語の対話や歌詞はわからなかったが，セシリアと私の目から涙があふれてきた。写真は，パフォーマンス後の活気に満ちた気分を捉えている。

　振り付け，歌，セットデザイン，生徒たちのモチベーションなど，あらゆる点でプロ顔負けのパフォーマンスだった。このような公演がドイツの学校に合致するとは想像できない。何時間もかけて練習を積み，入念な準備をする必要がある。

　中津川を2度目に訪ねたときには，地元の高校で600人の生徒を前に講演したが，そのときの体験も忘れられない。講堂に入る前に，出席者全員が靴を脱いでスリッパを履いた。私には小さすぎたので，ドイツ国歌が流れる中，よたよたとステージまで歩いていった。私は壇上でスリッパをぬぎ，靴下のまま立ち，グローバル化した世界の若者のキャリアの見通しについてスピーチをした。私が講堂を出るとき，60人の生徒がウィーンの有名な楽曲，ラデツキー行進曲を演奏してくれた。セシリアと私の涙腺はまたしても緩みそうになった。レセプション，伝統工芸の見学，歴史的な村落の訪問など，他にもユニークな体験を楽しんだ。私たちは，あらゆる種類のおせちを堪能した。1年後に中田氏がドイツを訪ねてきたとき，特別な冷却容器に入れたおせちの大きな箱を持って来てくれた。

ドイツにおける日本

しかし，私の日本との出会いは日本国内だけではない。ドイツでも何度も日本との出会いがあった。私はサッカーファンなので，2002年に横浜で開催されたサッカーワールドカップのドイツ対ブラジルの決勝は観戦せずにはいられなかった（残念ながら，ドイツは 2 対 0 で敗れた）。さらに興奮したのが，2011年にフランクフルトで行われた女子サッカーワールドカップ決勝の日米戦だ。あれほどエキサイティングな試合は見たことがない。延長戦でも 2 対 2 で，PK 戦となった。5 対 3 で日本チームが勝利に輝いた。日本人女性たちの応援っぷりもすごかった。セシリアと私は明らかに日本チームのサポーターだった。セシリアは日本のハチマキを締め，日の丸の旗を持っていた。

壮大なライン川はドイツの魂だ。ボンの我が家はライン川に面した小さな丘の上にある。上田教授と中田氏が中津川から起業家たちの一行と一緒に我が家を訪ねてきた。夕食後に，セシリアはテラスで日本の国歌を歌ってくれないかと頼むと，日本の客人たちは熱心に応じてくれた。それ以来，私たちはいつも日本人の客にライン川を見ながら国歌を歌ってもらう。父なるライン川は毎回，楽しんでいるはずだ。

ドイツで初めて日本人のマネジャーとも知り合った。デュッセルドルフは今も昔もドイツにおける「日本人の首都」である。ドイツ在住の日本人は46,600人，そのうちノルトライン＝ヴェストファーレン州には15,000人，デュッセルドルフには8,000人以上が住む。私たちは日独協会と共同でビジネスイベントを開催した。私が特に感銘を受けたのは，ドイツのパナソニック現地法人社長の河勝重美氏だ[注3]。彼はドイツ北部のキールにあるクリスティアン・アルブレヒト大学（キール大学）

セシリアと一緒に女子サッカーの日本対アメリカの決勝戦を観戦。2011年 7 月，フランクフルトにて

ライン川のほとりで日本様式を取り入れた
我が家

で博士号を取得したので，北部と縁があった。彼は音楽愛好家で，ドイツ最北州の
シュレースヴィヒ＝ホルシュタイン州の音楽祭の理事会メンバーだった。この関係
から見て取れるのが，日本の経営の興味深い叙情的な側面だ。パナソニックはハン
ブルクにドイツ本社を，ノイミュンスターやヒルデスハイムなど北部の都市に工場
を移転したのに対し，ソニーはバイエルン州ローゼンハイムなど南部に工場を設置
した。それについて，どんな説明があっただろうか。当時ソニーを率いていた盛田
昭夫氏は，有名な指揮者のヘルベルト・フォン・カラヤンと親交があり，バイエル
ン州と国境を挟んでオーストリア側にあるザルツブルクの音楽祭に定期的に訪れて
いた。彼にとって，その近くにあるソニーの拠点にも立ち寄りやすくなった。ただ
し，こうしたことは日本の経営者に限られた話ではない。場所の決定が上司の個人
的好みに強く左右される状況を，私は何度も目にしてきた。

　私たちはある意味で，ドイツでも長年「日本」の中で暮らしてきた。ボン近くの
シーベンゲビルジュにある最初の我が家は，日本の建築様式がかなり取り入れられ
ていた。また，同じ建築家が設計したライン川に面した我が家にも日本様式が用い
られているので，日本での忘れられない時間を毎日思い出すことができる。

▌我が師としての日本

　日本での体験からどのような教訓や洞察を得られるだろうか。慶應大学に初めて
滞在したとき，私は準備のために日本という国や文化に関する本を何冊も読んだ。

しかし，現実はまったく違うことがわかった。本を読むだけでは，国や文化はつかめないし，理解などできるはずがない。私が日本時代に得た最も重要な洞察は，人々が西洋で慣れているものとはまったく異なる原則に沿って，社会を円滑に運営できるということだ。米国などの西側諸国では，ドイツのシステムやルールと似通っていたので，そういう気づきは得られなかった。日本は私にとって偉大な師であり続けてきたし，今後もそうだ。

ノーと言わない「ノー」

重要な洞察の1つとして，日本人のコミュニケーションには明確な拘束力を伴わない性質がある。日本語の会話やスピーチは，文書でも口頭でも，非常に具体的な文言が含まれることは珍しい。特に，他の人の見解に異議を唱えたり否定したりする発言では往々にしてそうだとわかった。要するに，日本人は「ノー」と言わない。その後何年か過ごす中で，時折，要求や質問に答えがない場面に遭遇した。それは，日本式の間接的な「ノー」である。私自身も何度かその戦術を使ってきたが，確かにうまくいく。もっとも，誰かが期せずして追求してくれば，直接「ノー」と言うことは避けようがない。私のコミュニケーションは，通常はドイツ語なので非常に直接的だが，日本での体験を通じて，より礼儀正しく気を遣うようになったと思う。

しかし，コンサルティングの仕事では，明確な発言を避ける傾向はやや問題がありそうだ。とはいえ，この見解が私の西洋的視点を反映していることを認めなければならない。個人的には，コンサルティングのプレゼンテーションでは，しっかりした声明を出すほうが好ましいと思っており，それは日本人にとって耳ざわりな発言かもしれないことを認めよう。したがって，実際に東京オフィスでは日本人のパートナーやコンサルタントしか雇用していない。従業員は時折，私の発言や講義はかなり手厳しいと感じてきた。

外国文化を完全に理解することは決してないだろう。それでも，貴重な洞察は得られる。村田教授は「温かい」信頼と「冷たい」信頼を区別する日本人の考え方を説明していた。温かい信頼とは，親と子どもの関係に代表されるものだ。この信頼は理想的には，あらゆる問題に持久力で勝る。銀行と会社の間には冷たい信頼がある。その会社が深刻なトラブルに巻き込まれると，銀行からあまり信頼されなくなる。私にとって，これは豊かな考え方であり，ドイツ語の貧困さを示している。ど

うやら日本語には，この種のニュアンスを含む言葉が多いようだ。

　もう1つ気づいたのが，西洋の高級品に対する日本人の好みについてだ。銀座や空港など高級ビジネスエリアには，あらゆる高級ブランドが広々とした自前の店舗を構えている。グッチ，エルメス，ルイ・ヴィトン，ロレックス，さらにはモンブランまであり，欠けている主要ブランドは1つもない。高級ブランドのCEOに，日本人のこうした好みについて聞いてみたところ，彼らの仮説は「人口密度が高い場所に住む人々はどこでも，特別なものを自分のご褒美とすることで，窮屈な状況から逃れたいと思っている」という。私はこの観察結果を，特に日本人のように非常に均質的な社会では，個人の差別化が大いに求められているという仮説で補足することが多い。しかし，この表現は常に当てはまるわけではない。たとえば，スペース上の理由から，日本車はこの目的に適さない。一方，小さな製品，アクセサリー，衣類，香水は該当する。こうした洞察は，私たちが高級品を扱う企業向けのコンサルティング・プロジェクトをするときに役立つことが検証された。

　日本から学んだもう1つの点は，他の人に対する気遣いだ。これは，日本人が風邪やインフルエンザにかかったときにマスクを着用する事実によって特に明白だ。自分自身を守るためではなく，他の人を守るためにそうしている。この社会的行動は，少なくとも新型コロナウイルスの感染が広がる前には，西側諸国ではまったく知られていなかった。そして日本は，社会的配慮という理由から，コロナ禍による苦闘がはるかに軽く済んでいる。

　私にとって日本で印象に残っているのは，いかに完璧に仕組みを回すかについてだ。最も明白で説明しやすい例が鉄道だろう。長距離の新幹線から近距離の山手線に至るまで，どの列車も分刻みで正確に出発する。プラットホームには目印がつけられていて，列車は驚くほどの精度でその場所に停まる。列車の乗り降りや列をつくるとき，巨大な駅の階段を使うときにも極めて細かく管理され，さらに重要な点として，誰もがおとなしくそれに従う。私は成田や羽田に到着すると，いつもこの秩序や規律に気づき，それを理解することを学んだ。タクシーは清潔で，運転手は白い手袋を着用している。強盗やスリに絶えず警戒しなくてもよい。夜でも安心に街を歩ける。なんと快適な状況だろうか。日本人は自らこのメリットを理解しているのだろうかと思うことがある。

　その一方で，日本の厳格なルールや習慣は，社会が変化し，イノベーションを起こす能力には本質的に向かないという欠点もある。約40年前に初めて来日してから，何が変わったかとよく聞かれるが，私の答えは常に「たいして変わっていない」で

ある。もちろん，全部が全部そうではないが，全般的な印象は変わらない。山手線
は当時とまったく同じように見える。三田界隈の狭い路地を歩くと，建物，レスト
ラン，小さな店舗，パチンコのアーケードがいくつもあって，1983年に戻ってきた
ように感じる。もちろん，目につかない部分はほぼすべて変わっていることは承知
の上だ。慶應大学時代を思い出したり，日本を訪れたりするたびに，いつも感謝の
気持ちが湧いてくる。私が受けたもてなしと日本で学んだ人生の教訓に感謝してい
る。

▌第 6 章の注 ▌

（注 1 ） Kenichi Ohmae, Triad Power, New York: The Free Press 1985, German ver-
sion: Macht der Triade, Wiesbaden: Gabler 1985.
（注 2 ） ドイツ人学校は現在横浜にある。
（注 3 ） 当時の社名は松下電器産業株式会社。2008年にパナソニックに改称。

第7章

世界を巡る
Roaming the World

アメリカと日本にはかなり長期滞在した。ある国に実際に住むことはただ訪問するのとは異なり，当然ながら非常に強い印象が残る。しかし，世界はもっと広く，いろいろな国々を知りたかったので，仕事でもプライベートでも幅広く旅してきた。フランス，スイス，オーストリア，スペイン，イギリス，南アフリカ，韓国，中国のビジネススクールで長年教え，50カ国以上でスピーチを行った。こうした訪問の間に数え切れないほどの接点を持ち，実り多きネットワークができたことは，人生を通じて私に恩恵をもたらしてきた。私はなるべくセシリアと子どもたちを一緒に連れて行った。私たちは新しい冒険にいつも興味を抱きながら，世界中を巡った。

■フランスにいる神様のように

「Comme dieu en France（フランスにいる神様のように）」はフランス人が自国の素晴らしさを表現するときの言い回しだ。かつてNATO本部が置かれていたパリ南部のフォンテーヌブローには何度も滞在した。この絵のように美しい町で束の間「優しきフランス」を楽しむことができた。フォンテーヌブローにあるビジネススクールINSEADは1957年に創立され，この種〔訳注：ハーバード・スタイル〕の学校としてはヨーロッパで最も古い。創立者は軍司令官のジョルジュ・フレデリック・ドリオと，フランス大統領となったヴァレリー・ジスカール・デスタンの弟，オリヴィエ・ジスカール・デスタンである。ドリオは1899年にパリで生まれ，アメリカに移住して第二次世界大戦中に准将に昇進し，その後「ベンチャー資本主義の父」として知られるようになった。INSEADの設立資金はパリ商工会議所が提供した。ハーバード大学をロールモデルとしているので，INSEADはハーバード・ビジネス・スクールの派生版と言える。

INSEADの教員は出版物や米国での講演，ヨーロッパでのカンファレンスを通じて私に目を留めて，1980年に非常勤で教えないかと声をかけてくれた。私としても経験の幅を広げるのに役立つので，この機会を逃したくはなかった。多くの場合，午前中にパリの空港まで飛び，夕方には自宅に戻ることとなった。学期の間の休みには，エグゼクティブ向けプログラムを集中的に教えるため，1〜2週間滞在した。

INSEADは私にとって国際的なネットワークをつくる機会となった。INSEADは当時，初めてアジアに触手を伸ばし，1980年にユーロ・アジアセンターを設立した。私はアジアでのエグゼクティブ・セミナーに呼ばれるようになった。ジャカル

タでは，小さな島に行く機会があった。その島には川がなく，発電機は 1 日に数時間しか稼働しない。帰り道では船酔いした。それは私にとって初めてのアジアでの冒険だったが，それが最後ではなかった。マレーシアのクアラルンプールでのセミナーに招かれたときには，家族と一緒に小旅行をした。クアラルンプールからシンガポールまでノスタルジックな列車に乗り，シンガポールやペナン島で素晴らしい日々を過ごした。

アメリカの「母」なるハーバードとは対照的に，INSEAD は最初から国際的な学校を目指していた。MBA の学生は英語，フランス語，ドイツ語を話す必要があったが，アジアからの学生が増えたので，その方針は結局撤回された。それでも，INSEAD は今日，最もグローバルなビジネススクールだと胸を張る。250人以上の教授陣を揃え，シンガポールとアブダビにもキャンパスがある。INSEAD での共同研究では，MIT 滞在中に私が行ったものよりも，国際ビジネスの世界に非常にアクセスしやすかった。

私は INSEAD に滞在中，約100平方マイルに及ぶ広大なフォンテーヌブローの森を堪能した。フォンテーヌブロー自体は住民わずか 1 万6,000人の小都市だが，地域面積は広く，森があることで知られている。作曲家のジュゼッペ・ヴェルディのオペラ「ドン・カルロス」の舞台にもなった。私は道沿いをずっとジョギングしたが，迷子にならないように気をつけないといけない。時折，象，カエル，ワニなどの動物の形に似た奇岩に出くわした。森の中には3,000種類のキノコも生育しているとされる。

フランスは自国の伝統に非常に誇りを持っている国だ。ナポレオンが1795年に設立した倫理・政治学アカデミーもそうした伝統の 1 つだ。「社会の発展と人間の未来における自由経済の役割のハイライト」という私の研究が認められ，2013年にこのアカデミーから賞を授与されたのは非常に光栄だった[注1]。

授賞式では，私たちは昔ながらの制服を着たサン・シール陸軍士官学校の卒業生の列の間を通って，フランス学士院に入場した[注2]。アカデミーの40人のメンバーも，ベルトラン・コロン校長と一緒に写真撮影をするので，伝統的な民族衣装を着て入場した。式典はすべて，200年間変わらない厳格な手順に沿って進められた。

私は1992年にロンドン・ビジネススクール（LBS）の客員教授となり，2002年まで非常勤で教えた。ドイツ企業の生産性に関する話をしたときに，私はドイツ人について「我々は働くときには，本当に働く」という挑発的な見解を述べた。LBSの同僚であるパトリック・バーワイズ教授は「あなた方ドイツ人は不正競争を地で

パリの倫理・政治学アカデミーでの授賞式。
ベルトラン・コロン学長と

行っている。実際に勤務時間に働いていますね」と，あざ笑うような口調で応じた[注3]。

　私は，欧米の有名ビジネススクールから教授職や，2回ほど学長職も打診されたが，断ってきた。海外で働くために永住したくはなかったのだ。1つには，外国ではドイツ国内と同じようには個人的ネットワークを築けないと思ったからだ。

　私は長年にわたって，さまざまな国々の教授に大勢会ってきた。ヨーロッパでは，ブリュッセルの EIASM が最初の扉を開いてくれた。そこはヨーロッパ・マーケティング・アカデミー（EMAC）が誕生した場所でもあり，私は1984年から1986年まで会長を務めた。EMAC には現在，57カ国から1,000人以上の参加者がいる。

　ビジネススクールのネットワークによって，私は国際的な学会やビジネス・カンファレンスで講演する豊富な機会を得た。こうしたカンファレンスでは著名な講演者に出会い，彼らの話し方を直接観察する機会にもなった。史上最大のベストセラーのビジネス書『エクセレント・カンパニー』の著者トム・ピーターズ（写真を参照）とロバート・ウォーターマン[注4]，すでにハーバード時代に知己を得ていたマイケル・ポーター（写真を参照），『トライアド・パワー』で知られる大前健一[注5]，コアコンピタンスの概念を生み出した故 C・K・プラハラードとゲイリー・ハメル，リエンジニアリングの概念的な父であるマイケル・ハマー，『イノベーションのジレンマ』で有名な故クレイトン・クリステンセンをはじめとする，多くの重鎮が含まれる。

トム・ピーターズと（1995年，ベルリン）

マイケル・ポーターと（1993年，フランクフルト）

スロベニアの美しさ

　私は接点を持った人々の多くと長期的に協力するようになった。1986年，スロベニア出身のダニカ・パーグ教授が私のもとを訪ねてきた。スロベニアは小さいながらも美しい国で，鉄のカーテンの崩壊前にはユーゴスラビアに属していた。パーグはパリにある有名なソルボンヌ大学で論文を書き，当時は純粋なファンタジーのように思われた計画を私にもちかけた。それは，ソ連の影響圏内でビジネススクールを設立するというものだ。「かつての影響圏」でという意味ではない。1980年代後半までに，ユーゴスラビア，特に構成国のスロベニアは，ソ連の支配から離れつつあった。西バルカン諸国の一部を強引にユーゴスラビアに併合したチトー大統領が1980年に死去し，ユーゴは実際に崩壊の兆しがあった。1991年，スロベニアはユーゴスラビア構成国の中で初めて独立を宣言した。しかし1986年時点では，ユーゴスラビアなどソ連の衛星国やソ連自体の未来動向について確信を持って予測する方法

ダニカ・パーグ教授による名誉博士証明書の発表。2009年，スロベニアのブレッドにて

はなかった。

　さまざまな激しい逆風にさらされたにもかかわらず，パーグはそのビジョンを実現させた。国際エグゼクティブ開発センター（IEDC）は中東欧で初のビジネススクールとなり，今日では，ドイツ東部国境からウラル山脈に広がる地域の主要校に数えられる。パーグはスロベニアという小国をはるかに超えて，彼女自身の影響範囲も拡大した。彼女は中東欧経営開発協会（CEEMAN）を設立し，世界的なビジネススクールの領域で有名人になっている。私はIEDCの国際諮問委員会に参加したことにより，文句なしに美しいリゾートタウンのブレッドを含めて，定期的にスロベニアを訪れることができた。2009年に私はIEDCから名誉博士号を授与された（写真を参照）。

再びワルシャワ／ポーランドへ

　第1章で触れたように，私の両親は第二次世界大戦中にポーランドの首都ワルシャワで出会った。ワルシャワがなかったとすれば，私は存在しなかっただろう。この点で，ワルシャワを再び訪れたことは私にとって非常に感動的な体験となった。振り返ってみると，ワルシャワのコズミンスキー大学とは長年にわたって協力し合ってきた。創立者のアンジェイ・コズミンスキー教授はワルシャワ大学で教えていた。彼は常に自由な考え方の持ち主だったので，共産主義体制下ではひどく苦労した。ワルシャワ条約機構が崩壊すると，彼は嬉々として新たに手に入れた自由を謳歌した。1993年に私立大学を設立し，亡き父レオン・コズミンスキーの名前を冠した。コズミンスキーを私に紹介してくれたのは，1980年代初頭から交流のあるイェジー・ディートル教授だ。ディートルの孫であるマレク・ディートル博士は，

後にサイモン・クチャーのワルシャワオフィスを運営し，現在はワルシャワ証券取引所の CEO を務めている。ここからわかるように，人間関係は時間とともに世代を超えて深まっていく。コズミンスキー大学の国際諮問委員会では，私は自分の経験を共有して，参考にしてもらった。コズミンスキーと私は親交を深め，2012年に私は同大学から名誉博士号を授与された。

　中欧のどの都市よりも一番よく訪れたのはワルシャワだ。というのも，私の両親の過去においてこの都市の役割が大きかったからだろうか。私は両親が働いていた場所を探したことはない。1944年8月の蜂起の間にドイツ軍がワルシャワを完全に破壊したので，当時のまま残っているものが見つかる確率は低い。スターリンの部隊はヴィスワ川の対岸から見張っていたが，何もしなかった。だから，両親はいまだに覚えているが，私には両親が歩いた道をたどれない，そんな古いワルシャワに哀悼の意を表したい。

ケープ オブ グッド ホープ

　ドイツの冬はニューイングランドほど厳しくはないが，それでも快適とはほど遠い。したがって，南に向かう渡り鳥に倣うのは良い考えだ。私はケープタウン大学でマーケティングコースを教える話に応じることにした。こうして私は何度も，ドイツの冬から数週間ほど逃れることができた。ケープタウンで過ごした時間は全体的に良い思い出となった。ケープタウンでは，居心地の良いヴィンヤードホテルに滞在したが，スタッフは驚くほど気さくだった。1年後に再び訪れると，ドアマンが「お帰りなさい」と丁重に迎えてくれる。受付チームの応対も同じく心がこもっている。たとえ組織的であれ，純粋に個人的であれ，そうした嬉しい気遣いがあれば，誰でも印象はよくなるものだ。私のお気に入りの場所は，公園にも似た素晴らしい庭園だ。仕事の後にそこに身を隠し，おいしいオレンジジュースを楽しみながら，テーブルマウンテンを眺めていると，心が落ち着いた。

　南アフリカは素晴らしい国だ。多くの面で豊かさと同時に，深刻な問題も抱えている。同国の明るい側面は，富，清潔さ，緑地，健康的な人々，美しい風景，野生動物保護区だ。しかし，暗い側面も経験した。セシリアと私がダーバンの友人を訪ねたときに，ある地域に連れていってもらったが，そこで唖然とし衝撃を受けた。ケープタウン南部の静かなロンデボッシュ地区からテーブルマウンテンの北側にあ

114

る旧刑務所にビジネススクールが引っ越したときにも，複雑な感情を抱いた。その建物の独特の雰囲気から逃れられず，独房でどんなことが起こっていたのだろうかと，つい考えてしまった。

▌運命の統合——韓国

　私の子ども時代，至る所で戦争が話題にのぼった。私の父，家族，隣人から，ほんの数年前に終わった第二次世界大戦の恐ろしさについて，いつも聞かされてきた。1950年代初頭のドイツでは，朝鮮戦争が再び世界大戦の引き金になるのではないかという懸念が広がっていた。今日では，自宅でも学校でもドイツ分断の問題がどれほど私たちの関心事だったか想像しにくいだろう。クリスマスになると，東ドイツの人々を思って，窓にロウソクを置いた。献金や小包が東に送られた。私はそういう状況を知っているので，同じような運命にある韓国の人々に対して共感や理解ができる。ある意味で，このような態度は今日まで続いている。

　私が韓国と関わりを持ったのは，ピル・ファユ教授のおかげだ。彼はソウル大学を卒業後，アメリカに留学してノースウェスタン大学でMBAを取得した。その後，ハーバード・ビジネス・スクールで博士号を取った後，ドイツの私の大学に客員研究員として来た。帰国後，ソウルの成均館大学経営大学院（SKK）で長年教えた。私も同大学で何度か講演している。ピル教授との出会いは，実り多き関係と数十年にわたる友情につながった。ピルとその妻のリー・キヒャン（素晴らしい女性で，デザインの教授だ）は韓国と私の間を取り持ってくれた。韓国とドイツを互いに訪問し合うことは，私たちの生活のハイライトとなっている。

　韓国で最も感動的だった瞬間は，板門店の非武装地帯（DMZ）を訪れたときだ。その場所は何十年もの間ドイツを分断していた鉄のカーテンの鏡のように，両国に共通する運命を示していた。私たちは，北朝鮮が南部に侵入するために掘った狭いトンネルにも行った。こうしたトンネルを降りるのは怖いものだ。別の強い象徴は，国境が終点となっている近代的な駅である（写真を参照）。

　韓国で講演や議論をするときに，私は再統一の話題をよく取り上げた。このような出来事の予測不能性について，ドイツ再統一の形態やタイミングを誰も予見できなかった話をする。韓国の再統一もきっとそうなのだろう。その日はいずれやって来るが，それがいつなのか，どのような形をとるのか誰にもわからない。アメリカ

北朝鮮と韓国との国境の終着駅

のドナルド・トランプ大統領と北朝鮮の金正恩総書記との会談は，まだ南北間の関係改善につながっていない。再統一プロセスがドイツと同じくらい平和裏に進むことを願うばかりだ。私の生きているうちに韓国の平和的な再統一を目にすることができれば非常に嬉しい。

▌広大な国──中国

　1980年代半ばに，私は初めて中国企業と具体的に接する機会があった。当時私が会長を務めていたドイツ経営協会では，中国人の管理職育成に関する契約交渉をしていた。しかし最終的に，ドイツ監督委員会から承認が下りなかった。そうやって拡大すればコア・ミッションから逸脱しすぎるうえ，限られたリソースを国際的にやりくりする必要があり，ドイツのトップマネジャー育成に専念すべきだという。そのため，このごく初期の中国人との協働は実現しなかったが，別の機会が浮上した。鄧小平の牽引する中国経済が方向転換したことにより，西洋の基準に沿った学術教育に関心が高まったのだ。私は中国での MBA プログラム発足に向けた EC の取り組みを手伝うことができた。このプログラムでは，さまざまな国の教授が参加する教授会が必要であり，私はそのメンバーだった。その結果，中国で最初に発行された MBA 修了証明書には，私の署名もある（写真を参照）。

　この初期の MBA プログラムから，今ではアジアを代表するビジネススクールの1つとなった上海の中欧国際工商学院（CEIBS）が誕生した。私は長年にわたってCEIBS でいくつかの講義を担当してきた。

　2002年に広州で開かれた大きなカンファレンスで，私は同族経営について講演し

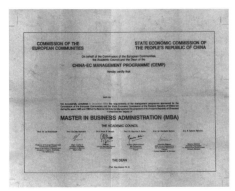

中国初の MBA 修了証明書

た。すると，北京の国立大学の教授が，価値を生み出すのは主に民間企業だと述べた。それには驚くばかりだった。しかし訪問するたびに，中国が成長と進歩に真剣に取り組んでいることが明らかになった。これは，中国での最初のコンサルティング・プロジェクトをしたときに，特に印象に残ったことだ。私たちは常州市武進区の新しいハイテク工業団地のためにドイツから投資を募る必要があった。初めて武進に行ったとき，ハイテク公園に指定された地域で目にしたのは畑や農家だった。18カ月後に再び訪ねると，昨日まで畑だったところに6つの単科大学を有する総合大学があった。武進の人々は，それがどういうことかを理解していた。彼らの目的は，低コストだけに興味を持つ投資家を引き付けるのではなく，適切な資格要件を満たす従業員を必要とする高度な生産施設を誘致することにあったのだ。その手始めとして大学を建てたことに，私は非常に感銘を受けた。

　私は当時，何千人もの労働者が単純作業をこなしていた中国の工場を多数訪問した。よく覚えているのが，携帯電話用に1億6,000万個のマイクとスピーカーを生産していた工場だ。当時の中国はもっぱら低コストと低価格を武器に世界市場で競争していた。製品はシンプルで，それほど品質も良くなかった。

　2009年，中国は初めてドイツを追い越して世界最大の輸出国となった。その後，私は数多くの講演旅行を行い，ドイツの中堅企業，特に隠れたチャンピオン企業の戦略や価格戦略の話をしてきた。幅広い業種の企業を訪問した。中国経済は長年にわたってどのように変化したのだろうか。中国に行くたびに発展していて，新しい建物，最も近代的な工場に驚いてしまう。どこへ行っても，最も近代的な高速列車，素晴らしい空港，非常に近代的な駐車場を目にする。中国は品質に関してまだ日本やドイツの水準にないが，先進国の大手企業は中国内の競争相手について非常に真

剣に受け止めなければならない。

　年を重ねるごとに，中国の学者や大学との接点はますます広がっている。広州の暨南大学の鄧地（デン・ディー）教授は常に貴重なアドバイザーになってくれた。彼は隠れたチャンピオンの中国の専門家だ。私はさまざまな大学で講義を行った。北京の対外経済貿易大学（UIBE）からは名誉教授の称号を授かった。私の著書の中国語版も多数出版されている。山東モリステックのオーナーである起業家の楊樹仁（ヤン・シューリェン）の取り組みで，「ハーマン・サイモン・ビジネス・スクール」が設立された。このビジネススクールは隠れたチャンピオンの概念の研究と教育に特化している。学校の発起人であるヤンは2002年以来，隠れたチャンピオン戦略を実践してきた。今日，彼の会社は3つの特殊化学品の世界市場リーダーとなっている。

　ドイツのような小国に住んでいると，人口14億人がどんな意味を持つか想像しにくい。鄧教授とはよく一緒に出かけるが，この点で目から鱗が落ちる思いをした。ある日曜日の夕方，私たちは北京南駅で電車を降りた。そして文字通り，人海に沈んだのである。これほど大勢の人を一度に見たことがない。鄧教授を見失ったが，私は長身で群衆の中でも目立ったので，彼のほうで見つけてくれた。2010年，私はセシリアと一緒に上海国際博覧会に行ったが，そこでも同じように大勢の人が集まっていた。このときも突然，巨大な群衆に囲まれていることに気づかされた。ドイツでは極めて稀な状況だ。セシリアは文字通り，閉所恐怖症になりかけたが，もちろん私たちの身には何事も起こらなかった。中国はあらゆる点で私たちの通常の規模感を超えている。中国の人口はドイツの17倍，日本の11倍だ。中国の国土は日本とドイツ（どちらも同じくらいの面積だ）よりも26〜27倍も大きい。中国に行くと，この規模感に慣れるまでにいつも数日かかる。アメリカは常にヨーロッパよりもはるかに大きく見えたが，中国は同じ要因でアメリカよりもさらに大きい。

　出張や講演旅行では通常，中国の巨大都市に行く。しかし，内モンゴルに家族旅

内モンゴルの砂漠で。2018年8月

行をしたときに，まったく異なる中国があることを悟った。私たちはラクダに乗ってゴビ砂漠を巡った。何千匹ものカシミアヤギの群れの中に飛び込み，馬に乗って果てしなく続くモンゴルの草原を進んだ。

　羊とヤギの畜産農家は，言葉で言い表せないほどたくさんの料理を振る舞ってくれた。これは明らかに人口の少ない場所の特徴だ。人々，特に旅行者は相互扶助にすがり，ここから賞賛すべきもてなしの文化が発展していく。そうした友情は最終的に政治や国民間の関係にも及んでほしいものだ。2020年に締結された太平洋15カ国間の自由貿易協定である「地域包括的経済連携（RCEP）」はこの方向への重要な一歩だと思う。アメリカもこの協定に加わるとよいのだが。

▍足止めを食らって香港へ

　私たちが乗るはずだったマニラ行きアメリカン航空が4時間遅れていた。マニラでニューギニア国営航空のエア・ニウギニに乗り換えて，パプアニューギニアの首都ポートモレスビーに向かうつもりだったが，これだけ到着が遅れれば，パプアニューギニアへの乗継便には間に合わない。マニラからポートモレスビーまで飛ぶのは週に1便しかなかった！　マニラに行っていれば，そこで7日間足止めを食らっていただろう。いつの時代でも，遠くに行けば行くほど，飛行機の接続は悪くなるものだ。航空会社は代わりに行き先を香港に変更し，私たちは3日後のパプアニューギニア行きの便に乗ることになった。香港で過ごす3日分のホテル代も出してくれたのは嬉しい驚きだった。結局，航空機の遅延のおまけとして，無料で香港に滞在することができたのである。

　当然ながら，私たちはその3日間をフルに活用して，1980年代初めにはまだイギリスの植民地だったこの素晴らしい都市を探ることにした。香港は，丘陵地帯，高層ビル，港の昔ながらの市場など，多くの点で印象的だった。当時は「新旧」の香港がしっかりと共存していた。そして間違いなく，資本主義寄りだった。市内観光の目的は，香港の名所や壮大な丘の景色を見せることにはないらしく，ガイドはしきりに無一文から百万長者（当時は億万長者の話はなかった）になった人々の邸宅や不動産を案内した。彼らは皿洗いの仕事から始めて，苦労して巨万の富を築いたそうだ。このような成功話を褒め称える風潮が社会全体に浸透していた。

　しかし，「サイモン家一行」が再び移動する日が来た。私たちは夜中に，2人の

子どもをつれて空港に向けて出発した。真のフロンティアであるパプアニューギニアで待ち受けていることに心踊らせていた。

▌世界の端へ

　夜明けとともに，ボーイング747はポートモレスビーに着陸した。当時のパプアニューギニアは，ほんの数年前にオーストラリアから独立したばかりだった。私たちを出迎えたのは，ポートモレスビーで伝道所を運営するハーマン修道士だ。彼とはドイツで一度会っていたので，すぐに打ち解けた。ポートモレスビーで一晩過ごし，初めてシロアリに遭遇した。翌朝，小さな飛行機に乗ってハイランド地方のハーゲン山に向かった。周囲の乗客は，ポートモレスビーで働いていたり，クリスマス休暇で家に戻ったりする現地住民だった。荷物や贈り物を積み込み，鶏を入れた鳥かごを持っている人もいた。

　ハーゲン山では，おじのジョン・ニルスと運転手がトヨタのSUV（スポーツ・ユーティリティ・ビークル）で迎えに来てくれた。ドイツでジョンに最後に会ったのは約7年前だ。幾分年をとっていたが，78歳にしてはすこぶる元気だった。広縁の帽子と丈夫なアウトドア用ウエアを身につけているので，カトリックの司祭というよりも開拓者のように見えた。亜熱帯の太陽を浴びて何十年も過ごしてきた人によく見られるように，肌がガサガサだ。トヨタ車はとても頑丈そうに見えた。運転手はポートモレスビーにある神学校の生徒で，クリスマス休暇を過ごすために自宅に戻っていた。私たちは結局，彼と一緒にかなりの冒険をすることになる。

　私の60歳の誕生パーティーのときに，私の子どもたちはハーゲン山からミンゲンデのカトリック伝道所までのドライブを振り返って次のように語った。

　「ジープに乗り込んで数キロくらい走ったところで突然，タイヤがパンクしたと言われた。そこには私たちだけしかいないと思っていたのに，いつの間にか犬歯の首飾りをつけた裸の先住民に囲まれていた。私たちがタイヤを交換する様子をみんなが見ていた。数時間後にようやく伝道所に着いたときには，私たちはすっかり疲れ果てて，ほぼノミと蚊の食い物にされていた」

　正直なところ，そこまでひどくなかった。しかし，8歳のジーニンと3歳のパトリックが当時の出来事をそんなふうに捉えていたとは，まったく知らなかった。パプア人にとって私たちは非常にエキゾチックに見えたに違いない。外国人にはめっ

たに合わないので，子どもたちをじろじろ眺めたのかもしれない。いずれにせよ，ジョンがセミリタイアするまで司祭を務め，今も生活拠点としている伝道所に，私たちは無傷で到着した。

ジョンおじさん

　私のおじは神言修道会（SVD）の宣教師団のメンバーだった。私たちが訪ねた時，パプアニューギニアでの暮らしは50年近くになっていた。「伝道所」という言葉から，どんなイメージが浮かぶだろうか。伝道所の中心には，数百人が集まれる教会がある。ただし，スタイルや資材の面で極めてミニマリズムの教会だ。壁の一部には波形のトタン板が使用されていた。このような外観でも，宣教師やパプア人の誇りを損なうことはなかった。というのも，広大な周辺地域の中で最大級の教会だったからである。

　伝道所には，牛の群れを飼育する大規模農場，店舗，機械工具の保守・修理用の作業所があった。それから，私と同郷出身のミリヤム・モールバッハ修道女が運営する産科病棟付病院もあった。伝道所の技術リーダーは，やはりドイツで一度会ったことのあるテオ修道士だ。

　この伝道所はシンブ地区の司教の中心拠点だった。クルツ司教はポーランド系の静かで親しみやすい人物だった。その後任には，ヘンク・テルマッセンというオランダ人が就いた。私たちはこのように世界の遠い場所で，非の打ち所のないヨーロッパの飛び地を見つけたのである。伝道所にはゲストハウスもあり，私たちはそこで快適に過ごした。快適さを乱すものが１つだけあった。伝道所の周りにほぼ手付かずの荒野が広がっていて，そこに現地の気候も加わることにより，容赦なく襲ってくる虫から我が身を守る術がなかったのだ。時折，ネズミが私たちの目の前を横切り，私たちの肌には蚊に刺された跡が残った。しかし，こうした不快感は，パプアニューギニアの高地での時間が私たちに残した，深く果てしなく続く印象に比べれば霞んでしまう。

大きな豚肉のロースト

　クリスマス時期にシンブ地区を訪れたのは偶然だった。5 年に 1 度しか行われない伝統行事として，大きな豚肉のローストが用意されていた。地域全体から何百人もの地元の人々が一箇所に集まってきた。その多くが迷彩色や彩り鮮やかな衣装を身にまとっている。みんなで穴を掘り，豚肉をローストするために火を起こした。最高の肉の部位はバナナの葉に包まれて，灰の中に置かれた。何とも食欲をそそられる匂いが広場を漂い，思わずつばが湧いてきそうだ。興奮のムードがひしひしと伝わってくる。集まった人々は，日々の食事がタンパク質不足ということもあり，ロースト肉ができるのを待ちきれない様子だ。みんな主に庭で育てた果物や野菜を食べて暮らしていた。こうした作物は一年中収穫できるので，食品の保存や貯蔵は不要で，実際に行われてもいなかった。

　もっとも，肉の保存に向かない気候だった。動物を殺処分したら，なるべく早くその肉を消費しなければならない。私たちが訪問した時，私の故郷の村が30年前にそうだったように，一般的な世帯には冷蔵庫や冷凍庫がなかった。さらに遠く離れた集落では電気すら通っていないところも多かった。地元住民がはるか昔に森林を丸裸にしたので，野生動物の姿は一切見当たらない。タンパク源となる鳥類さえ，ほとんど見かけなかった。

　数時間後，豚肉が調理され，食べる準備ができた。そのほとんどが，待ちきれずにいる群衆に配られた。みんな食欲旺盛で，満腹になる気配がない。なかには食べすぎて，タンパク質へのアレルギー症状が出て，医師に診てもらったり，伝道所の病院に入院したりする人もいた。私たちもさかんに食べろと勧められ，なかなか断わりにくかった。しかし，私たちがその晩そのまま食べていたとすれば，極めて愚かだと言わざるをえない。旋毛虫（トリキネラ）症などのリスクに対して検査が行われていなかったからだ。そこには，私たちが母国で知っているような食肉検査官は存在しなかった。

最果ての地にある村

　私たちはミンゲンデからシンブ地方を通ってトヨタ車での旅を続けた。シンブは

パプアニューギニアの21州の1つで，非常に面積が広く，人口は約25万人である。
州名はシンブ川にちなんだもので，深い谷は州都のクンディアワで終わる。クン
ディアワには，8,000人が暮らし，小型飛行機が大胆なまでに急角度で着陸する飛
行場がある。州都とは言っても，都市よりも村のようだが，企業，バー，簡易ホテ
ルなど，周辺の地域住民が必要とするものはすべて揃っていた。私たちはおじと運
転手と一緒に，クンディアワからデングラグへと向かった。確かに「極めて遠い」
と描写できる場所はいくつかあるが，デングラグは間違いなくその1つだ。

　そのドライブは冒険となった。舗装されていない道路が，シンブ渓谷の急な崖に
沿って続いていた。所々，地すべりで道幅がかなり狭く，車1台通るのがやっとで
ある。もう1つの問題は，私たちが運転手を完全に信頼していなかったことだ。彼
はポートモレスビーの神学校の生徒だったが，やはり現地のとある習慣を身につけ
ていた。定期的にベテルナッツ（ビンロウ）を噛むのだ。これは軽いしびれや麻薬
効果があるとされている。ジョンはもう慣れっこで気にしなかったが，私は運転手
に常に目を光らせ続けた。もうたくさんだと思った時点で，私は彼からベテルナッ
ツを取りあげた。

　途中で十字架を見かけた。1934年に地元住民に殺害された宣教師を追悼して建て
られたものだ。初期の宣教師は，おそらく別の惑星から来た敵対的なエイリアンと
みなされて，先住民の激しい反感を買ったのだろう。未開地域の奥まで進むとき，
宣教師はよくライフル銃を携帯していた。その宣教師が殺害される前に，1人の司
祭が原住民の飼っていた豚を2匹銃で撃ち殺していた[注6]。

　数時間後，ついに目的地のデングラグ伝道所に到着した。伝道所は標高約4,500
メートルのパプアニューギニア最高峰，ウィルヘルム山のふもとにあり，数十の小
屋に囲まれていた。時折，登山家がこの隔絶された地域にやってきて，「自分が踏
破した山のリスト」に加えようとする。ジョンがどのように1930年代に（自分の才
覚に任せて）ここに伝道所を建設できたのかは想像もつかない。

　私たちは近くの集落や小屋を訪れた。伝統的な結婚式にも招待された。みんなは
心から歓迎してくれて，私たちは安全だと感じた。それほど心地よかったのは，
ジョンがいたからだ。彼は部族の人たちから名誉族長と呼ばれていた。彼の存在に
守られていなければ，私たちは現地の人々に近づけなかっただろう。

パプアの「子どもたち」

　パプアニューギニア人ほどオープンで温かい人々に会ったことがない。しかし，この情緒主義には裏面がある。昔から，そして今日でさえ，部族間で戦い，時には命を落とすこともあるのだ。何年も後のことだが，2010年にヴェレナ・トーマス博士がシンブ地区からそれほど遠くない町，ゴロカの大学生グループをシドニーに連れていった。港のレストランで夕食をとっている時に，パプア人が祖国について説明した。小さな村の出身者の話によると，トイレは小屋から少し離れた場所にあり，1人で行くのは危険だという。隣の敵対する部族がそばに潜んでいて，いつ命を狙われるかわからないからだ。そこで，2人組をつくり，もう1人が見張り役となっていつでも警報を出せるようにしていた。

　部族間の敵対心は，部族内の社会的結束の強さとは対照的だ。そのことはポートモレスビーでのある経験がよく示している。私たちは高地出身の地元運転手と一緒に街を観光していると，運転手が突然車を止めて，喜びの声を上げた。「ワントク，ワントク」と叫んで通りを横切り，非常に親しみをこめて，男を大きく抱擁したのである。いったい何が起こったのだろうか。「ワントク（Wantok）」はピジン英語で「1つの話」あるいは「1つの言語」を意味する。ウィクショナリー〔訳注：インターネット上のフリー辞書の一種〕の定義には「親しい仲間：通常は共通言語に基づく強い社会的絆を持つ人」とある。その男は運転手の同じ村の出身で，同じ方言を話していたのだ。パプアニューギニアには700以上の方言があるので，それは非常に重要なことだ。同じ村や部族の出身者に共通する仲間言葉は，絆を築くうえで最も重要な識別特性となる。これはアイフェルの方言に関する私自身の経験と非常によく似ている。その運転手は首都でワントクを見かけて心の底から驚いたのだ。

　人々の優しさが特に明らかになるのが，クリスマス時期である。何十人もの原住民が伝道所に来て，名誉族長のジョンに贈り物をした。ジョンは人々が庭から持ってきた果物や野菜で埋め尽くされていた。みんなジョンに触れて抱きしめ，なかなか離れようとしなかった。ジョンはこの土地の人々にとってある種の聖人だった。

宣教師

　2人の幼い子ども連れのヨーロッパ人家族の訪問は，現地の人々だけでなく，宣教師にとっても珍しい出来事だった。私たちはゲストハウスに滞在したが，特別なダイニングルームで司教，司祭，修道士と一緒に食事をとった。出されたのはヨーロッパ料理で，昼食は常に3コースだった。

　私たちの訪問は宣教師にとって歓迎すべき変化だったが，普通の家族と接したことでいくらか気まずさが生じた。司祭と修道士は独身だった。必要なものは揃い，豊かだが慎ましい生活を送っていた。ところが，若い母親と2人の小さな子どものいる家族と数日間，生活や食事を共にすることで，なかには平静さを失う宣教師もいたようだ。ジョンおじさんは隠すことなく，その話題について私たちと話し合った。独身であること，特に子どもがいないことは，彼にとって大きな犠牲だった。

　宣教師は先住民に対してキリスト教や西洋の意味で「文明化された」行動を根付かせることに成功したのだろうか。これはもっともな質問だ。21世紀に，一部の先住民の活動家が敵対的ではないにせよ，教会に批判的な姿勢を示すようになってきた。彼らは教会や宣教師団がそもそも自分たちの祖国で何をしてきたかという点を突いてきた。初期の頃，宣教師たちは土地を買う手段として，土着文化における通貨であるムール貝を活用した。宣教師は今，適切な対価を支払うか，土地を返すように求められていた。

　ヴェレナ・トーマス博士は当時，自分の大おじであるジョンの人生を描いた映画を制作していた。「シンブのパパ」と題するその映画はミンゲンデで初演される予定で，私たちは家族全員で観に行く予定だった[注7]。しかし急に，司教から行くのを止められた。過激派による強奪の機会となる可能性を排除できず，誘拐や人質を防ぐ手立てもないと警告されたのだ。難しい判断となったが，私たちはその旅行を取りやめた。

　パプアニューギニアの治安はますます悪化し，犯罪発生率は世界で一番高い。世界で最も安全性の低い都市のリストで，ポートモレスビーは7位である。その関連で言うと，モガディシュ（ソマリアの首都），グロズヌイ（ロシアのチェチェン共和国の首都），カラカス（ベネズエラの首都），バグダッド（イラクの首都）などの都市と一緒に並んでいるのを見れば十分だろう。一部の農村部は植民地以前の時代に戻っている。しかし，誰もがこのような状況を怖がっているわけではない。ヴェ

レナ・トーマス博士はしばしば大おじの第二の祖国に足を運び，ゴロカ大学で数年間教えてきた。彼女は現在，オーストラリアのブリスベンにあるクイーンズランド工科大学（QUT）の教授である。

シンブのパパ

　ジョンおじさんは宣教師を続け，先住民族の間である種の有名人扱いされてきた。彼は54年間，遠く離れたシンブ州に住んでいた。第二次世界大戦中，ドイツ人だった彼はオーストラリアの強制収容所に送られた。その時間を使ってシドニー大学で民族学の学位を取得し，先住民族の文化や言語に関する論文や書籍を出版し，辞書を編纂した。

　ジョンは，パプアニューギニアがオーストラリアから独立した後，建国者の1人になった。数年間，国会議員を務めたが，宣教師と政治家の二足のわらじは批判を呼んだ。彼は時々バチカンと対立した。「文化の保存に関する彼の見解の一部は，確立された教会法と矛盾していた。たとえば，一夫多妻制はシンブ文化である。ニルス神父はローマにそのような結婚を認めて，男性とその妻が教会で聖餐を受けることを許可するように求めた。教会はこれを認めず，一夫多妻の該当者は聖餐やその他の教会活動に参加できないと述べた。ニルス神父は，教会が地元の文化を尊重し，伝統的な結婚について寛大に判断すべきだという確固たる意見を持っていた」[注8]。しかし，彼の貢献には賛辞も送られている。彼が世話した地元の住民は，彼を名誉族長として認めた。また，教皇ヨハネ・パウロ2世からプロエクレシアエポンティフィス勲章，エリザベス女王2世からは大英帝国勲章が贈られている。

　ジョンは自分の人生を次のように要約する。「私は外部の影響にさらされる前に，シンブの人々の文化や習慣を研究する特権を与えられた。『シンブのパパ』と私を呼んでくれるシンブの人々に，私の人生の最良の部分を捧げ，深い愛情を注いできた。私の人生は長かったが，充実していると思う。私は聖職者や宣教師という天職に恵まれたことについて，神とパプアニューギニアの人々の両方に感謝している」[注9]

　彼は84歳でドイツに戻り，1993年に亡くなった。彼はドイツに埋葬されている。しかし，彼が人生を捧げた先住民は，むしろパプアニューギニアに埋葬したかっただろう。シンブ州長はおじの親友で，その娘のエリザベス・ガンバグルはおじが亡

くなった後でこう述べていた。「あなたの母国に彼を連れ戻してしまったので，あなたが彼に敬意を表して豚をつぶしたかどうか，私たちにはわかりません。残念です。彼が適切に埋葬されたのか，彼のために祭事が行われたのかどうかもわかりません。私たちにできるのはただ泣くことだけです」[注10]

2度の大晦日

　2週間後，私たちはパプアニューギニアに別れを告げる時が来た。出発の日，私たちはカレンダーを1983年から1984年へと2度もめくることになった。私たちは高地を離れ，1983年12月31日にポートモレスビーに着き，同地の伝道所で司祭や修道士と一緒に新年を迎えた。真夜中すぎに，私たちは別れを告げ，彼らにとって1984年が良い年になることを祈り，空港に行った。数時間後，私たちはエア・ニウギニの古いボーイング707に乗り込み，太平洋を東に10時間進み，国際的な日付変更線を横切った。そして，12月31日午後4時頃にハワイに着陸したのである。このため，私たちは苦労もなく再び大晦日を祝う時間が十分にとれた。ハワイは他の小さな太平洋の島々とともに，一番遅くに新年を迎える。パプアニューギニアで最初に祝ってから20時間後，私たちは再び1984年を迎えたのである。

　私たちの背後には，人生の中で忘れられない体験となったエピソードがある。私はその時間を愛おしく思う。

1983年の2回の大晦日：
ポートモレスビー，パプア
ニューギニア，ワイキキ，
ハワイ

■ 第 7 章の注 ■

（注 1 ）https://academiesciencesmoralesetpolitiques.fr/prix-et-medailles/liste-des-prix-par-classement-thematique/prix-zerilli-marimo/

（注 2 ）ナポレオンは1802年に陸軍士官学校を設立した。

（注 3 ）*Frankfurter Allgemeine Magazin*, April 23, 1993, p.7.

（注 4 ）以下を参照。Thomas J. Peters und Robert H. Waterman, Jr., *In Search of Excellence: Lessons from America's Best-Run Companies*, New York: Harper & Row 1982.

（注 5 ）Ken-Ichi Ohmae, *Triad Power: The Coming Shape of Global Competition*, New York: The Free Press 1985.

（注 6 ）John Nilles, "They went out to sow…," report about the early years of the Steyler Mission in the highlands of Papua New Guinea, Catholic Mission Mingende, 1984.

（注 7 ）Verena Thomas, Papa der Chimbu（Papa Bilong Chimbu）, documentary, 54 minutes, 2008. この映画はドイツのテレビで放映され、国際的な賞を数多く受賞してきた。

（注 8 ）https://www.pngattitude.com/2014/11/papa-blong-simbu-fr-john-nillies-kawagl-svd-190593.html

（注 9 ）Kate Rayner, Papa Bilong Chimbu – A Study Guide, educational material to the film of the same name by Verena Thomas, p.2.

（注10）同上。p.7.

第 8 章

大学生活とその先

University Life …
And Beyond

▌「この世でお互いに会わなければ……」

　ビーレフェルトはドイツのヴェストファーレン州にある人口33万人の都市だ。都市自体よりも有名なのが，「この世でお互いに会わなければ，ビーレフェルトで会うだろう」という諺だ。それから，いわゆる「ビーレフェルトの陰謀」でも注目を集めた。〔訳注：冴えない地方都市であることを冗談のネタにして〕そんな都市は実在しないと主張したのだ。それ以降，ビーレフェルト出身者を名乗る人は誰でも「ビーレフェルトなんて実在しない」と非難されることを念頭に置かざるを得なくなった。

　ビーレフェルトの陰謀をめぐる騒ぎが最高潮に達したのは2019年である。市当局は，ビーレフェルトが実在しないことを証明した人のために100万ユーロの賞金を用意した。日本など他国も含めて350カ所から，2,000件以上の論理的な証明が寄せられた。数学的な証明も含まれ，なかには量子物理学を用いた非常に高度なものまであった。ビーレフェルト大学の科学者委員会が検証したが，証明に成功した人は1人もいなかった。2019年9月17日，「ビーレフェルトの陰謀1994〜2019年」という碑文を刻んだ巨大な石が設置された。この出来事はニューヨークタイムズなどの新聞やソーシャルメディア，さらには日本でも報じられ，世界的な注目を集めた。その日以来，ビーレフェルトは再び正式に存在することとなった。同市には日独協会まである[注1]。

　ドイツ東部のこの牧歌的な都市がなぜこれほど世論を二分する状況になったのか。住民はそのことを熱く語るが，ICE高速鉄道がビーレフェルトに停車しても降りる人はめったにない。降りるとすれば多くの場合，同市内にある，歴史は浅いけれどもキャンパスは広くて優秀な学生が通う大学に行こうとする教授だろう。ビーレフェルト大学は2020年のタイムズ誌の高等教育ランキングの新興大学部門で世界20位に入った[注2]。

　私は陰ながらこの大学の設立に関わった。新設校は明らかに，教授，助手，学生がまったくいない状態から始まる。そういう人員をどこから集めればいいのか。新大学の発足に当たって，他大学の代表者が参加する評議委員会が設立された。私はボン大学の学生委員会広報担当者だったので，この評議委員会に参加した[注3]。ビーレフェルトの当初のコンセプトは，他大学よりも教授の教育負荷の少ない研究機関を想定していた。東ヴェストファーレン州の比較的平和で静かな環境の中で，気を散らさずに自分の研究に集中できることをアピールして，トップ研究者を集め

ようというものだ。同じく評議委員会に参加していたボン大学のヴィルヘルム・ク
レール教授はそのビジョンについて語っている。「自分が選んだ分野の研究をぜひ
進めたいと思っている研究者が魅力を感じる，比較的小さな研究重視の大学を設立
するという考え方だ」[注4]。

　この野心的なプロジェクトは幸先の良いスタートを切った。その呼びかけに応じ
た最初の教授の1人が，後にノーベル経済学賞に輝いたラインハルト・ゼルテンで
ある。MITで教えていた有名なエコノミストのカール・クリスチャン・フォン・
ヴァイツゼッカー教授もしばらく在籍した。ニクラス・ルーマン教授やフランツ・
グザファー・カウフマン教授など一流の社会学者が新大学に参加した。しかし，こ
うした初期の盛り上がりは薄れていった。平和で静かだとはいえ，郊外の立地では，
世界で名だたる学者がクリティカルマスに達するほど集まり，研究大学という野心
的な計画を実現するほどの魅力はなかった。

　しかし，私個人にとって，評議委員会での仕事は有意義だった。新大学が直面す
る課題についてまったく新しい視点が得られた。ドイツのさまざまな大学関係者と
接し，自分のネットワークづくりができた。さらに，この段階におけるワクワクす
るパイオニア精神に刺激を受け，学術研究に関心を持つようになった。その当時，
私自身が最終的にビーレフェルトの教授になろうと考えたことはなかった。しかし，
それからわずか数年後の1979年，私は同大学で教え始め，テニュアを取得したので
ある。

　私は典型的な「教授」の務めを果たす生活を送るようになった。教壇に立ち，研
究し，論文を採点し，口頭試問を行う。学生に論文のテーマを割り当て，博士課程
の学生の指導や助言を行う。トップジャーナルや学術誌に論文が掲載され，私の最
初のドイツ語の教科書『*Preismanagement*（価格管理）』（その後，英語版も出た）
や『*Goodwill und Marketingstrategie*（のれんとマーケティング戦略）』が出版さ
れるなどなど，大小の成功があった[注5][注6]。そこには，エカード・クチャーと
カール・ハインツ・セバスチャンの博士論文が完成したことも含まれる。2人は後
にサイモン・クチャー&パートナーズの創業パートナーとして加わってくれた。

　こうした成功を相殺するものは何だったのだろうか。日常的な管理業務，果てし
なく続く会議，経済学部長としての仕事はたいして楽しくも興味深くもなかった。
ドイツの制度では学部長は交代制で，副学部長を1年間務めると，次の1年間は学
部長になる。しかし，こうした責務は仕事のうちだ。私は仕事の70%が楽しくて，
残りの30%だけ負担を感じるくらいが許容バランスだと考えている。

132

　ビーレフェルト大学経済学部はボン大学よりも，数学を使った計量的なアプロー
チを非常に重視していた。その結果には一長一短あった。良い側面は，学生が自分
の意志で選択することだ。「数学を扱う」のが苦手な学生はそもそも応募すらしな
かった。当校で学部時代に数学で苦労した学生は，大学院に進む際に他大学に移っ
た。最初の数年間は非常にうまく回っていた。つまり，実際に経済学とビジネスを
専攻する学生数は少なかったが，平均を大きく上回っていた。当校の計量的基準が
高いこともあり，優秀な卒業生を多数輩出した。

　あまり良くない影響は，理論とモデリング偏重のカリキュラムだったことだ。生
産や財務は（私見では過度に）減らされ，数学を用いた計画方法を作成する程度
だった。このような重点の置き方は，私がアメリカで過ごした時期にありがたみを
感じた「現実世界」の要素や実践という方向性を本質的に制限することになった。

　しかし全般的に，教育と研究の質は高かった。同大学はまだ年数が経っていない
にもかかわらず，国際的に認知されるようになった。私は同校の最初のマーケティ
ング教授となり，私の博士課程の学生を全員アメリカのトップ大学に送り込むこと
ができた。学生たちは，シカゴ大学，スタンフォード大学，MIT，UCLA，ダート
マス大学（Tuck）に留学し，研究活動を行った。

　ビーレフェルト大学に海外の教授もよく招いた。ジョン・D・C・リトル，ジョ
ン・ハウザー，リチャード・シュマレンゼー，MITのゲイリー・リリエン，パ
デュー大学のフランク・バスなどがそうだ。卒業生の質は，その後の職業上のキャ
リアの成功から明らかになる。ハルトムート・オストロウスキーは世界最大のメ
ディアコングロマリットの1つ，ベルテルスマンのCEOに就任した。ブルクハー
ド・シュウェンカーは長年にわたってドイツ最大のコンサルタント会社，ローラン
ド・ベルガーを率いた。レオンハルト・フィッシャーはスイスの保険大手ヴィン
タートゥールのCEOに就任した。ドイツの中小企業や隠れたチャンピオンの多数
のCEOがビーレフェルト大学を卒業している。当校卒業生はサイモン・クチャー
＆パートナーズの立ち上げでも重要な役割を果たし，2020年までの歴代CEOは全
員ビーレフェルト卒である。

　ビーレフェルトは「改革大学」とみなされ，学際的な協力要請が集中した。これ
を促進奨励するために，全学部をドイツ屈指の巨大な建物に収容した。中央は共用
部分で，ガラスの天井を持つ巨大なホールになっていた。中世の都市に見られる中
央市場広場に似ている。実際に店，レストラン，郵便局，さらにはスイミングプー
ルまで，日常生活で必要なものはすべて揃っていた。この広場から直接講堂に行く

ビーレフェルト大学―大学全体が１つの巨
大な建物に収容されている

ことができる。

　この広大な建物は10階建てで，１階には学部の図書館があり，上層階に教員のオ
フィスやセミナールームがある。効率性を最大限に追求したつくりになっていて，
10階の自分のオフィスから，講堂，図書館，薬局，レストランにさっと行くことが
できた。必要なものはほんの数分で揃い，無駄な時間を使うことなくたどりつける。
こうした配置は人間的なのか，それとも利用者に悪影響を及ぼすのか。その判断は
歴史に委ねたい。

　多くの国で現在起こっているジェンダーの議論の参考になりそうな点として，
1980年代の私自身の経験を振り返ってみよう。当時は，アカデミックな肩書きを性
別にとらわれないジェンダーニュートラルにしたり，伝統的に男性形のみの用語や
肩書きについて女性形をつくったりと，女性の役割を向上させる取り組みがいろい
ろと講じられた。物議をかもした一例が，ビジネスを学んだ女子学生に授与する卒
業証書の正式な表記を「ビジネスマン」から「ビジネスウーマン」に広げようとい
う考え方だった[注7]。経済学部の一部の教授はこれに断固として反対し，激しい議
論が何カ月も続いた。

　こうした論争から何が学べるだろうか。大きな変化やイノベーションが起こった
とき，特に感情で判断が左右されるリスクがある場合，判断を差し控えたほうがよ
い。その理由は，変化に対して熱くなって反対するのはたいてい，目の前の問題の
長所と短所を合理的に考えたからではなく，現状にしがみつきたいと思っているか
らだ。私の場合，いったん判断を保留にすることが役立った。なぜなら，新しいア
イデアに反射的に抵抗することも，あらゆる新しいトレンドに飛びつくリスクも回
避できるからだ。時間を置いて合理的な形で議論を比較検討するのは健全なアプ
ローチだ。さらに良いのは，将来の観点からその変化を見ることだ。５年後，10年
後の人々はこうした変化をどう思うか。どのみち起こる変化なのか。最終的に成功

しそうなアイデアに抗って戦うのは時間とエネルギーをいたずらに浪費することになる。

ところで，ビジネスマン対ビジネスウーマンの論争はどうなったのだろうか。ビジネスウーマンという言葉はすぐに標準的に使われるようになり，数年後には，女性でもかつては経営学部の卒業証書に「ビジネスマン」としか記載されなかったなどとは，想像もつかなくなった。さらに20年後，ジェンダーニュートラルな修士号がヨーロッパ全体で導入された。

私はビーレフェルト大学で数回，長期休暇を認めてもらった。その1つが，ハーバード・ビジネス・スクールで1年間，客員教授を受けたときだ。人生ではよくあるように，こうした休暇は誰もが喜んだわけではない。ビーレフェルトの学生は週刊ナショナル・ビジネス誌にこんなコメントを寄せていた。「アメリカ人はマーケティングで支援を求めていないのに，なぜサイモン教授はハーバード大学で教えているのか。ビーレフェルト大学の職場に戻るべきだ。それを歓迎する学生が1,000人以上いる」[注8]。学生の立場から見れば，その言い分は理解できる。

▌城の主になる

ビーレフェルト大学在職中，ケルン郊外のグラヒト城でドイツ経営協会を率いるために3年間休んだこともあった[注9]。いつか城に住んでみたいと思わない人などいるだろうか。私のオフィスは実際に城壁の中にあった。中世に建てられたグラヒト城と，超近代的な構造のビーレフェルト大学ほど，大きくかけ離れたものは実質的に見当たらないだろう。

グラヒト城は，ドイツで最も印象的な堀に囲まれた中世の城の1つだ。3つの翼棟を持つ外壁と2つの翼棟を持つ居住スペースで構成されている。もともとフランスのシャトーからヒントを得て造られた庭園は，19世紀に英国式庭園に似せて造り替えられた。

そこは夢のような職場だった。堀と城内の公園を一望できる塔の中に，私のオフィスがあった（写真の右前の塔だ）。その部屋には木製のらせん階段があり，上の階の未使用の部屋へとつながっていた。まさに，イメージ通りの封建領主や貴族の邸宅である。

この壮大な城は，大きな影響力を持っていたヴォルフ・メッテルニッヒ家が400

グラヒト城の眺望

年間所有し，1945年まで実際に居住していた。この城から著名人も生まれている。その 1 人が，1848年革命で自由主義の闘士となり，国外に逃亡を余儀なくされたカール・シュルツだ。彼はその後アメリカに移住し，ドイツ系アメリカ人として初めて上院議員に選出された後，内務長官にもなった[注10]。

　このような素晴らしい歴史的な環境で，私がどうして仕事をすることになったのだろうか。ドイツ経営協会のアカデミック・ディレクターに就任したのがきっかけだ。この協会は私の指導教官のホルスト・アルバッハ教授の尽力で1969年に設立され，ドイツの大手110社の連合からの資金で運営されていた。アカデミック・ディレクターはいつも大学教授から選ばれ，任期は 3 年だった。

　ハーバードや INSEAD などのビジネススクールのエグゼクティブ・プログラムと同様に，この協会はビジネスリーダー候補向けにマネジメントやエグゼクティブ教育を提供することを目指していた。特に，技術や科学のバックグラウンドを持つマネジャー向けのビジネス研修に力を入れていた。こうしたマネジャーはドイツ企業の経営陣の中心だったが，たいていビジネス研修を受けたことがなかった。MBA に相当するものはドイツに存在しなかったのだ。ドイツ再統一後，同協会はベルリンに新設された欧州経営技術大学院（ESMT）のエグゼクティブ教育部門となった。

　私は38歳の誕生日を迎えてからすぐ，1985年 4 月 1 日にアカデミック・ディレクターに就任した。歴代で最も若いアカデミック・ディレクターである。大学の職務から解放されたので，協会の仕事に全力投球できた。チャレンジングな役割だったが，私は自信を持って組織を運営し，経験豊富な国際的なマネジャーたちを教えた。受講生の多くは私より10歳は年上だった。

　この仕事の中で楽にこなせたのが，事前に計画や準備ができる講義だ。技術と科学を重視する経営幹部に喜ばれ，かつ，関連性のあるコンテンツを揃えた。彼らは日常業務の中で会計からコスト計算，財務，プライシングまで，ビジネス上の課題

に絶えず直面していたが，こうした問題に対処するための基本的かつ体系的な訓練を受けていなかったので，私たちの研修はそうしたニーズにうまく応えていた。

　私にとって手強かったのが，ケーススタディの議論である。ケーススタディは，議論の余地があるときに一番効果が発揮される。モデレーターはケーススタディのあらゆる情報を頭に入れておく必要があるが，さらに重要なのが，コンテンツを完全に掌握し続けながら，議論を引っ張ることだ。また，明確な結論もしくは教訓を示してセッションを終えなくてはならない。私がエグゼクティブ・セミナーやコンサルティング・プロジェクトで経験してきたことは非常に価値があることがわかった。私が得た最も重要な洞察は，理論とは対照的に，実践では明確な解決策は存在しないということだ。さまざまな実行可能な選択肢の長所と短所を常に比較検討する必要がある。関係者の動機を理解することが肝要だ。これは簡単そうに聞こえるかもしれないが，私がその後，コンサルタントとして仕事をする際に根本的に重要な部分となった。意思決定するのが科学者，営業マン，財務専門家かによって，一連の議論は変わってくる。

　こうした経験は，私がアメリカ，ヨーロッパ，日本で学んだことによって強化され，ドイツ経営協会のディレクターとして役割を果たすうえで確固たる基盤となった。私がその職を引き継いだ時，同協会はドイツに特化していた。3年間の任期中の個人的な目標としていたことの1つが，より国際的にすることだった。しかし，これは達成しきれなかった。1980年代，国際化の障壁は何といっても精神面にあった。慣性や国際化に対する内部の抵抗を克服したければ，大部分のスタッフや講師を交代させる必要があったが，3年という短い期間では実現不可能だった。何回か英語のセミナーを導入し，アジアでもセミナーを開催した。しかし，私たちの活動を国際化するための他の活動はほとんどが失敗に終わった。その一例が中国支社を設立しようとしたことだ。ドイツの監査委員会は，協会が重視すべきはドイツ人エンジニアをビジネス・マネジャーに変えることだが，そこから注意が逸れてしまうと指摘し，このプロジェクトは承認されなかった。

　こうした失敗から私が学んだのは，国内市場に限定された状況に慣れきっているチームや内部構造を持つ組織の国際化がひどく難しいということだ。これは，製品よりもサービスにおいて特にそうだ。というのも，サービスでは個々の人々を「国際化」する必要があるからだ。しかし最終的に，ESMTの名の下で高度な国際化が実現された。ESMTは現在，ドイツの主要なビジネススクールとなっている。

　職業の面では，グラヒト城での3年間は，私の人生の中で最も素晴らしく，イン

パクトの強い期間となった。当時は気づいていなかったが，この職に就いたことで，私の未来を変える道が開かれた。その 3 年間で私は何を学び，何が特別だったのだろうか。実在するやや複雑な組織をマネジメントするのは初めてだった。教えることに加えて，経営管理，ホテルサービス，施設管理も業務に含まれていた。中心的な学術系スタッフを超えて，教えに来てくれたいくつかの大学の数十人の教授を調整や穴埋めする必要がある。城自体の維持管理も些末な問題ではなかった。私たちは要するに，ビジネスを行っていた。そこでリーダーシップを発揮し，さらに発展させるのは喜ばしいことだった。

　私は最初から新しい機会に気づき，自分の中で原動力がどんどん目覚めていくのを感じていた。最も重要な経営全般のセミナーを拡張するとともに，製薬業界や小売業などさまざまな業界向けのセミナーを新たに導入した。また重要顧客としてゼネラルモーターズ（GM）などの企業を口説き落とすために，その企業独自のセミナーを重視し始めた。ドイツ銀行，GM，シーメンス，バイエル，ボッシュ，BASF，ネスレ，スイス銀行など，多くの巨大多国籍企業の CEO を含めて，トップリーダーたちと会った。近隣のケルンやデュッセルドルフに拠点を置くソニー，トヨタ，パナソニックなど日本企業のドイツ子会社や欧州統括現地法人の CEO にも参加してもらった。こうして私が在任した 3 年間で，協会の収益をほぼ倍増したのである。

┃ビジネスネットワークの確立

　ドイツ経営協会での仕事は，私の人脈づくりに極めて重要な役割を果たした。その人脈は理事，講演者，学生（企業のエグゼクティブ）の 3 タイプで構成されていた。私の直属の上司は，医薬品や化学品を手掛けるコングロマリットのバイエルCEO（当時）のヘルベルト・グリューネヴァルト教授だった。彼が協会長を務め，それを支える理事にはドイツ銀行，アリアンツ，ルフトハンザ航空，IBM などドイツや海外の大企業の人々が名を連ねた。みんな保守派の立派な紳士であり，彼らと一緒に働けることは喜びだった。理事たちは私の提案をほぼすべて通してくれた。理事会長はドイツ銀行頭取のアルフレート・ヘルハウゼン（1930〜1989年）などさまざまなトップマネジャーが務めた。

　ヘルハウゼンはドイツ産業界で肩を並べる者がいないナンバーワン人材で，私が

これまで会った人の中でも飛び抜けて印象的だった。彼は自分の立場をはっきりと自覚していた。当時，セキュリティは非常に関心の高いテーマだった。彼が会議に出席したり，グラヒト城で講演したりするときには，彼の警護特務部隊が前日に城に来て視察する。彼は橋を渡って城内の中庭まで車で乗り入れることを許された唯一のリーダーだ。その様子は，封建領主が何世紀にもわたって自分の城に入るのと似ていた。

堂々と会場入りするヘルハウゼンと対照的だったのが，スイス銀行コーポレーション（現 UBS）のウォルター・フレーナー頭取だ[注11]。フレーナーの銀行は運用資産事業ではドイツ銀行よりも大きかったが，本人はタクシーでやって来て建物の前で降りた。そして，小さなブリーフケースを片手にドアのベルを鳴らし，私が出迎えると，「フレーナーです。ここでスピーチすることになっています」と言うではないか。講演者然としていないので，誰もこの控えめな人物に気づかなかった。

ヘルハウゼンの場合，自信の欠如に悩むことはなかった。彼は，カソリック修道会ホワイトカノンズのメンバーであるアウグスティヌス・ハインリッヒ・グラフ・ヘンケル・フォン・ドナースマルク（1935〜2005年）と友人だった。ドナースマルクは定期的に倫理に関する素晴らしい講義をしてくれた。ある晩の夕食会で，ケルンのジョセフ・ヘフナー枢機卿（1906〜1987年）の話になった。ドナースマルクによると，ヘフナーは神学，哲学，経済学，法律の4分野で博士号を取得したという。いずれも名誉博士号を贈られたのではなく，自ら取得したのだから，類い稀な偉業だ。それに対するヘルハウゼンの反応は，「アウグスティヌス，私たちだってその気になればできたはずだよ」というものだった。

高度なセキュリティ対策を講じていたにもかかわらず，最終的にヘルハウゼンを守りきることはできなかった。1989年11月30日，赤軍派（RAF）のテロ組織によって彼は暗殺されたのである。その事件が起きたとき，私はミュンヘンのMTUエアロ・エンジンズの理事，ギュンター・ワーグナーのオフィスにいた。ワーグナーの秘書が入ってきて，「ヘルハウゼン氏がたった今，殺害されました」と知らせたときには，私たちは驚きのあまり言葉を失った。

グラヒト城での第2の人脈は講演者で，学者や実務家が含まれていた。ドイツ内外の多くの大学教授がUSWで非常勤講師として教えてくれた。しかし，講演者の大半は経験豊富で，高い地位にある実務家だった。私はここで，多国籍企業や中堅企業のCEO，取締役，事業部門や機能部門のリーダーなど，ドイツや他のヨーロッパ諸国の何百人ものトップマネジャーと知り合うことができた。シーメンス，ボッ

シュ，BMW，ダイムラー，フォルクスワーゲン，マンネスマン（現ボーダフォン），ティッセンクルップなど，ドイツの経済界をまさに代表する企業のCスイート（最高〇〇責任者）にも出会う機会が得られた。中堅企業のリーダーには，工作機械とレーザーで世界屈指の企業であるトルンプのオーナー経営者，故ベルトルト・ライビンガーなどがいた。今日，トルンプはツァイスと一緒に，チップ製造システムで世界シェア85%を持つオランダASMLのEUV（極端紫外線）露光装置の主要サプライヤーとなっている。ライビンガーは一度，ヘリコプターで来て中庭に着陸したときに，城の屋根の一部を吹き飛ばしてしまったことがある。ライビンガーとばったり会うと，いつもその話をして笑ったものだ。私にとって，ライビンガーはいまだに隠れたチャンピオンのリーダーの代表格である。

　講演者，特に実務家は私たちのプログラムを支える柱だった。「生きたケーススタディ」を語れる彼らは，現実世界との関連性を担保してくれたのだ。ドイツの大手ビジネス週刊誌『Manager Magazin』のある記事に，ドイツ企業の研修担当マネジャー500人を対象にした調査結果が掲載され，「明らかに重要なのは，セミナーが実務と関連していることだ。協会がドイツの研修専門家の間で非常に高く評価されている理由もそこにある。これは，INSEAD，ザンクトガレン，ハーバードなどの有名なエリート校よりも大事なことだ」と評していた[注12]。補足すると，この調査対象者はドイツ企業内の研修のリーダーや専門家に限定されていた。確かに，国際的にそう評価されることはなかった。

　幅広い人脈の第3の柱はエグゼクティブの学生たちだ。そこで過ごした3年間，私は個人的に指揮をとったのが，最重要コースである総合管理セミナーである。それは修道院という環境で行う6週間のプログラムだった。私は関連するコンテンツを教えることに加えて，Cスイート職へのキャリアパスを歩むマネジャーたちの結束を固めることを目指していた。明確に示した目標の1つが，数週間に及ぶ集中的な協業によって生涯にわたる友情を育むことだった。プログラムはかなり凝縮されていて，まず朝の運動から1日が始まる。午前8時に最初の学習セッションが行われ，夕方まで続く。夕食後も午後8時に夜の講義がある。翌日のためにケーススタディを予習する必要があるので，ほとんどの日，セミナー参加者も私も寝るのは真夜中過ぎとなった。私は個人的に，6週間ずっと全セッションに顔を出した。

　セミナーに「総合」という名前をつけたのは，文字通りの意味で的確だった。このプログラムは，トップマネジャーが直面するあらゆる分野をカバーしていた。講演者は約100人の現職者で，トップのビジネス・マネジャーだけでなく，連邦閣僚

などの政治家，連邦機関の責任者，教会指導者，軍事指揮官なども含まれていた。さらに神学者，社会学者，芸術家にも登壇してもらった。私は３つの総合経営セミナーを監督し，それぞれ30名が参加していたが，その中で女性は１人しかいなかった。当時，ドイツの経営トップはもっぱら男社会で，現代でも大部分がそうだ。参加者の多くは，CEO などＣスイートに昇進した。

　今日振り返ってみて，ドイツ経営協会のセミナーをどう評価すればよいのだろうか。第１に，ハーバード大学や私が知っている他のビジネススクールが提供するケーススタディ重視のプログラムとは大きく異なっていた。私たちは基本的に，現役の企業リーダーが教師として行動するという点で「生きたケーススタディ」を提供していた。３年間で458人の講師を見てきたが，そのうち345人がトップマネジャー，113人が大学教授だ。これ以上ないほど多様性に富む話を数多く聞くうちに，私はある素晴らしい教訓を得た。話の内容よりも人間のほうが重要であるということだ。正直なところ，そのときに聞いた講義の内容はたいして覚えていない。しかし，忘れられない印象を残した講演者は非常に多い。

　グラヒト城は静かなオアシスだった。堀を渡り，重いオーク材の扉を通って中庭に入った瞬間に，外界の煩わしさと別れを告げる。環状の外壁と本館はそれ自身が隠れ家的な囲いとなり，広い堀が建物間の隙間を防御する。

　この複合施設は，グラヒト城がリトリート（合宿研修）のようなセミナーに最適で，その後にその代名詞のようになった。邪魔はいっさい入らず，セミナー参加者は学習とコミュニケーションに完全に没頭できる。私は３年間で１度だけ，夜に参加者たちと一緒にケルンに外出した。マルディグラ（肥沃な火曜日）のようなカーニバル時期の前夜，ケルンのあちこちで大規模で熱狂的なパーティーが開かれていた。参加者は朝帰りしたが，翌日のセッションはきっかり８時に始まった。グラヒト城ではドイツ的規律が行き届いていた。

　グラヒト城の隔離された状況は，勉強に取り組む雰囲気だけでなく，人間自身にも強い影響を与えた。私が大人になって過ごした他の職場とは対照的に，慌ただしい雰囲気はほとんどなかった。学生と講演者がこちらに来てくれるので，私たちは遠くまで頻繁に外出しなくてもよい。当時はインターネットがなく，誰も携帯電話を持っていなかった。その時代の最先端の通信ツールはファックスだった。パソコンでさえ，マネジャーやリーダーの標準的なツールではなかった。そうしたツールを導入したのは，ちょうど私の在任期間中である。

　私が退任するときに，協会は頻繁に講師を務めてくれたアーティストのオトマー

ル・アルトの絵画「グラヒト城のオマージュ」を私に贈ってくれた。この絵は今，自宅オフィスに飾ってあり，毎日，当時の様子を思い出すことができる。グラヒト城の「主」として3年間過ごした中で，ほかにも持ち帰ったものがある。素晴らしい労働環境についての忘れられない思い出と，何百人もの刺激的な思想家やビジネスリーダーとの濃い出会いだ。企業経営について実に多くの洞察を得て，心が豊かになった。そうした洞察はノートに書き留めたが，今日でもよく見返して参考にしている。最も重要な学びはおおむね起業家やトップマネジャーから得られ，学者からは少なかった。それから，あらゆる産業，政治，文化，科学，軍隊の何百人もと接し，人脈を形成した。この人脈は，特にサイモン・クチャー＆パートナーズを創業する際に非常に重宝した。

■ヨハネス・グーテンベルクと過ごした時間

　ヨハネス・グーテンベルク（1400～1468年）は印刷機を発明した。その後に続く印刷革命は，第二千年紀（1001～2000年）の道しるべとなり，人類の現代史の先駆けとなった。私は1989年にビーレフェルト大学からマインツにあるヨハネス・グーテンベルク大学に移った。2つの大学と私たちの学部は，これ以上ないほど違っていた。ビーレフェルトは超近代的な「改革大学」だったのに対し，マインツはどちらかというと組織ががっちりと確立された伝統的な大学であり，もともとドイツ国選帝侯で宰相でもあったマインツ大司教ディーター・フォン・イーゼンブルクの命で，1477年に創設された[注13]。

　私が在籍する前，マインツ大学の法経学部では，経営学ではなく経済学の学位しか取れなかった。私は，経営学のプログラムと学位の導入を移籍の条件としていた。私が教授職に就いた直後，経営学の学位を正式に取得できるプログラムを立ち上げた。同大学で経営学の教授が新たに5人加わったので，経済学と経営学の教員の力関係が変わった。予想通り，1年以内に学生の約80％が，昔ながらの経済学の代わりに経営学を専攻科目として選択した。

　博士課程の学生や博士研究員（ポスドク）の研究活動の面倒を見たり監督したりすることは，マインツでの私の仕事の中で最も楽しい部分だった。カイ・ウィルティンガーは価格管理の実行時の問題について論文を書いたが，当時は誰も研究したことのない領域だった[注14]。マルティン・ファスナハトはサービス業の価格差別

化を主に研究し^(注15)，ポスドクのクリスチャン・ホンブルクは顧客ロイヤルティの論文を完成させた^(注16)。３人ともその後，教授になった。マンハイム大学に現在在籍するホンブルクは，マーケティング学での研究実績が非常に多く，国際的にも認められているドイツ人と評されている。彼のh指数は106で，ドイツ語圏の経営学者の中で最も高い。ゲオルク・ウエブカーは価格バンドリングに関する論文を書き，その後，サイモン・クチャーのグローバル銀行部門を率いてくれた。マルティン・モーレは大手企業であるドイツ銀行とスイスUBSの最高人材・組織開発責任者（CLO）となった。エッカート・シュミットは，隠れたチャンピオン企業でCEOに昇りつめた。

　私の在籍中，フランスのディジョンにあるブルゴーニュ大学経営学部と共同研究プログラムを始める話がまとまった。両大学は同じような規模で，相性が良さそうだった。ブルゴーニュの学生数は３万人，マインツは約３万3,000人だ。所在地も同じカテゴリーに入り，マインツの人口は21万3,000人，ディジョンは15万5,000人だ。どちらもワイン栽培が盛んな地域にある。この協定が始まってからは，多くの学生がフランスとドイツのダブルで学位を取得できるようになった。

　マインツの教員はビーレフェルトの教員よりもかなり保守的だった。しかし，だからといって私自身の研究には，ほとんど影響がなかった。マインツはビーレフェルトよりも地の利の良さがあった。フランクフルトの主要国際空港に近いので，著名なゲストスピーカーを呼びやすい。ダイムラーCEOのユルゲン・シュレンプ，フォード・ドイツCEOのダニエル・ゲーデベルト，ドイツ銀行頭取のロルフ・ブロイヤー，バイエルCEOのマンフレッド・シュナイダーなど大勢の講演者を呼び，イベントを企画した。ヨーロッパ，アメリカ，ロシア，ポーランド，日本，インド，韓国など海外からも多数の講演者を迎えた。なかでも最も興味深かったのが，ゼネラル・エレクトリック（GE）航空エンジンの元CEOで「ジェット時代の父」と呼ばれるゲルハルト・ノイマンの講演である。我が校の講堂は収容人数が1,200人だが，彼の話を聞きたい人々を収容するのに十分な大きさではなかった。この並外れた人物については第12章でもっと触れたい。

　当時の私は多忙を極めていた。５つの活動に積極的に取り組んだが，投入する時間配分は均等ではなかった。１つめは大学教授として教えること。２つめは，ラインラント・プファルツ州（マインツは州都である）の政治に関与すること。３つめは，経営関連のカンファレンスで講演すること。４つめは，最初の博士課程の学生，エカード・クチャーとカール・ハインツ・セバスチャンと一緒に起業した会社で働

くこと。5つめは，いくつかの企業や財団の社外取締役を務めることだ。5つの活動を全部掛け持ちするのは，耐えがたくなっていった。今日でも，当時の予定表を見ると，めまいがする。

　1つの活動だけに集中したほうがよいかどうか，私は何度も自問した。結局のところ，私が教えていたのが，1つに集中しなければ世界一流になれないということだ。教員とコンサルタントのどちらを選ぶべきか。大学教授であることには明確な長所と短所があった。研究とそのポジションの自由度は私の性に合い，アイデアを醸成し結実させ，読んだり，書いたり，出版したりする機会が得られる。学生，博士候補者，科学者たちとの活発な議論もいいものだ。しかし，学内の管理業務（委員会や学部長など）への要求は拡大する一方で，教授会は長々と続き，試験に時間をとられ，授業のルーチンも避けられず，イライラさせられた。私の気持ちが大学から遠ざかっていくにつれて，コンサルティングがますます心の中で問題の核心になっていった。私は信頼のおける人々と議論するときに，教授かコンサルタントかで迷っていることを慎重に切り出すようになった。グラヒト城で何度も感動的な講義をし，私のことを長年よく知る，ホワイトカノンズの修道士，ドナースマルクはすぐさま的確で鋭い診断を下し，単刀直入に「あなたの心は大学にありませんね」と言った。その後，彼に予知能力があったことが判明した。

　1994年9月19日，デュッセルドルフでのある会合で，私はマインツ大学を離れて，私たちの会社のCEO兼会長になると，コンサルティング・パートナーたちに知らせた。それは爆弾発言だった。パートナーたちは，控えめに言っても仰天していたが，反応は上々だった。厳格な守秘義務を結んだこともあり，パートナーたちはこのニュースを一言も漏らさなかった。彼らが頼りになることはわかっていた。

　1994年末に私は教授をやめて，ヨハネス・グーテンベルク大学を退職した。大学の助手たちはショックを受けていた。とはいえ，それぞれの学位プログラムが中断される心配はなかった。学部と博士課程の学生が学位を取得するまで，私は指導に当たったからだ。この約束を果たすまでに数年かかったが，最終的に人生の一幕を終えられたのは良かった。

　1995年1月1日，私はコンサルティング会社で新しい役割を担うこととなり，その後，サイモン・クチャー＆パートナーズに社名を変更した。当時はボンにオフィスが1つあるだけで，その状況を変えようと私は決意した。

▌本の執筆活動

　学生時代には，いつか書く側となって，人生のかなりの時間を本や記事の執筆に充てるようになるとは考えたこともなかった。ドイツ語でも，外国語でも，学校でエッセイを書くのは一番嫌いな課題の1つで，そのことは私の成績からもはっきり見て取れた。

　17歳のときに，仲間と一緒に我が校初の学生新聞を始めた。この新聞は最初からセンセーションを起こした。創刊号で，ソ連や東ドイツなど共産主義国に関する第一人者と目されていたヴォルフガング・レオンハルトへのインタビュー記事を載せたのだ。レオンハルトは13歳のときに，母親に連れられて啓発のためにソ連に行った。その後，1945年までの10年間，同地で過ごした。第二次世界大戦後にドイツに戻り，東ドイツの共産主義政府の設立を手伝った。しかし，1949年にソ連批評家に転じ，その後エール大学の教員となった。明らかにドイツ語とロシア語訛りの英語で力強く話をする人物として，彼は評判になった。彼はエール大学の学生だったジョージ・W・ブッシュ元米大統領に強い影響力を持っていたとされる。彼の有名な著書『*Child of the Revolution*（革命の子どもたち）』は国際的なベストセラーとなり，25の言語で出版されてきた。

　田舎のアイフェルの若い高校生だった私たちが，どうしてこれほど世界的に有名な著者にコンタクトできたのだろうか。答えは簡単だ。彼のほうからやって来たのだ。彼は当時，近隣の村に引っ越してきて，2014年に亡くなるまでそこに住んでいた。彼は1974年に，ドイツ国会議員でドイツ議会議員協会の終身会長のエルケ・レオンハルト博士と結婚した。彼女は今でもこの小さな町で暮らしている。2014年8月30日，私たちはヒメロッド修道院で行われた荘厳な葬儀でヴォルフガング・レオンハルトの生涯を讃えた。第二次世界大戦後，ドイツで最も有名な外務大臣となった故ハンス・ディートリッヒ・ゲンシャーを含む，多くのハイレベルの政治家が参列した。ゲンシャーはベルリンの壁と鉄のカーテンの崩壊だけでなく，ドイツ再統一で重要な役割を果たした。

　しかし，学生新聞での私の主な関心事はビジネスの側面にあり，編集の側面ではなかった。私は営業マネジャーを務めた。それがマーケティングと営業に関心を持つようになった初期のサインだったのだろうか。私が書いたものが初めて出版されたのは，それから数年後の1968年である。新しい教会の献金を募るためにつくった

小冊子に，故郷の村に関する記事が掲載された[注17]。地域住民，教育水準，モビリティ，雇用，経済に関するあらゆる種類の事実と統計を集めてデータを分析し，自分なりに簡単な統計的方法を開発した。驚いたことに，その後の大学での研究でも，そうした手法の一部に出会うことになった。

　最初のアマチュア出版物から数年間，自分の名前で出した「出版物」と呼べるものはなかった。学位論文や博士論文に取り組むことは，喜びよりも重荷だった。しかし同時に，教授になりたい人は誰もが「発表するか，滅びるか」という昔ながらの義務を意識せざるをえない。私は書けば書くほど楽しくなることに気づいた。ひとつには，何年も机に向かって過ごした後で，もはやテストに合格したり，良い点をとったりするために書く必要がなくなったこともある。義務ではなく自分で選んで書くようになった。

　その結果はというと，数十年間で40冊以上の本の執筆や編集を行ってきた。これまで単著や共著で出版した本は，27言語180以上の版にのぼる。この本も含めて，そのうち8冊が日本語で出版されている。

　執筆時間や労力は本によって大きく異なる。「最速」の本は6週間しかかからなかった。『*Beat the Crisis : 33 Quick Solutions for Your Company*（危機を打ち負かす：企業のための33の迅速な解決策）』だが，大不況のどん底で出版したので，猛スピードで書かざるをえなかったのだ[注18]。危機がいつ終わるか，この話題への関心がいつ薄れるかは誰もわからないので，危機の時には迅速に行動する必要がある。タイミングと急いで作業することは非常に効果的だとわかった。1年も経たないうちに，この本は13言語に訳された。新型コロナウイルスの間もそうだが，ある国で新たな危機が起こるたびに，この本への関心が再び高まる。

　執筆時間が最長となったのが，『*Preismanagement*（価格マネジメント）』の第2版だ[注19]。6週間どころか，6年間もかかった。このような網羅的な本を書くことは，単なるマラソンではなく，大陸横断レースを走るようなものだ。本書の英訳の最新版は，シュプリンガー・ネイチャー・ニューヨーク社から2019年に出版された[注20]。

　一番楽しかった本はどれか。私はもっぱらこのテーマで研究してきたので，『隠れたチャンピオン』を挙げることが多い。これまで会った中で最も印象的な企業リーダーたちと知り合うことができた。

　私の本はたいてい大ブレイクとはいかない。ただし，「ベストセラー」は比較対象によりけりなので，その点で言うと，一部の著書はその域に達している。ドイツ

で『隠れたチャンピオン』（新版）はビジネス書ベストセラーの第2位になった。ドイツをはじめとする各国で，この本の反響は非常に大きかった。出版部数で見ると，私の本は中国で非常によく売れていて，『隠れたチャンピオン』は100万部以上を数えた。

　私の本は一般向けではなく専門書であるため，比較的高価格になる傾向がある。私の主な目標は，できるだけ多くの部数を販売するよりも，適切な対象層にリーチすることだ。それはある程度，成功してきた。教科書やビジネス書を販売して，直接的にたくさん儲かることはない。しかし，間接的なメリットは大きい。ベストセラーは著者の認知度を高めるかもしれないが，専門書は，適切な読者にうまく届けられる場合，評判形成になくてはならないものだ。講演依頼のきっかけにもなる。私はいまだに，1回の講演報酬が，その講演につながった本の印税総額を上回ったりする事実にいささか困惑している。

　学術論文を書く場合，本の執筆とはまた違う課題が出てくる。初期の頃，アメリカのトップジャーナルに論文を掲載されるまでのプロセスに神経を尖らせたものだ。若い同僚たちから最近聞いた話が正しいとすれば，今日の状況はさらに悪化している。何度も修正し，編集者やレビュアーと戦い，それでも論文が認められる保証はない。あらゆるハードルを乗り越えるためには，極度の忍耐力が要求される。しかし，こうした努力が学術的なキャリアには欠かせない。アメリカのA＋ジャーナルに論文が掲載されなかったなら，私が国際的に知られることはなかっただろう。学問の世界を去ると，この退屈で長々と続くプロセスを経験しようという野心は徐々に衰えていった。ひとつには，私が対象とする読者層が学者から実務家へと移行したこともある。

　そうした読者向けに，私は25年間ドイツの主要なビジネス誌『Manager Magazin』で毎月コラムを執筆した。ドイツの経営トップであればほぼ100％読んでいる雑誌にコラムを連載する機会は，ハーバード大学に滞在中の1988年に巡ってきた。私は同誌の編集長に月例コラム「ハーバードからのレポート」の企画を持ちかけた。ドイツの経営者向けに私がハーバードで得た洞察やアイデアを紹介するという趣旨である。この目的と対象読者の面で，『Manager Magazin』誌はぴったりの媒体だった。同誌はもともと伝説のニュース誌『Der Spiegel』が1971年に創刊し，百戦錬磨のジャーナリスト，レオ・ブラワンドが初代編集者となった。彼には以前グラヒト城で「報道とビジネス——不安な関係」というテーマで講演してもらったことがある。その講演の少し前に，ドイツのシュレースヴィヒ・ホルシュタイン州

首相，ウーヴェ・バルシェルがジュネーブのホテルで死亡しているのが見つかるという事件が起こった。

警察が到着する前に，ある報道写真家が死体の写真を撮って実際に公開した。グラヒト城の総合管理セミナーに参加した面々は，そのような写真の撮影や公開はジャーナリズムにおける重大な不正行為だと考え，ブラワンドに論戦をふっかけようと考えていた。ところが，ブラワンドは開口一番に，自分はその報道写真家と同じように行動しただろうときっぱり述べて，気勢を制したのである。そんなチャンスを逃すジャーナリストは絶対にいないという。そうした切り出し方は参考になり，私もコンサルティングでよく活用している。問題がある場合，クライアントから言われる前に，こちらから直ちに対応しなくてはならない。これは，揉めやすい状況を鎮めるのに最も効果的なやり方だ。

私のコラムは25年間，『*Manager Magazin*』誌に連載された。最新の話題からごく基礎的なことまで多岐にわたるテーマを取り上げた。その過程で，私は書き手として非常に重要なスキルを習得した。その1つが，決められたスペースに収まるように書くことだ。2ページのコラムだったので，複雑なことを言いたい場合でも4,000字以内にまとめる必要があった。たいてい最初の下書きははるかに長くなる。ほとんどの著者がそうだが，私としてはせっかく書いたものを削りたくない。しかし，字数制限により，本質的な論点に絞って簡単明瞭に書く必要がある。最初の数年間，『*Der Spiegel*』誌の経験豊富なジャーナリストが私の原稿に手を入れた。私はいつもそのプロセスが気に入らなかったが，たいてい文章が良くなっていたことを認めえざるをえなかった。特に見出しはそうだ。一部のことはやはり専門家に任せたほうがよい。

しかし時間とともに，諺にもある通りで，訓練によって腕前は上がっていく。コラムを書けば書くほど，編集者の変更箇所は減り，編集プロセス全体が不要になるまでになった。このコラムニストとしての経験により，研究者時代と比べて，今では本の書き方が変わったと思う。実務家の読者に届けたい場合には，適切な書き方をする必要がある。講演も同じだ。残念ながら，非常に優秀なのに，書き方やプレゼンテーション方法が原因で，実務家とつながりを持てずにいる教授は多い。彼らは実務家の好みやニーズを満たすために自分のスタイルを変更できないのか，その気がないのだろう。

1990年のインタビューで，ジャーナリストから退職後の計画について聞かれた。私は当時まだ43歳だったが，農業社会からグローバルサービス社会への変革につい

ての個人的な経験談を本にまとめると答えた^(注21)。2017年の夏にファイルを見返して，その記事を見つけたときにはひどく驚いた。というのも，2016年にそういう本を実際に書いていたからだ。『*Die Gärten der verlorenen Erinnerung*（失われた思い出の庭園）』は私の人生の最初の20年間に起こった，信じられないほどの変化を取り上げている^(注22)。1990年にすでに構想を持っていたとは，本当に驚きだ。しかし，心の中で思い描いたことは往々にして，かなり後になって実現することを，私は目にしてきた。助手時代に学術論文のアイデアやテーマを書いたノートを保管してきたが，今日見返してみると，10年くらいかかったとしても，ほぼすべてのアイデアが最終的に本の出版につながっていた。思いついたことを書き留めるのは非常に効果的なようだ。すぐに消え去ったり，短命に終わったりするのを防止できる。

▌実務へのステップ

　大学教授時代，私は7社の社外取締役と4財団の理事を務めた。錚々たるビジネスマンや専門家で構成される取締役会や理事会の中で，世間知らずの新人である自分に気づかされた^(注23)。最も多くのことを学んだのが，2019年に40億ユーロを売上げたデュールの取締役を務めていたときだ。コダックのドイツ子会社の監査委員を務めたのも非常に有益だった。「自分自身で価格をつける」というコンセプトを掲げたスタートアップ企業の取締役としても，かなり多くのことを学んだ^(注24)。

　デュールは自動車塗装システムの世界市場リーダーだ。1989年に上場したが，後にドイツ鉄道のCEOとなるハインツ・デュールは家族と一緒に，同社の主要株主であり続けた。取締役会には，ドイツ銀行頭取のロルフ・ブロイヤー，バーデン・ビュルテンベルク州立銀行頭取のヴァルター・ツィーゲル，ドイツ銀行取締役のテッセン・フォン・ハイデブレックなどのドイツ実業界の名士が名を連ねていた。支配株主の役割，社内取締役と社外取締役とのやりとり，出席者の多い年次株主総会など，私は取締役の視点から上場企業の役割について学んだ。ほとんどの大企業の監査委員会と同様に，デュールの監査委員会には経営側の代表者よりも，銀行家や弁護士が多かった。幸いにも日々の業務に非常に近い立場にいる経営幹部を，人はある程度は信頼する必要がある。その点でいうと，私はデュールCEO（当時）のラインハート・シュミットを完全に信頼していた。彼の後継者のハンス・ディーター・ペッチュは社外から来たので，塗料工場建設の特殊性にそこまで精通してい

なかった。ペッチュは今日、フォルクスワーゲンの監査委員会議長となっている。

デュールはその分野でグローバル市場リーダーだったが、市場全体でのシェアは25％未満だった。市場は寡占状態であり、私の見立てでは、最良の選択肢はコア市場に専念し、多角化を避けることだった。同社はそうでなく、非常に多角化していた自動車産業サプライヤーのカール・シェンクを買収したのである。ここから問題が生じ、最終的にハインツ・デュールが個人的に乗り出して、同社の軌道修正を図らなくてはならなかった。1990年代末、私は教授を辞めてサイモン・クチャーのCEOに就任したのを機に、デュールの社外取締役を任期満了で退くことに決めた。デュール氏には「コンサルティング会社のCEOではなく、大学教授として、私は取締役会に指名された。立場が変わったので退任したい」と説明して承諾を得た。その後、彼がドイツ鉄道のCEOだった時期に、サイモン・クチャーの重要なクライアントになってくれた。

コダックのドイツ子会社での経験は、デュールの状況とはまったく異なっていた。その理由を理解するためには、従業員数2,000人超の企業では、株主と労働組合が同数の取締役指名権を持つことを念頭に置かなくてはならない。ドイツ語で「Mitbestimmung（共同決定）」と呼ばれる制度で、株主代表と組合代表の間で賛否同数だった場合、監査委員会の議長（常に株主側から選任される）が2票目を投じることになっていた。コダックの従業員数は2,000人以上で、監査委員会には、親会社であるコダック（唯一の株主）の代表者とドイツで最強の労働組合IGメタルの代表者が含まれていた。私は株主側の立場だった。

取締役会の前に、株主代表者が会合を開き、戦略的な問題に関する基本的な立場を話し合い、明確にしておいた。このため、労働組合の代表者も加わった全員での取締役会はどちらかというと形式的なものだったが、それでも労働組合とよく膠着状態に陥った。IGメタルの代表者は、こうした会議を利用して自分の個人的な注目度を高めようとしている感があった。アメリカ企業のドイツ子会社である取締役会には、ほとんど発言権がないことにも気づいた。アメリカのロチェスターにあるコダック本社の部門リーダーが直接介入し、時にはドイツの取締役会に選択肢の代わりに「既成事実」を提示することもあったのだ。私はGMとそのドイツ部門のオペルとの間でも同様の関係を目撃したが、そのときは取締役としてではなく、コンサルタントとして関与していた。

私見になるが、コダックが最終的に崩壊したのは、洞察力や先見性がなかったからではない。私は取締役会に加わる前に同社向けにエグゼクティブ・セミナーを何

度も行っていた。コダックは早い段階からデジタル技術が脅威になると認識していた。1983年，同社は画像作成に用いられる技術から独立させて，自社事業を「イメージング」と再定義した。それは確かに正しいアプローチだったが，知っていることと実際に行うことは違う。コダックの従業員は10万人強にものぼり，昔ながらのカメラ技術と化学フィルムにどっぷりとつかっていた。コダックが数十年にわたって市場で優位性を持ってきたことも状況を複雑にし，著しい傲慢さと変化への消極性を育んだ。技術的な課題と企業文化が組み合わさることで，大企業を変革して新規事業，特に既存事業を必然的に破壊するような事業の開発がひどく困難になる。

コダックは実際に多角化をいくつか試みた。製薬業界に参入し，アメリカでバイエルアスピリン・ブランドの使用権を持つスターリング・ドラッグを買収したが，それ以外では，同業界で研究開発リーダーに仲間入りを果たせなかった。ある業界の部外者企業がごく普通の企業を買収しても，往々にして業界リーダーには歯が立たない。このとき，コダックで起こった状況がそうだ。もっとも，この失敗はバイエルにとって思いがけない幸運へと転じた。コダック・スターリングが組み合わさった結果，問題が生じたおかげで，ドイツの医薬品と化学品の多国籍企業であるバイエルは，アメリカでの自社名とアスピリンブランドの使用権（第一次世界大戦後に召し上げられていた）を一挙に取り戻すことができたのである。

1974年から1984年までバイエルCEOを務めたヘルベルト・グリューネヴァルト教授は，ドイツの親会社が有名ブランドであるアスピリンの使用権をアメリカでは保有していなかったので，アメリカには怒りがふつふつと込み上げてくると，私によく語っていた。意図したことではないのに，アメリカでバイエルのロゴ入り製品が登場すると，バイエルは裁判所に引きずり出され，グリューネヴァルトが証言しなくてはならない場合が多かった。こうした交渉は不公平だと，彼はよくこぼしていた。1970年代から1980年代にかけて，バイエルはドイツでの政治的過去について繰り返し非難された。現在，バイエルがモンサントを買収し，グリホサート（除草剤の主成分）に関する訴訟が起きている状況では，いまだに同様の非難が背後に潜んでいる印象を受ける。しかし，少なくともブランドのロゴ問題については，その間に解決された。バイエルはCEOのマンフレッド・シュナイダーの下で，1996年にバイエルのロゴとアスピリンブランドの権利を16億ドルで買い取った。私の見解では，それはバイエルにとって非常に良い取引だった。

私はその後，保険グループのゲーリング，工作機械を手掛けるヘルマン・コルベ，ビチューメン（瀝青）のドイツ市場リーダーのデュータグなどの監査委員会に加わ

り，さらに経験の幅が広がった。私が出席した委員会のほとんどが形式的なものだった。私の見解では，ドイツの監査委員会は総じて，企業の戦略的発展に意味のある貢献をしていない。こうした会合は退屈だと，次第に気づくようになった。私の学習曲線はなだらかになり，1995年にサイモン・クチャーのCEOに就任したのを機に，すべて任期満了で退くことにした。経営コンサルティングと監査委員会の活動には互換性がない。それから何年も経って，サイモン・クチャーのCEOを退任後，再び社外取締役の誘いが多数来るようになったが，すべて断った。取締役会で活動するのが私の職業ではない。

　そうは言っても，「自分自身で価格をつける（name your own price）」というコンセプトを掲げたスタートアップ企業の経験はまったく違っていた。この企業の取締役会には，ギュンター・レックスロス元経済相などの高官が何人か含まれていた。ビジネスのアイデアは，顧客が価格を提示し，売り手がそれを受け入れるかどうかを決める，「自分自身で価格をつける」モデルに基づいて構築されていた。アメリカのプライスライン・ドットコムはこのアイデアの草分けである。

　自分自身で価格をつけるやり方は，顧客主導型プライシング，リバースプライシングとしても知られているが，顧客が製品やサービスに対して本当に支払う意欲があることを明らかにすることが前提となる。顧客が価格を提案するので拘束力がある。顧客の入札価格が売り手だけしか知らない最低価格を上回ればすぐに，顧客は落札し，指定価格を支払う。決済はクレジットカードか銀行引き落としで確実に処理される。

　創業者たちは，高いプロフェッショナリズムを持ってこのプロジェクトに取り組んだ。絶えず新しいアイデアやアプローチが出てくるので，監査委員会の仕事は心が浮き浮きした。最初の資金調達がうまくいったことで，投資家やサプライヤーとして権威ある企業をプラットフォームに呼び込むことに成功した。

　このビジネスは幸先の良いスタートを切ったが，時間とともに，低く見積もる人ばかりではなく，非現実的な格安価格で入札する人があまりにも多すぎることが明らかになった。バーゲンハンターがこのプラットフォームに集まったが，真の支払意思額を明かすことには消極的であり，それどころか，ほしい製品が非現実的な低価格で手に入るかどうかを知りたがった。理論的な観点から興味深い可能性を秘めていたが，この価格モデルは期待通りに運ばなかった。約2年後，私たちはプラットフォームを閉鎖し，同時期の多数のドットコム企業のビジネスモデルと同じ運命に苦しむこととなった。しかし，そのように盛り上がっている時期に（現在ではイ

ンターネットバブルと呼ばれているが），このスタートアップで過ごした時間を後悔したことはない。短期間で多くのことを学び，私自身は投資回収時にささやかなリターンまで得られた。

　レックスロス元大臣とはこの取締役会で親しくなったが，悲しい思い出もある。私には幸運だったが，彼にとっては不運となる出来事があった。1996年5月，私たちは同時期にたまたまジンバブエのビクトリアの滝を訪れた。彼は政治関連の仕事でジンバブエを訪問中にプライベートで小旅行に出かけ，私は鋳造剥離紙の世界市場リーダーである南アフリカのSAPPIが開催したカンファレンスに出席した。私はカンファレンスで講演をする前日の晩にザンベジ川を観光し，海岸でバーベキューをして帰宅した。南アフリカ人がたまたまマラリアの予防注射をしたかどうかと聞いてきた。私はしていないと答えた。ドイツ人の医師から，1日の訪問であれば，そこまでの予防措置を不要だと言われたことも話した。

　「気は確かですか？！」と，その南アフリカ人は言った。

　ホテルに戻ると，彼からマラリア用の錠剤を渡されたので，私はすぐに飲んだ。ドイツに戻ってから数週間，マラリアの症状が出ないか不安だったが，何事も起こらなかった。レックスロスはついていなかった。彼は同じ週に同じ場所に行き，マラリアの中でも最も危険な熱帯熱マラリアに感染したのである。1カ月後，彼はベルリンのシャリテ病院に入院し，完全に回復しないまま，数年後にその後遺症で亡くなった。

▌魅力的な誘い

　グラヒト城，経営セミナー，講演，『*Manager Magazin*』誌のコラム連載と書籍出版などさまざまな活動で人前に出るようになったおかげで，私は実業界で一定の認知を得るようになった。その結果，ハーバード・ビジネス・スクール在籍中に，ドイツ大手の50社のうちの2社のCEOが別々に連絡をくれた。1人はエレクトロニクス分野の上場企業を率いていた。もう1人は大手製薬会社の共同経営者で，私をリクルートしようとボストンに来て，オーナー家族に私を紹介した。私はそれぞれと何度か話をし，最終的にエグゼクティブ・チームに参加してほしいと誘われた。この誘いは非常に魅惑的だった。当時，私は40代前半で，自分の会社であるサイモン・クチャー＆パートナーズでフルタイムのCEOになる選択肢はまだ視界に入っ

ていなかった。サイモン・クチャーの従業員は12人にすぎなかった。だから，私は非常に厳しい選択に直面したのである。コンサルティングの実務の傍らで，学術的なキャリアを続けられるのか。あるいは，エグゼクティブからスタートして，大企業でキャリアを積むという選択もありうる。エレクトロニクス会社のほうが実質的に規模は大きかったが，家族経営の企業に心惹かれた。自分にとって，より良い成長機会になると思ったのだ。今日，この企業の売上は200億ユーロ近くなっている。

　しかし，いくつかの懸念もあった。まず，その企業のトップマネジャーを全員知っていて，同じ目線で一緒に働きたいと思っていたが，その業界やリーダーシップの経験がないので不利になるかもしれない。第2に，オーナー家とあまりそりが合わないように感じた。相性は同族経営の事業で成功するための前提条件となるので気がかりだった。

　最終的に，私はどちらの誘いも断った。

　心の奥底には少し後悔もあって，時々自問する。あの魅力的な誘いのどちらかを受けていたら，どうなっていただろうか，と。しかし同時に，そんな問いに浸っているのは無意味なことだ。人は1つの道しか歩めない。振り返ってみれば，そのときに選んだ道は私にとって正解だったと信じている。

▌第8章の注 ▌

（注1）https://www.djg-owl.de/

（注2）https://www.timeshighereducation.com/world-university-rankings/bielefeld-university 2020.

（注3）ボン大学からビーレフェルト大学の評議委員会に派遣された教員はほかに，ホルスト・アルバッハ，ヴィルヘルム・クレール，カール・クリスチャン・フォン・ヴァイツゼッカーである。私以外にも，他大学の学生3人が参加した。

（注4）ボン大学のヴィルヘルム・クレール教授から，当時ハイデルベルク大学に在籍していたカール・クリスチャン・フォン・ヴァイツゼッカー教授への1970年11月30日付けの手紙。1971年7月5日，これらの手紙はボン大学経済学部の中心的グループによって「Wilhelm jetzt langt's! Geheimer Briefwechsel deckt Machenschaften auf（ヴィルヘルム，もう十分だ！　秘密書簡から明かされる構想）」というタイトルで公開された。

（注5）Hermann Simon, *Preismanagement*, Wiesbaden: Gabler 1982.

（注6）Hermann Simon, *Goodwill und Marketingstrategie*, Wiesbaden: Gabler 1985.

（注7）ドイツ語では "Diplom-Kaufmann" と "Diplom-Kauffrau" である。

（注8）Dieter Patzelt, "Rückkehr gewünscht," *Wirtschaftswoche*, November 11, 1988, p.104.

（注9） 組織名はドイツ語で「Universitaets Seminar der Wirtschaft（USW）」である。ドイツ再統一後，USW はベルリンに新設された欧州経営技術大学院（ESMT）のエグゼクティブ教育部門となった。2018年に ESMT と完全統合され，USW のロゴは廃止された。

（注10） 以下を参照。Marianne Draeger, Otto Draeger *Die Carl Schurz Story. Vom deutschen Revolutionär zum amerikanischen Patrioten*, Berlin: Verlag Berlin-Brandenburg 2006.

（注11） スイス銀行コーポレーションは現在の UBS の前身。1998年にスイス銀行コーポレーションとスイスユニオン銀行が合併して UBS が設立された。

（注12） Brigitta Lentz, "Votum für die Praxis," *Manager Magazin*, 1/1988, pp.150-153; see also reports on this study in *Handelsblatt*, January 28, 1988, *Management Wissen 3/1988 and Personal - Mensch und Arbeit 2/1988*.

（注13） フランス革命の混乱を受けて，マインツ大学での教育は中止され，ヨハネス・グーテンベルク大学として再建された1946年に，ようやく再開された。中世に大司教や教皇勅書によって設立された主要な教育機関であるケルン大学とトリーア大学も同様の運命をたどった。

（注14） 以下を参照。Kai Wiltinger, *Preismanagement in der unternehmerischen Praxis - Probleme der organisatorischen Implementierung*, Wiesbaden: Gabler 1998.

（注15） 以下を参照。Martin Fassnacht, *Preisdifferenzierung bei Dienstleistungen: Implementationsformen und Determinanten*, Wiesbaden: Gabler 1996.

（注16） 以下を参照。Christian Homburg, *Kundennähe von Industriegüterunternehmen: Konzeption - Erfolgsauswirkungen - Determinanten, 3rd edition*, Wiesbaden: Gabler 2000（1st. ed. 1995, 2nd ed. 1998）.

（注17） 以下を参照。Hermann Simon, "Hasborn - kritisch betrachtet," in: *Kirchbauverein Hasborn（ed.）*, Hasborn 1968, publication celebrating the occasion of the inauguration of the new church, pp.32-37.

（注18） 以下を参照。Hermann Simon, *Beat the Crisis - 33 Quick Solutions for Your Company*, New York: Springer 2010.

（注19） 以下を参照。Hermann Simon, *Preismanagement*, 1st ed., Wiesbaden: Gabler 1982, 2nd ed. Wiesbaden: Gabler 1992.

（注20） Hermann Simon and Martin Fassnacht, *Price Management - Strategy, Analysis, Decision, Implementation*, New York: Springer Nature 2019.

（注21） *w&v*, November 2, 1990, p.180.

（注22） Hermann Simon, *Die Gärten der verlorenen Erinnerung, 2nd ed.*, Daun: Verlag der Eifelzeitung 2017.

（注23） ドイツの制度には執行役会（Vorstand）と監査役会（Aufsichtsrat）の２つの

取締役会がある。監査役会には通常，執行役会のメンバーも参加するが，議決権はない。従業員が2,000人超の企業では，株主と労働組合から同数の取締役が指名される。この制度は共同決定（Mitbestimmung）と呼ばれる。株主代表と組合代表が同票となった場合，監査役会議長が 2 票目を投じる。議長は常に株主側から選出される。

（注24）　今日，デュールはビーティッヒハイム・ビッシンゲンに拠点を置いている。スタートアップ企業の IhrPreis.de は姿を消した。

第 9 章

価格の魅力
The Seductive Power of Price

付け値に対してなす術もなく

　私はすでに子どもの頃から理屈抜きに価格の力を直に体験してきた。父は豚を飼育し、ある程度大きくなると地元の卸売市場に運ぶ。豚はそこで競売にかけられ、肉屋や取引業者の手に渡る。市場に豚を出荷した農家の数が、「買い手」側である肉屋や取引業者の数と一致していれば、個々の買い手と売り手が豚の価格に直接影響を及ぼすことはない。私たちは取引をまとめる地元協同組合の言いなりだった。父は共同組合から価格を告げられ、そこで家族のためにいくらお金を持ち帰れるかが決まる。

　地元の乳製品販売所に届ける牛乳も同じで、私たちは価格に手出しができなかった。乳製品販売所はやはり協同組合の傘下にあり、価格はいくらだと一方的に告げる。牛乳の価格は需給に基づいて変動し、子豚市場も同様だった。私たちは馬車で、2週間ごとに開かれる市場に行くが、供給過剰であれば価格は急落する。

　どの市場に行っても、私たちは「価格受容者」だった。好むと好まざるとに関わらず、付け値を受け入れるしかない。それはひどく不快な立場だった。同じ経験を持つ人なら誰でも言うはずだが、農家の家計は厳しい。こうした売上げが唯一の収入源だった。

　少年の頃にさんざん味わってきたので、いけ好かないやり方だと思ったことを認めよう。数十年後、私はインタビューで、あのとき学んだから、自分でビジネスを経営し、他の人がそれぞれのビジネスをより良くするために手を貸そうと思ったのだと説明した。その学びとは、自分たちが請求する価格に影響を及ぼせないビジネスは避けろ、ということだ(注1)。

　幼かった1950年代に、そういう考えをはっきりと言えたということではない。しかし、豚肉の価格を考えたり、牛乳を買ったりするたびに、今でも同じ理屈抜きの感情が湧いてくる。どちらかというと、こうした子ども時代の経験がビジネスの経営方法についての私の見解を形成したことは間違いない。私は今日でも、利益の出ないビジネスは重視していない。

　豚と牛乳の価格について指摘したが、私の子ども時代の暮らしの中でお金の果たす役割は二次的だった。自給自足を重視し、隣人たちは正規の「価格」の仕組みを介在させずに、互いに助け合った。私たちの経済でお金が基礎となっている部分は小さかったのである。今日では価格が普及し、欠かせないものとなっている。あら

ゆる場所で価格を目にするし，時には予想外の厄介な役目を果たすこともある。私たちが格闘する重要な問題は，こうした市場の力，それに伴う価格が，どれだけ私たちの生活のより多くの側面で優位になるかだ。だから，価格とプライシングの仕組みが果たす役割を理解することが一層重要になる。

価格の魔法と謎

　物価は市場経済の中心点だ。あらゆることが価格の周りで展開していく。価格は需給バランスに役立つ。一般的な産業界で，価格は最も強い利益ドライバーとなる。他のマーケティング手段よりも，値下げすることが一番迅速かつ効果的に販売量を増やせる。競争の激しい市場では，価格はマネジャーが好んで使う武器であり，最も多用される攻撃形態だ。多くの市場で価格戦争は例外ではなく慣例であり，利益に壊滅的な影響を及ぼすことが多い。

　標準的な値下げ形態である価格プロモーションや値引きは，小売業で日常的に用いられているが，その頻度や深さは増しているように見える。世界最大のビール市場の1つでは，小売レベルでのビール販売の約70％でプロモーションが行われ，値引きは50％にものぼる[注2]。サイモン・クチャーが世界で実施した価格調査では，日本の秋葉原ひとつとってみても，同地域の企業の86％が価格戦争に巻き込まれていると答えていた。企業のマネジャーは特に値上げが必要になると，価格に恐れを抱く傾向がある。これはもっともな感情だ。価格変化に顧客がどう反応するか，100％確実に知ることはできない。値上げしても，顧客は忠実であり続けるか，それとも競合品に乗り換えるのか。値下げすれば，本当にもっと多く買ってくれるのか。マネジャーにとって，こうした疑念はひどく居心地の悪いものだ。疑わしければ，プライシング・レバーから手を離し，代わりにもっと具体的で確実なことに意識が向く。つまり，コスト管理。より正確には，コスト削減策をまた打つことだ。しかし，私はプライシングから手を離したことがない。プライシングは私の天職であり，生涯の仕事となった。

価格のどこに惹かれたのか

　価格は私の生涯の連れ合いになるだろう。私は大学時代，ヴィルヘルム・クレール教授の価格理論の講義に魅了された。数学的にエレガントで，往々にして非常に複雑だった。その挑戦的な授業の中で，価格の問題を考え，構造化し，解決するための確固たる方法を学んだ。プライシングの仕組みを理解するうえで重要な構成要素にもなった。もっとも当時は，その知識が実用的な価値を持つとは一瞬たりとも思っていなかった。

　1994年にゲーム理論の研究でノーベル経済学賞を受賞することになるラインハルト・ゼルテン教授に会ったとき，プライシングは感動的な経験となった。ゼルテン教授は授業で，実際のお金をかけて価格実験を行ったのだ。まさしくイノベーションだ！　彼は100DM（ドイツマルク）の賞金を提供した(注3)。1人のAプレイヤーと4人のBプレイヤーがいる状況で，連立を組んで少なくとも10分間維持できれば，そのお金を分け合うことができる。

　AプレイヤーがBプレイヤーのうちの2人と連立を組むか，Bプレイヤー4人で連立を組むことができる。私はAプレイヤーの役で，連合を組むために何度も堂々巡りした末，10分間維持させることができた。2人のBプレイヤーがそれぞれ20 DMを受け取り，私は残りの60 DMをポケットに入れた。この鮮明に印象づけられた実験から，価格は常に価値を分配する方法だと私は学んだ。

　8年後，私はビーレフェルト大学のゼルテン教授の同僚になった。今日でも，ノーベル経済学賞に輝いたドイツ人はゼルテン教授だけである。彼の実験は私の学業においてハイライトの1つとなった。

　私は試験に合格した後，中断することなく大学で研究を続けたが，価格というテーマはいつも共通していた。「新製品の価格戦略」に関する学位論文は，その後の私の職業人生を予見していた(注4)。アルバッハ教授の助手として鑑定人のアルバイトをする中で，大企業におけるプライシングの仕組みを最初に垣間見ることができた。改善の余地は大きいという印象を持った。

　教授時代，私は多くの学生にこの分野を修士論文や学位論文のテーマとして与えた。私たちが研究対象とする価格マネジメントのあらゆる分野で，より多くの疑問が出てくるように見えた。この研究がすべて組み合わさって，価格マネジメントに関する知識基盤を前進させ拡大させた。私は世界中の大学，ビジネススクール，経

営カンファレンス，企業で，価格マネジメントに関する講演や講義を行った。まるでプライシングがゆっくりとではあるが，着実に深い眠りから目覚めていくかのようだった。

　マーケティングの第一人者であるノースウェスタン大学のフィリップ・コトラー教授のもとを訪れた時，彼はシカゴのダン・ニマーという人を「価格コンサルタント」と呼んでいた。ニマーの仕事は実務寄りで，実入りもよさそうだった。「価格コンサルタント」という概念は，当時の私にはまったく未知のものだった。ニマーは自分の論文をいくつか私に送ってくれた。彼の書いた論文と，私が読んだり書いたりしてきた学術論文との違いはこれ以上ないほど顕著だった。学問の世界では理論は豊富だが，実用的なアドバイスに欠けていた。ニマーは初期の頃に「プライシングの仕事はコストを取り戻すのではなく，製品の知覚価値を捉えることだ」と語っているが，その妥当性は歳月を経ても変わっていない(注5)。私はその後もずっとニマーと時折会った。2012年，プライシング・コミュニティでは，ニマーの90歳の誕生日を記念して約400ページにものぼる本を編纂し，このプライシングのビジョナリーの功績を称えた(注6)。ニマーは2015年 1 月 9 日に亡くなった。

　世界的に有名な経営思想家のピーター・ドラッカーとも，プライシングについて多くの興味深い議論を行った。彼は，価格理論と研究を実務で応用するという目標を追求しようとする私を応援してくれた。「あなたがプライシングに重点を置いていることに感銘を受けています」と，彼はかつて語った。「競争相手があなたに追いつくまでに，しばらく時間がかかるでしょう。価格はマーケティングでは完全に無視されています。今日繰り広げられている価格戦略は推測にすぎません」(注7)。価格は，経済的にも倫理的観点からもドラッカーの興味を引いた。利益は「生存コスト」で，十分に高い価格が「生存手段」だと理解していたのだ。ドラッカーは常に明確な倫理的バランスを取ろうとし，市場の力の乱用について警告した。また，価格の透明性に言及し，公正な行動を提唱した。2005年に亡くなる少し前に，ドラッカーは私の共著『*Manage for Profit, Not for Market Share*（市場シェアではなく，利益を管理せよ）』に推薦文を寄せてくれた。「市場シェアと収益性はバランスを取らなくてはならないが，往々にして収益性は無視されてきた。だからこそ，この本は非常に必要とされる補正を行っている」(注8)

　博士論文を書いて以降，私はプライシングに忠実で，このテーマの研究に特化してきた。1982年に出版された最初の教科書のために「Preismanagement（価格マネジメント）」という新しい用語までつくった(注9)。私は長い間，いろいろなタイ

トルを思案していた。当時はドイツ語でも英語でも「価格マネジメント」という言葉はユニークだった。私の知る限り，誰も使ったことがなかったが，多くの人が自発的に使うようになるきっかけもなかった。それまでプライシングの用語といえば「価格理論」と「価格政策」だった。価格理論は，ボン大学が理論重視だったおかげで学べた領域だ。価格政策はより実務的な内容だが，定性的で，世代から世代へと受け継がれる口述歴史に似ていた。

　このような定性的な記述ではあまり先がない。「価格マネジメント」という用語で，定量的かつ理論的な概念を有益で入りやすいものにすることで，この一見すると相容れない世界を統合し，実業界の人々がより良い価格決定をできるようにと目指した。この価格の教科書はその後，版を重ね，最新の英語版『価格マネジメント』はニューヨークのシュプリンガー社から出版された[注10]。より実践的な『Confessions of the Pricing Man』は日本語版（邦訳『価格の掟』）も出ている。私の書いたさまざまな価格の書籍は20以上の言語に翻訳されてきた。

　模倣されることは，俗に言われるように，お世辞の極みである。しかし，その模倣が合法的，倫理的に一線を越えると，お世辞ではなくなる。2010年，ドイツの有名な出版社が同じタイトルの書籍『Preismanagement』を出版したとき，私たちはもろにそういう気持ちを味わった。著者名は敢えて出さないが，ドイツでは名だたる某教授だ。私は弁理士に頼んで調べてもらったところ，私の本と広範囲にわたって「重複」が見られ，その模倣本を市場から閉め出さざるをえなかった。その出版社は，本のタイトルについて私たちの権利を認め，権利を侵害する書籍の出版や配

『Confessions of the Pricing Man』の日本語版

布を控えることで同意した。アマゾンでまだ買える状態だったので，弁理士がアマゾンのドイツ事業部門に停止命令を送ると，アマゾンは直ちに従った。

プレティウム——古代ローマ人の遺産

　プライシングの最も重要な側面を挙げてほしいと，私は幾度となく言われてきた。シンプルな一言で答えると「価値」。より正確に言うと，「顧客にとっての価値」だ。顧客が支払ってもいいと思う価格，つまり企業として実現可能な価格は，常に顧客の目で見たときの製品やサービスの知覚価値を反映している。価値が高いと思えば，顧客の支払意思額は高まる。その逆も真なりで，顧客が競合品よりも価値が低いと思えば，支払意思額は低下する。「知覚」は効力のある言葉だ。企業が実現できる価格を把握しようとするとき，顧客の主観的な（知覚された）価値だけが重要になる。その製品の客観的価値や，投じられた労働時間で価値が定義されるマルクス主義の理論をはじめとする他の価値尺度は，その顧客が重要だから対価を払ってもいいと思う場合に限って重要になる。

　古代ローマ人はこの関係をよく理解していたので，言語体系の中に含めていた。ラテン語の「pretium」には価格と価値の両方の意味がある。文字通り，価格と価値はまったく同一なのだ。これは，企業が価格を決定する際に従うべき良いガイドラインといえる。ここから，マネジャーにとって次の3つの課題が残る。

▶ **価値の創造**：素材の性能品質やデザインはすべて顧客の知覚価値を促進する。これはイノベーションが起こり始める領域でもある。

▶ **価値の伝達**：いかに顧客の知覚に影響を及ぼすか。ここには，製品の説明方法，販売提案，そして大事なことを言い忘れていたが，ブランドが含まれる。パッケージング，店頭の棚やオンライン上の配置も対象となる。

▶ **価値の維持**：購入後の状況は，良い知覚を長続きさせる決定打となりうる。価値がどれだけ保たれるかという期待は，高級財，耐久消費財，自動車への支払意思額に大きな影響を及ぼす。ポルシェやフェラーリなどの高級車の価格は時間とともに高まることもある。

　売り手は製品やサービスの知覚価値を明確にした後で初めて，価格を設定するプロセスに入ったほうがよい。それと同時に，顧客も価値に対して意識を高める必要がある。詐欺や過払いへの最善の防御策は，自分が購入しているものの価値を理解

することだ。価値を知っていれば，一見すると掘り出し物を買ったけれども，後から「不良品」だとわかって損をする状況を回避できる^(注11)。

　有名なスペインの哲学者バルタザール・グラシアン（1601〜1658年）の処世の知恵は，そうした思いを完璧に捉えている。「財の品質よりも価格で騙されたほうがマシだ」^(注12)。必要以上に多くを支払うのは実に忌々しいが，その製品がきちんと役割を果たせば，得てして「ぼったくり」への怒りは薄れていく。それよりも始末に負えないのが，製品に欠陥が見つかる場合だ。最終的にその製品を使い切るか，捨て去るまで，ずっと不満が残る。ここでの教訓は「うまい取引を追い求めて品質を見誤るな」ということだ。確かに，これは「言うは易し，行うは難し」である。価格自体はたいてい一要素だが，製品やサービスの品質は多変数関数になるので，評価はより難しくなる。

　フランスの諺「Le prix s'oublie, la qualité reste」もグラシアンの考えと似ている。大まかに訳すと，「購入したものの品質は価格を忘れた後までずっと残る」という意味だ。価格はしばしば一時的で，すぐに忘れ去られるが，価値と品質の印象ははるかに長く持続する。掘り出し物を手に入れた，安く買ったと最初は喜んだのに，後から品質が悪くて掘り出し物というのは幻想だと思い知った経験や，逆に，少なくとも一度は高い価格に文句をつけたものの，後から品質の良さがわかって嬉しい驚きとなったという経験は，誰にでもあるのではないだろうか。イギリスの社会改革者のジョン・ラスキン（1819〜1900年）はこの洞察について簡潔に述べている。「多く払いすぎるのは賢明ではないが，出し惜しみもよくない。多く払いすぎれば，お金を少し失う。それだけのことだ。支払いをケチれば，買ったものが本来の目的を果たさず，すべてを失うこともある。ビジネスのバランスに関する共通法則では，少し払って多くを得ることはありえない。それでは成り立たない。最も低い入札者を相手にする場合，何らかのリスク対応をしておいたほうがよい。そうすれば，より良いものに十分なお金をかけられる」^(注13)。

　私がこの教訓を得たのは，こっぴどい目に遭ったからだと白状しなければならない。私の故郷の村の農場は非常に小さかったので，刈り取って束ねるための収穫用機械を2〜3人で共有する必要があった。それは，私たち全員がお互いに助け合って収穫しないといけないことを意味した。私が16歳のとき，この時間のかかるルーチンワークはもうたくさんだと思い，何か手を打とうと決めた。うちの家族が独立すればいいと思い，父に相談せずに，800ドイツマルクで中古の収穫用機械を買った。その価格は非常にリーズナブルだと思い，掘り出し物を見つけたことが誇らしかっ

た！ その後，次の収穫で使ってみると，すぐに忌々しい事実を発見した。その機械には慣れない新システムが用いられていて，実際のところ信頼性が低かったのである。そのポンコツ機械はしょっちゅう壊れた。私の掘り出し物の話は，そのくらいにしておこう！ その機械を廃棄処分にするまで，私たちは2年間，欲求不満に悩まされることになった。私はそうやって教訓を学んだ。

一般的に最も低い入札者と契約する政府や当局は，フランスの言葉やラスキンの言葉を意識しているだろうか。アメリカ初の宇宙飛行士であるアラン・シェパードが，宇宙船内で恐怖を感じたことがあるかと聞かれたときに言ったことが思い出される。「ああ困った。これは最低価格をつけた入札者がつくったものだと考えよう」と，かつて心の中で思ったことがあると，彼は認めた[注14]。

価格が最初に来るとき

イノベーションを起こす場合，従来の価格設定の知恵を180度転換させるとよいかもしれない。製品を開発してから価格を決める代わりに，まず実現可能な価格を考えるのだ。この「価格ファースト」のプロセスは，私の同僚でサイモン・クチャーのパートナーであるマダヴァン・ラマヌジャムとギオルク・タッケの著書『最強の商品開発』の中心的な概念である[注15]。彼らが推奨するのは，市場で新製品に致命傷を与える失敗を避けるために，価格を中心に据えて製品を開発することだ。よくある失敗の1つが「フィーチャー・ショック」と呼ばれるもので，製品にいろいろな特性を詰め込みすぎたときに発生する。あらゆる人にあらゆるものを提供しようとすれば，2つの結果につながる。誰も本当にほしい製品が手に入らなくなることと，最終価格が許容範囲を上回ってしまうことだ。たとえば，アマゾンの「ファイアフォン」は顔認識のためにカメラを4つ内蔵していた。199ドルで売り出されたが，わずか4カ月後に価格を99セントに引き下げた。この大失敗により，アマゾンは1億7,000万ドルの評価減を計上した。

別の致命的な失敗は，そもそも誰もが本当に必要としていない製品を作ってしまうことだ。しかも，高い価格をつけてしまうと状況が悪化する。これは多くの驚異的なテクノロジーが陥りがちで，その申し子とも言える製品が電動立ち乗り二輪車のセグウェイだ。このイノベーションが最初に市場に出たとき，発明家のディーン・ケーメンは初年度の売上予想を5万台としていた。6年後の売上台数は3万台。

これは年間ではなく，6年間の累積の数値だ。つまり，セグウェイは当初の予想を90％も下回る結果となった。その根本原因の1つが，恐ろしく高価格だったことだ。基本モデルは5,000ドル，他のモデルは7,000ドルもした。どう見ても製品の知覚価値は大幅に低かった。セグウェイの発売は，ラテン語の「pretium」の法則を無視していた。

　私見になるが，本当に製品開発プロセスを価格から始める企業は依然として少数派だ。しかし，この領域のパイオニアがポルシェである。他の産業でもそうだが，自動車業界では，新製品開発に投資する前に，価格の影響を調査する企業はほとんどない。ラマヌジャムとタッケは本の中で，ポルシェのカイエンの開発プロセスについて説明している。「エンジニアリング・グループ・センターから最初のコンセプトカーが発表されるはるか前に，製品チームは潜在顧客に対して幅広い調査を行い，ポルシェSUVの購入意欲を見極め，許容範囲となる価格を評価しようとしていた。幸いにも，顧客は熱烈な反応を示した。分析結果から，顧客がポルシェSUVには他社のSUV以上の金額を支払ってもいいと思っていることがわかった。そこにはヒットの可能性があった」[注16]。ポルシェが最も収益性の高い自動車メーカーであり，私たちにとってプライシングと製品開発における最も興味深い経験にもなったことは偶然ではない。

▌価格決定力は極めて重要である

　有名な投資家のウォーレン・バフェットは「ビジネスを評価する上で最も重要なビジネス上の意思決定は価格決定力だ」と述べている[注17]。価格決定力によって，サプライヤーが希望価格を実現できるかどうかは左右される。また，ブランド保有企業がどのくらいプレミアム価格にできるかも決まる。価格決定力の裏返しは，買い手側がどのくらいサプライヤーから望ましい価格を引き出せるかという，買い手の交渉力だ。自動車製造など一部の業界では，買い手がサプライヤーに対して大きな交渉力を行使している。同じく小売業でも，市場の集中度が高ければ，サプライヤーよりも買い手の価格交渉力が強くなる。ドイツでは，食品の売上の約85％をエデカ，レーヴェ，アルディ，リドルの4つの小売グループが寡占している。他の国，たとえばフランス，イギリス，アメリカでも，同じく買い手の交渉力が集中している。

　価格決定力の重要性を強調し，価格に関して独自の解釈をしているのが，フランスの社会学者のガブリエル・タルド（1843〜1904年）だ。物価，賃金，金利に関するあらゆる合意は軍事における停戦協定に相当すると考えたのである[注18]。これは多くの場合，労使の賃金交渉で明らかになる。平和が続くのは次の闘いが始まるまでの間にすぎない。企業間交渉では，サプライヤーと顧客企業間の権力闘争が価格合意に反映される。幸いにも，これはゼロサムゲームではない。しかし，サプライヤーと顧客企業の間でどうお金を分配するかにおいて，価格は重要な役割を果たす。

　現実には，ほとんどの企業の価格決定力はそこまで強くない。サイモン・クチャーが50カ国の2,700人以上のマネジャーを対象に調査したところ，自社の価格決定力は強いと感じている人は33％にすぎなかった[注19]。残りの3分の2は，適切なリターンが得られる価格を市場で実現できていないことを認めていた。

　同時に，経営陣が権限委譲せずに価格決定の枠組み設定に関与している企業では，価格決定力が35％上回ることがこの調査から明らかになった。プライシング専門の部署を持つ企業は，持たない企業よりも価格決定力が24％上回っていた。重要な教訓は，経営陣がより良いプライシングに対して強力かつ真剣にコミットし，そのために時間とエネルギーを投じれば，報われることだ。価格決定力の向上は持続的な高価格や高収益につながるので，ここから好循環に持ち込める。

価格を未知の領域に持ち込む

　昔は多くの財やサービスに値段がついていなかった。道の利用も学校も無料で，全部込みの価格になっているサービスが多かった。政府，教会，慈善団体は製品やサービスを無料で提供した。というのは，他の人を助けるためだったし，お金を請求するのは不道徳やタブーとされていたからだ。しかし，それは急速に変わりつつある。

　ハーバード大学の哲学者のマイケル・J・サンデルは著書の中で，価格は私たちの生活のあらゆる領域に忍び込んでいると報告している[注20]。航空会社のイージージェットは，初めて搭乗する乗客に16ドルを請求する。外国人がアメリカに入国する際に，ESTA（電子渡航認証システム）申請費用として14ドルかかる。一部の国では，ラッシュアワーの間や混み具合によって，追加料金を払えば，空いた専用車両に乗ることができる。

　いわゆる「マーケットデザイン」をする人々は，一般的な交通料金システムをあらゆる道路に適用するように推奨している。彼らは現在の渋滞コストを1兆ドルと見積もっている。現代の技術を使うことで道路の利用状況を監視し，リアルタイムで混み具合に応じた価格を設定できるようになってきた。より効率的に道路を利用するために，これは「避けられない未来」だとする人もいる。シンガポールの高速道路の研究によると，こうしたシステムを導入して，交通量によって価格を変えたところ，平均速度が時速19マイルから42マイルになったという[注21]。

　ほかにも価格が入り込んだ領域は，クリエイティブなものから想定外のものまで多岐にわたる。アメリカでは，年間1,500ドルの利用料で，365日24時間利用できる専用電話を設けて，空き時間を使って医療相談を受ける医師もいる。アフガニスタンなどの紛争地域では，民間企業が資格，経験，出身国に基づいて日給250〜1,000ドルで傭兵を雇う。イラクとアフガニスタンでは，これら民間軍事会社は米軍を上回る数の人員を地上に配備していた[注22]。倫理的な範囲をさらに広げれば，インドの代理母に6,250ドル払えば赤ちゃんを出産してもらえる。米国に移住する権利を，50万ドルで購入できる。一部の大学では，狭き門を通って入学する機会が競売にかけられている。

　私たちの生活やルーチンがますます市場やプライシングの仕組みの下に来るようになるほど，そのうち値札がつけられる対象がさらに増えていくのだろう。道徳的，倫理的な境界線を越えて，じわじわ浸透しているこの動きは，今の時代で最も重要な経済動向の1つだ。サンデルはこの進展についてこう述べている。「私たちはある財を売買できると判断すると，少なくとも暗黙のうちに，それは利益と利用の手段，コモディティ（商品）として扱うのにふさわしいと確信する。しかし，すべての財がこのように適切に評価されるわけではない。最も明白な例は人間である」[注23]

　企業評価も難題をもたらし，非常に高価格になりやすい。これに関連して，私が全キャリアを通じて個人的に一番高い価格を目にしたのは2000年3月2日，世界最大の化学品企業，BASFのCFOのオフィスを訪ねたときである。BASFは製薬部門をアボット・ラボラトリーズに売却したばかりだった。私たちが話していると，秘書が部屋に入ってきてCFOにメモを手渡した。彼はそれを見て，「当社の製薬部門の売却価格69億ドイツマルクが当社の口座に入金されました」と言った。総額34億ユーロに相当する。今日のM&A環境では二度見するほどではないが，当時としては莫大な金額だった。

価格の哲学

　価格対応に多くの時間を費やした後，哲学的な観点から価格の概念に光を当ててみようと思いついた。これまで価格関連の活動を哲学にはほとんど結びつけてこなかった。哲学は価格にどのような関係があるのだろうか。哲学的な観点から，なぜ至る所にあるありふれたものとして価格を見なくてはならないのか。

　古典的な哲学のレンズで価格を見ることで，買い手と売り手のどちらもミスを避けるためのごく実用的な洞察が得られる。私の言う「価格の哲学」は，

▶価格とその効果に対する理解を深める。

▶私たちを謙虚な気持ちにさせる（一見すると近代的な価格の概念の多くは，もともと古代の哲学者がはっきりと言っていることだ）。

▶医療分野など，困難でかつ倫理的なプライシング問題の解決に役立つ。

　この後で，21世紀の価格決定にいまだに驚くほど当てはまる，昔の哲学者による興味深い洞察を紹介したい。

ソクラテスとアリストテレスが考えた価格

　不変の方程式「価格＝価値」から提起されるのは「価値とは何か」という問題だ。その最初の答えとして既に知られているのが，ギリシャの哲学者ソクラテス（紀元前469〜紀元前399年）の「幸福は所有権からではなく，ある製品を使うことから生じる」という言葉だ[注24]。現代用語で「使用価値」に当たる[注25]。したがって，ソクラテスは非常に近代的な概念である「シェアリングエコノミー（共有経済）」の父といえる[注26]。シェアリングエコノミーでは，車，自転車，アパートを所有せずに，決められた期間だけ使用することが多い。シェアリングエコノミーがますます広く実践されるようになることで，産業全体が根本的に変わりつつある。

　なぜこの革命的なソクラテスの考えが過去に実践されてこなかったのか。その答えは明らかだ。インターネットが登場する前には，シェアリングの取引コストは高すぎたのである。車を3万ドルで売れば，1回の取引で済む。時間単位で共有する場合，車の製品寿命の中で何千回もの取引をすることになる。車を1時間単位で，自転車を1分単位で提供するためには，極めて効率的な取引プロセスと，買い手と

売り手のクリティカルマスを同時に達成できなくてはならない。どちらもインターネットなしには不可能である。

　ギリシャの哲学者アリストテレス（紀元前384〜紀元前322年）が導き出した価値と価格に関する洞察はより洗練されている。使用価値に個人差があることを見抜いていたのだ[注27]。これは，私たちが今日あちこちで目にする価格差別化の基礎となっているものだ。アリストテレスは，財の量が増えるにつれて，使用価値が低下することも指摘している。この基本法則は，1854年にヘルマン・ハインリヒ・ゴッセン（1810〜1857年）が考案した「ゴッセンの第2法則」として知られ[注28]，非線形プライシングの基礎となった[注29]。

　アリストテレスは，ある製品の価値は別の製品の使用に左右されることにも言及した。この洞察は，マルチプロダクト・プライシングやいわゆる価格バンドリングの根拠となる。さらに，その財が著しく消費されれば，使用価値が高まることにも気づいていた。いわゆるスノッブ効果につながる現象で，より高い価格はより高い評価のシグナルになるので，価格が上がれば，実際に需要が増加することもある。

▎トーマス・アクィナスが考えた価格

　「ジャストプライス」の概念をさかのぼっていくと，神学者で哲学者のトーマス・アクィナス（1225〜1274年）に行き着く[注30]。今日では，同じ意味で「公正価格」という言葉が用いられている。アクィナスは経済的，倫理的な観点からプライシングを見ていた。彼の考えには，高利貸しや一般的な金利に対するキリスト教の伝統が色濃く影響している。彼に言わせると，需要の増加に応じて価格を引き上げるのは盗みに当たる。自然災害が起こった後に値上げするのは倫理にもとると断言している。

　このテーマは「ハリケーン・サンディ後の便乗値上げ――不道徳あるいは需給の法則」というレポートにあるように，今日でも大いに関連性がある[注31]。このレポートで争点となっているのが，米国のハリケーンの間や直後の発電機のプライシングだ。売り手は災害後に値上げすべきか。価格が一定に保たれている場合，最初に複数の発電機を買い込んで，より高い価格で再販する人も出てくるが，これは公正だろうか。

　オーストラリアでテロが起きた後のウーバーの事例でも考えてみることができる。

自動車の需要が急増し，ウーバーのプログラムは自動的に料金を引き上げた[注32]。料金を高くすれば，逃げたい人のいる場所に多数の車が集まるので，経済合理的といえる。ところが，その行為に対して，メディアは非常に否定的な反応を示したのである。ウーバーは現在，需要が急増した場合，手動介入を適用する[注33]。ロンドンでテロが起こった際に，ウーバーは割増料金を支払った乗客に払い戻しをした[注34]。

　新型コロナウイルスによるパンデミックで品不足になったときにも，このテーマが何度も出てきた。マスク，防護服，人工呼吸器のサプライヤーは便乗値上げで告発された。

　もう一例を挙げると，非常に革新的な救命薬にも当てはまる。ノバルティスが提供する遺伝子治療法「キムリア」を使えば，ある種の白血病が1回の注射で治癒する。この製品の公正価格はいくらになるのだろうか。アメリカでこの薬を使うと，47万5,000ドルもかかる。イギリスでは，対象は子どもに限定されるが，国民保健サービスで22万ポンドがカバーされる。ドイツでは32万ユーロだ。

　異なる価格システムのほうが公正だろうか。議論にのぼった一案は，治療しても約束された効果を生み出さない場合に払い戻すというものだ。患者が年収の50％を支払うという価格スキームも代替案になりうる。年間10万ドルを稼ぐ患者は5万ドル，年間200万ドルを稼ぐ患者は100万ドルを支払う。このようなシステムは一見すると非現実的だが，実際には所得税に基づくので，行政サービスの価格とみなすことができる。

カール・マルクスの考えた価格

　あなたはマルクス主義者かと聞かれたら，「いいえ」と答えるかもしれない。そこで次にするのが「マルクス主義者でないとすれば，なぜあなたの価格はマルクス主義的か」という質問だ。マルクスの労働価値説は今日では完全に否定されているが，プライシングでは生き残っている。なんと奇妙な現象だろうか！　その理由を説明しよう。

　カール・マルクス（1818〜1883年）の最も重要な貢献は，労働だけが価値を生み出すとする労働価値説で，「製品の価格は賃金によって決まる」としている[注35]。マルクスは，労働者の生産性と品質の違いがあるので，時間単位ごとに異なる価値

を容認する。しかし，その理論の核心は，労働のみが価値を生み出すとしていると
ころにある。その結果，価値算出の唯一の基準は人件費となる。

　現代の用語で，「コストプラス価格」と呼ばれる手法だ。数十年にわたって世の
中を見てきた私の経験上，今日の市場では，全価格の80％は主にコストに基づいて
決定され，どのコストも人件費である。弁護士，コンサルタント，その他のサービ
ス提供者は費やした時間（時間，日数，月ごとの料金）に基づいて請求する。自動
車会社がサプライヤーから部品を購入する場合，その価格にはバリューチェーンに
おける人件費が含まれている。私のアドバイスは，マルクス主義者でないなら，マ
ルクス主義プライシングは控えよう，というものだ。

▍主観的価値

　いわゆる主観価値説は概して今日では普遍的に受け入れられていないが，「価値
は見る人の目の中にある」と表現できそうだ[注36]。これも新しい考え方ではない。
紀元前1世紀に生きていたププリリウス・シルスは「すべてのものには買い手が支
払った分の価値がある」と語った。この理論はプライシングにどう影響するのだろ
うか。これは「価値の抽出」，あるいは，現代のインターネットの専門用語になっ
ている「マネタイゼーション（収益化）」にあたる[注37]。これらの用語には，さま
ざまな価格差別化や価格差別，顧客，製品バリエーション，空間や時間を超えるこ
となどが含まれている[注38]。インターネットは，はるかにより良いデータとはるか
に安い実装コストによって，価格差別化の機会を抜本的に向上させた。

　しかし，「価値の抽出」に反対する声がますます強まっている。ロンドン・スクー
ル・オブ・エコノミクスのマリアナ・マズカート教授は，歯に衣着せずに批判して
いる1人だ。「事態は悪化する一方だ」と，彼女は書いている。「『利潤の追求』は
創出活動ではなく，『競争価格』を上回る過度の課金によって収入を生み出そうと
する試みであり，特定のメリットを利用して競争を減らしたり新規参入を阻んだり
することにより独占的な優位性を維持している」[注39]。ノーベル賞受賞者のジョセ
フ・スティグリッツは彼女の見解に賛同し，「利潤の追求」は緩い規制や独占的な
慣行のせいだとしている。

　関連する重要な疑問は，消費者とますます高度化する売り手との間に公平な条件
が存在するかどうかだ。私は存在すると考えている。その理由は，インターネット

によって価格と価値の透明性がはるかに高まっているからだ。今日の消費者は，あらゆる種類の価格をすぐに比較できる。顧客フィードバックの仕組みが広く用いられているおかげで，価値の透明性についても同様だ。1962年に初めて記述されたマーシャル・マクルーハンの「グローバル・ビレッジ（地球村）」は現実のものとなっている。一方では価値の創造と提供を理解し，もう一方で価値の抽出（収益化）を理解することが，買い手と売り手にとって極めて重要になっている。

価格と神

価格は誰が決めるのだろうか。『*The Mantle of the Prophet*（予言者の外套）』という本によると，「価格に関する情報は素早く呼吸するように市場の生命を支えている。価格が新しい需給状況に適応する仕組みは，ほぼ神業と思えるほど高度化されている。『神が価格を決める』は預言者のモハメッドの言葉とされている。ほとんどのイスラム法学者は，これほど効率的に運用されている見えない手法は神の手によるものに違いないという考えで一致していた」[注40]。この文章から思い出されるのが，アダム・スミスの「神の見えざる手」だ。

哲学は，買い手と売り手の両方がプライシングの課題について理解を深めるのに役立つ。近現代の概念に見えるものの多くは，実際には古代の哲学にルーツがある。しかし，その実行は最新の情報技術とビッグデータ分析で初めて可能になった。

私がたどってきたプライシングに関する道筋

私がプライシングに重点を置き始めたのは，1970年代初頭の大学院での研究と博士論文からである。当時，プライシングにおける私の未来がどうなるか知る由もなかった。しかし，プライシングは生涯をかけて没頭できるテーマになっていった。サイモン・クチャーは価格コンサルティング市場を創り出し，大きくし続けてきたと，胸を張って言える。次の一覧表は，プライシングの世界で私が個人的にたどってきた道筋の概要を示している。さまざまな小さなステップを踏んできた。

174

年度	主な経験	主なインフルエンサー
1960〜1966年	親の農場で農作物のプライシングを体験	父
1969〜1973年	大学，特に価格理論に関する講義と教科書	ヴィルヘルム・クレール教授
1972年	後日ノーベル賞を受賞した教授の授業で，実験的な価格交渉ゲームを体験	ラインハルト・ゼルテン教授
1973〜1976年	卒業論文「新商品の価格戦略」	ホルスト・アルバッハ教授
1977年	価格競争に関する専門的な分析	ホルスト・アルバッハ教授
1978〜1979年	マサチューセッツ工科大学で研究。プライシングに関する論文を多数執筆	アルヴィン・J・シルク教授
1979年	フィリップ・コトラーに会う。「価格コンサルタント」ダン・ニマーについて教えてくれた	フィリップ・コトラー教授 ダン・ニマー
1981年	フランス INSEAD で価格マネジメントのコースを教える	
1982年	「価格マネジメント（Price Management）」という言葉を造り，教科書として出版（初版）	
1983年	価格のテーマで初めてコンサルティング・プロジェクトと講演を行う（製薬業界の BASF）	
1985年	コンサルティング会社 UNIC Institut für Marketing und Management GmbH を設立。後にサイモン・クチャー&パートナーズとなる	エカード・クチャー，カール・ハインツ・セバスチャアン
1988〜1989年	ハーバード・ビジネス・スクールのマーヴィン・バウアー記念講座フェロー。英語版『Price Management』を出版	セオドア・レヴィット教授 ロバート・ドーラン教授
1992年	『Price Management』（ドイツ語版）を全面的に改訂し，第2版として出版	
1993年	バーンカードのコンセプトを開発	ヘムジョー・クライン ギオルク・タッケ
1995年	サイモン・クチャーCEO に就任。研究職を離れる	
1996年	ドーランとの共著書『Power Pricing（パワープライシング）』をアメリカで出版	ロバート・ドーラン教授
2002年	ビジネスウィーク誌で，サイモン・クチャーが価格コンサルティングの世界市場リーダーとして紹介される	
2008年	共著『Price Management』第3版（ドイツ語版）	マーティン・ファスナハト教授
2009年	サイモン・クチャーCEO を退任	
2012年	プライシングに関する自叙伝『Preisheiten』（邦訳：価格の掟）出版。15言語に翻訳	

2016年	共著『*Price Management*』第4版（ドイツ語版）	マーティン・ファスナハト教授
2019年	英語版『*Price Management*』をアメリカで出版	マーティン・ファスナハト教授
2020年	価格を広い観点から捉えた論文「The Philosophy of Price（価格の哲学）」を発表	古典的な哲学者
2021年	利益における価格の役割について『True Profit！（真の利益)』を出版	サイモン・クチャー&パートナーズ

▌第9章の注 ▌

（注1）"Hier ist meine Seele vergraben," interview with Hermann Simon *Welt am Sonntag*, November 9, 2008, p.37.

（注2）"Brauereien beklagen Rabattschlachten im Handel," *Frankfurter Allgemeine Zeitung*, April 20, 2013, p.12.

（注3）2002に，ドイツマルクはヨーロッパの他の14の通貨とともにユーロに統合された。1ユーロは約2ドイツマルクである。

（注4）Hermann Simon, *Preisstrategien für neue Produkte*, Opladen: Westdeutscher Verlag 1976.

（注5）Gerald Smith, "Remembering Dan Nimer – A Tribute to a Pricing Pioneer," *The Pricing Advisor*, January 2015, p.9.

（注6）Gerald E. Smith（editor）, *Visionary Pricing: Reflections and Advances in Honor of Dan Nimer*, London: Emerald Publishing 2012; 私が寄稿したのは以下である。"How Price Consulting is Coming of Age," pp.61-79.

（注7）ピーター・ドラッカーからの個人的な手紙（2003年6月7日付け）。

（注8）2005年11月2日，ドラッカーの妻のドリスからもらった個人的なeメール。「残念ながら，ピーターの体調が良くないことをお伝えします。彼は倒れる前に，あなた宛ての手紙を口述筆記し，秘書が彼の署名をもらうためにここに持ってきました」とあり，引用した文章が続けて書かれていた。11月11日にドラッカーが亡くなった後で，私はこの手紙を受け取った。私たちは11月12日にカリフォルニア州クレアモントのロサンゼルス近郊にある彼の自宅で会う予定だった。

（注9）Hermann Simon, *Preismanagement*, Wiesbaden: Gabler 1982.

（注10）Hermann Simon and Martin Fassnacht, *Price Management – Strategy, Analysis, Decision, Implementation*, New York: Springer Nature 2019.

（注11）粗悪品を指す「lemon（レモン）」という言葉は，アメリカの経済学者，ジョージ・A・アカロフの記事に最初に引用された。中古車市場の価格シグナルに関するこの記事は広く読まれている。George A. Akerlof, The Market for "Lemons": Quality Uncertainty and the Market Mechanism, The Quarterly Journal

of Economics, August 1970, pp.488-500. アカロフは2001年にノーベル賞を受賞
した。

(注12) Baltasar Gracian, *Handorakel und Kunst der Weltklugheit*, Berlin: Insel Verlag 2009.

(注13) www.iposs.de/1/gesetz-der-wirtschaft; accessed on Juni 6, 2017.

(注14) Neal Thompson, *Light This Candle: The Life And Times of Alan Shepard*, New York: Three Rivers Press (paperback reprinted edition) 2005: p.388.

(注15) 以下を参照。Madhavan Ramanujam and Georg Tacke, *Monetizing Innovation, How Smart Companies Design the Product around the Price*, Hoboken, N.J.: Wiley 2016.

(注16) 同上。p.4.

(注17) 2010年5月26日，金融危機調査委員会（FCIC）がウォーレン・バフェットにインタビューした記事より。

(注18) 以下を参照。Gabriel Tarde, *Psychologie économique, 2 volumes*, Paris: Alcan 1902.

(注19) 2012年に実施した研究。

(注20) Michael J. Sandel, *What Money Can't Buy: The Moral Limits of Markets*, New York: Farrar, Straus and Giroux 2012.

(注21) 以下を参照。Peter Cramton, R. Richard Geddes, and Axel Ockenfels, "Markets for Road Use – Eliminating Congestion through Scheduling, Routing, and Real-Time Road Pricing," Working Paper, Cologne University 2018.

(注22) T. Christian Miller, "Contractors Outnumber Troops in Iraq," *Los Angeles Times*, July 4, 2007 and James Glanz, "Contractors Outnumber U.S. Troops in Afghanistan," *New York Times*, September 1, 2009.

(注23) Michael J. Sandel, *What Money Can't Buy: The Moral Limits of Markets*, New York: Farrar, Straus and Giroux 2012; 以下も参照。John Kay, "Low-Cost Flights and the Limits of what Money Can Buy," *Financial Times*, January 23, 2013, p.9.

(注24) Socrates, *Euthydemos*.

(注25) Lucas Pfisterer and Stefan Roth, "Value Creation in Usage Processes – Investigating the Micro-foundations of Value-in-Use, Marketing" *Journal of Research and Management*, 3/2018.

(注26) アリストテレスは，シェアリングエコノミーの父としてよく引用される。しかし，実際のパイオニアはソクラテスである。この2人の哲学者が生きた時代は重なっていない。アリストテレスの師に当たるプラトンは紀元前427年から348年まで生きたので，ソクラテスとアリストテレスの両方と重なっている。

(注27) Aristotle, *Politics, Book I*; 以下も参照。Edward W. Younkins, *Aristotle and Economics*, www. quebecoislibre.org/050/050915-11.htm, accessed on September 27, 2018.

（注28）　Gossen, H.H.（1854）. *Entwicklung der Gesetze des menschlichen Verkehrs und der daraus fließenden Regeln für menschliches Handeln.* Braunschweig: F. Vieweg.

（注29）　Georg Tacke, *Nichtlineare Preisbildung: Höhere Gewinne durch Differenzierung*, Wiesbaden: Gabler 1989.

（注30）　RH Tawney, *Religion and the Rise of Capitalism – On Aquinas and just price*, New York: Penguin 1948, p.40.

（注31）　"Post–Sandy Price Gouging: Economically Sound, Ethically Dubious," *Time*, November 2, 2012.

（注32）　"Uber's Prices Surged in Sydney During the Hostage Crisis, and Everyone Is Furious," *New Republic*, December 14, 2014.

（注33）　"London terror attack: Uber slammed for being slow to turn off 'surge pricing' after rampage," *Independent*, June 4, 2017.

（注34）　"Uber is refunding passengers who used the service after the Londoin terror attack," *Mashable*, June 5, 2017.

（注35）　Karl Marx, *Wages, Prices, and Profits*, Moscow: Foreign Languages Publishing House 1951, p.28.

（注36）　Mariana Mazzucato, *The Value of Everything*, London: Penguin Books 2018, p.57.

（注37）　Madhavan Ramanujam and Georg Tacke, *Monetizing Innovation: How Smart Companies Design the Product Around the Price.* Hoboken: Wiley 2016.

（注38）　価格差別化と主観価値の定量化の扱いの詳細については，以下を参照。Hermann Simon and Martin Fassnacht, *Price Management – Strategy, Analysis, Decision, Implementation*, New York: Springer Nature 2019.

（注39）　Mariana Mazzucato, *The Value of Everything*, London: Penguin Books 2018, p.57.

（注40）　Roy Mottahedeh, *The Mantle of the Prophet*, London: OneWorldPublications 2000, p.34.

第10章

隠れたチャンピオン
の秘密

The Secrets of the
Hidden Champions

グーグルで「隠れたチャンピオン」と入力すると，145万件ヒットする[注1]。この隠れたチャンピオンとは何だろうか。

話は1987年，ドイツのデュッセルドルフまで遡る。当時，ハーバード大学の有名教授のセオドア（テッド）・レヴィットがドイツを訪れ，1対1で対談したいと私に声をかけてくれた。レヴィットは数年前，『*Harvard Business Review*』誌に掲載した独創性に富む記事で「グローバリゼーション」という言葉を世に広めていた[注2]。彼は国際競争力に興味を持っていたので，私に「なぜドイツがこれほど輸出で成功しているか」という一見するとシンプルな質問を投げかけたのである。

ドイツは1986年に初めて世界最大の輸出国となった。（東西統合の前）日米と比べてかなり小国だったドイツが世界最大の輸出国になったのは驚くべきことだ。しかも，図表に示したように，ドイツの際立った輸出実績は今日まで続いている。

レヴィット教授の問いに，私は頭を悩ませた。なぜドイツは輸出で成功しているのか。この疑問を解こうとするとき，まずは大企業について考えるのが自然だろう。当時も今も，バイエル，シーメンス，ボッシュ，BMW，ダイムラーなどの巨大企業が大規模輸出の担い手となっているのは事実である。これらの企業は19世紀から国際的な販売ネットワークを構築してきた。バイエルはもともと1864年に米国市場に進出し，1911年には日本市場に参入した。シーメンスも1911年に日本で事業を開始し，その後まもなくドイツ銀行が横浜と神戸にオフィスを構えた。第一次世界大戦が勃発する前，ボッシュはすでにドイツ国外で売上の半分以上を稼いでいた。し

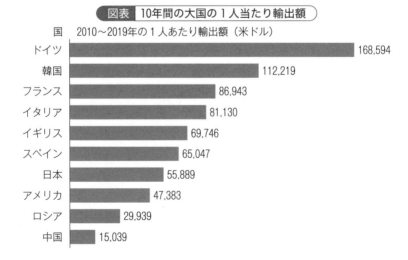

図表　10年間の大国の1人当たり輸出額

国　2010〜2019年の1人あたり輸出額（米ドル）

国	輸出額
ドイツ	168,594
韓国	112,219
フランス	86,943
イタリア	81,130
イギリス	69,746
スペイン	65,047
日本	55,889
アメリカ	47,383
ロシア	29,939
中国	15,039

かし1980年代，ドイツの中小企業は国際化の黎明期にあった。

　対談は，ジャーナリストがレヴィットと私に話を聞く形をとった（写真を参照）。そこで出された質問の1つが「ドイツの産業界の問題は，輸出シェアが高い中小企業の数が非常に多いことだ。こうした企業にとって『グローバル・マーケティング』も戦略なのか」というものだった[注3]。レヴィットが強調したのは，どの企業も小さく始まるが，生き残るのは主に大企業であることだ。対照的に，同族会社は生き残りをかけて戦わなければならないという。私はそれに異を唱え，中小企業に入る若者がますます増えていることを指摘した。レヴィットはそれには賛同しなかった。当時は2人とも，私が後に「隠れたチャンピオン」と呼ぶことになる企業の現象について考えたことはなかった。

　ドイツ企業の約80％が中小企業だ。街角のパン屋や配管修理業者もそこに含まれている。その大半は輸出などしていない。ところが，この疑問を解明しようとさらに調べていくうちに，世界市場リーダーである中小企業がかなり多いことがわかってきた。そうした企業が次第にドイツの輸出面での成功に貢献しつつあったのだ。私ははたと気づいた。こうした中小企業の世界市場リーダーは，ドイツ経済の類い希な輸出の成功の背後にある真の原動力ではないか，と。

　もちろん，私はすでにこうした企業をいくつか知っていた。ベルトルト・ライビンガーがグラヒト城に来たとき屋根を壊したエピソードを先に挙げたが，そのとき彼は自社（トルンプ）紹介で機械式から精密レーザーを使った板金切断機へと移行していると述べていた。タバコ製造機で90％以上の世界市場シェアを持つハウニにもなじみがあった。ユニオン・ノップ（ボタンの世界市場リーダー），デュルコップ・アドラー（産業用ミシンの世界市場リーダー），ワイドミュラー（産業用接続機器のリーディングカンパニー）などの企業も知っていた。洗濯技術で世界トップのカーネギッサや，高性能マイクのスペシャリストのゼンハイザーの名も知れ渡っていた。農機の最大メーカーの1つであるクラースは，子どもの頃から農場ではな

セオドア・レヴィット教授（中央）と記者のピーター・ハンザー（右）とのインタビュー

じみがあった。しかしドイツには，このような世界市場リーダーが何社存在するの
だろうか。こうした親しみのある企業は例外的なのか，それとも一般的なのか。そ
の数が多いとして，中小企業を足し合わせると，我が国の輸出比率の大きな部分を
占めるのだろうか。

　こうした疑問に対して，私はより良い答えを求めて掘り下げずにはいられなく
なった。1988年，修士論文のテーマとして，学生たちにこうした未知の世界市場
リーダー39社を突き止めてもらった。非常に興味深かったのでさらに研究を続けた
ところ，こうした企業は急成長を遂げ，海外で100％子会社を多数保有し，日本な
どの手強い市場でも成功を収めていた。トルンプは1964年に日本に進出していた。
小型機器や電気駆動装置メーカーのレンツェは長年にわたって日本企業と緊密に協
力してきた。こうした企業は真のチャンピオンだったが，各分野の一握りの専門家
以外は誰もその存在を知らなかった。こうした世界的に成功した中小企業をどう呼
べばよいだろうか。さんざん考えた末に「隠れたチャンピオン」という表現を思い
ついた。これは正確に何を意味するのだろうか。私の現在の基準では，隠れたチャ
ンピオンとは次のような企業だ。

▶世界市場でトップ３に入っているか，自国が含まれる大陸でナンバーワンであ
る。

▶年間売上高は50億ユーロ未満である。

▶一般の人々にはあまり知られていない。

　言い換えると，ほとんど誰も気づいていない世界チャンピオンだ。

　「隠れたチャンピオン」は思いがけず賢い選択だったことが判明した。その魅力
の一部は，矛盾をはらんでいるところだ。２つの言葉は一見すると整合していない。
チャンピオンは通常よく知られている。それなのに，どうすれば隠れた状態になる
のだろうか。私は1990年９月に「ドイツ経済の先頭に立つ隠れたチャンピオン」と
いう論文で初めてこの用語を公式に使った[注4]。数年後，エッカート・シュミット
の博士論文で，私たちは457社の隠れたチャンピオンを特定した[注5]。

　1990年代初頭，隠れたチャンピオンのコンセプトがどんな展開をしていくのか，
私には見当もつかなかった。1993年１月25日に，ボストンのハーバード・ビジネ
ス・スクール・プレスのニコラス・フィリップソンと会った。私たちは，ドイツの
中小企業についての本を書くために，かなり漠然とした計画について話し合った。
そこでブレインストーミングしたことが最終的に書籍『*Hidden Champions. Lessons from 500 of the World's Best Unknown Companies*（隠れたチャンピオン：知

られざる世界最高の500社に学ぶ教訓)』となり，1996年にハーバード・ビジネス・スクール・プレスから出版された[注6]。アイデアや計画は，本当に実現する何年も前に出てくるものだということが，この本でもやはり証明されたのである。自分のアイデアや目標を書き出すことは，どうやらそのプロセスの重要な部分となっているようだ。私は助手時代からそれを習慣にしていたが，そこで書いたアイデアの多くが現実になっていることには驚いてしまう。ニック・フィリップソンは最終的にニューヨークのシュプリンガー・ネイチャーに移り，今日でも私の本の出版者を務めている。継続性は大切だ。

　2007年までに，私たちは絶え間なく注意と研究を行い，ドイツだけで1,167社の隠れたチャンピオンを発見した。その数は今日，約1,573社に膨れ上がり，2021年にドイツ語編の第4版が出版された[注7]。私は長年にわたって，全世界に研究範囲を広げ，現在までに隠れたチャンピオンの基準を満たす中小企業を約3,300社見つ

図表	国別の隠れたチャンピオン：総数と100万人当たりの数		
国	隠れたチャンピオンの数	人口	100万人当たりの隠れたチャンピオン数
ドイツ	1,573	83,166,711	18.91
アメリカ	350	330,104,197	1.06
日本	283	125,960,000	2.25
オーストリア	171	8,910,696	19.19
スイス	171	8,619,259	19.84
フランス	111	67,098,000	1.65
イタリア	102	60,244,639	1.69
中国	97	1,403,917,760	0.07
イギリス	74	66,796,807	1.11
オランダ	38	17,496,531	2.17
ポーランド	37	38,356,000	0.96
ロシア	29	146,748,590	0.20
フィンランド	28	5,498,827	5.09
スウェーデン	24	10,348,730	2.32
カナダ	23	38,131,154	0.60
韓国	22	51,780,579	0.42
ベルギー	20	11,528,375	1.73
デンマーク	20	5,824,857	3.43
スペイン	20	47,329,981	0.42

けた。表は、隠れたチャンピオンが20社以上見つかった国における隠れたチャンピオンの総数と人口100万人当たりの数を示している。

この数字が端的に示しているのは、隠れたチャンピオンが主にドイツ語圏の現象であることだ。ドイツ、オーストリア、スイスに限って、この中規模で活発な世界市場リーダーが多数存在している。この3カ国の100万人当たりの数字は約19社で、非常に似通っている。ドイツ語圏に最も近接するのは北欧、オランダ、日本だ。日本では、故ステファン・リッペルト教授が広範な研究を行ったので、かなりきちんとした信頼性の高い数字である。東京に長年住んでいたリッペルトは日本語を話し、日本の隠れたチャンピオンに関する本の出版準備をしていた。完成まであと1、2カ月というところだったが、2016年8月31日に、タンザニアのキリマンジャロ山頂から（パラグライダーで？）降下中に不慮の死を遂げた。残念ながら、彼のファイルから本を完成させることはできなかった。残りの国では、人口比で見ると隠れたチャンピオンは例外的な存在といえる。これは、ヨーロッパの大きな国と、米国や中国などの大国にも当てはまる。

歴史家のライナー・ジテルマンはアメリカの『Forbes』誌にこう書いている。「多くの大成功している企業は、すべてを知ること（メディア）、すべてを理解すること（科学者）、すべてを改善すること（コンサルタント）を生業とする人々から見落とされている。これぞ世界最高の中規模企業の領域、つまり『隠れたチャンピオン』の世界である。ビジネスの成功を取り上げたセンセーショナルな見出しの下で、リーダーシップの知恵の源泉が深く隠され、まったく注目されていない。『隠れたチャンピオン』という用語を造ったのは、ハーマン・サイモンである」[注8]

▌戦略とリーダーシップの成功──逆の観点から

隠れたチャンピオンの発見は私の人生にとってどんな意味があったのだろうか。このテーマが心の奥底まで深く根づいたのは、意図したというよりも偶然の結果だった。調べれば調べるほど、私はのめり込んでいった。この発見をする前、主としてグラヒト城での交流経験のおかげで、大企業の世界はよくわかっていた。しかし、隠れたチャンピオンと出会ったことで、戦略とリーダーシップに関するまったく新しい視点が開かれた。ただし、これまでに書いてきた多数の書籍から内容を抽出するのではなく、ここでは、そうした企業のリーダーの話を紹介して違いを出し

たい。

　定量的な観点から，隠れたチャンピオンの最も顕著な特徴の1つが，CEOが舵取りを続ける期間の長さだ。大企業のCEOの平均在任期間は約6年だが，隠れたチャンピオンでは平均20年である。言葉で説明するよりも，この統計を見るだけで，隠れたチャンピオンが継続性に力を入れ，長期志向だとわかる。隠れたチャンピオンのCEOは安易な分類にも当てはまらない。彼らは個として立ち，その多くは奇抜なところも共通している。それは次の図の通りだ。

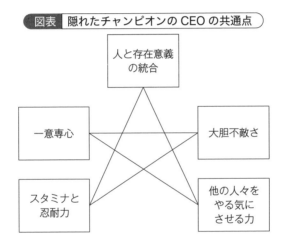

図表　隠れたチャンピオンのCEOの共通点

人と存在意義の統合

　隠れたチャンピオンのリーダーは，単にその会社の代名詞であることを超えて，自分たちの会社との緊密な絆を形成する。人と会社は切っても切れない関係にあるのだ。それが顕著にわかるのが，ゼリービーンズの世界市場リーダー，ハリボーを67年間経営していたハンス・リーゲルについて「彼個人と会社が常に一体化していた」という指摘だ。父親が経営していた靴屋をヨーロッパのシューズ市場リーダーへと進化させたハインツ・ホルスト・ダイヒマンは「子どもの頃から革の香りに親しんできた。人も靴も大好きだ」と語る。

　このような絆は，アーティストとその作品との関係に似ている。「多くの創造的な人々にとって人生が作品である。自分の個人的な生活と作品を分離せずに統合する」[注9]。隠れたチャンピオンの多くのリーダーもそれと同じなのだろう。それぞ

れ会社との完全な一体感を持つことで，羨ましいほどのカリスマ性と説得力が備わる。特に大企業に見られる外様の雇われ経営者とは対照的に，隠れたチャンピオンのリーダーは一定の役割を演じているのではない。自分が何者か，どうなりたいかという両方を体現している。

　自分の仕事に対する彼らの態度が意味しているのは，この独特なタイプのリーダーたちがお金を主要な動機づけとして見ていないことだ。それよりも主な動機付けは，会社との一体感や仕事から得られる満足感にある。金銭的な成功は従属的な役割なのだ。ロバート・ボッシュはかつて「信頼を失うくらいならお金を失ったほうがいい。私の製品を使った人から，ひどい品質だと言われるのは，考えただけでも私にはどうにも耐えがたい」と，述べていた。ヘンリー・フォードも同じような考え方で，「１台でも車に不具合があれば，それは私の責任だ」。こうしたリーダーたちはその絶対的なコミットメントと責任感によって，大きな信頼性を得ている。彼らは自分の仕事にためらいを示すことなく，全責任を負う。真のリーダーシップは決して役割を演じてできるものではない。そのリーダーの中核に存在しなくてはならない。

▌一意専心

　ピーター・ドラッカーは個人的な知り合いで，歴史を作った２人の科学者，物理学者のバックミンスター・フラーとコミュニケーションの専門家のマーシャル・マクルーハンについてこう書いている。「彼らは私に一意専心が重要だと身をもって示している。１つのことにこだわり抜くモノマニアック（偏執狂者）だけが真の達成者となる。私を含めて残りの人々のほうが楽しいかもしれないが，彼らはその身をなげうつ。フラーやマクルーハンのような人々が"使命"を果たし，残りの私たちは利害関係を持つ。何かが成し遂げられるたびに，それを行っているのは使命感を持つモノマニアックである」(注10)

　この指摘は隠れたチャンピオンのリーダーに間違いなく当てはまる。彼らは自分の使命で頭がいっぱいの「モノマニアック」だ。ただし，私の好みはもっと穏当な言葉なので，この特性を「一意専心」と呼んでいる。こうした一意専心な競合他社には注意すべし！　隠れたチャンピオンの研究とコンサルティング活動を通じて，私は数え切れないほど多くの人々に会ってきた。彼らを午前２時に起こして，何を

考えているかと聞けば，答えは1つ。自社製品のことだ。どう改善し，どうすれば顧客により効果的にそれが伝わるか。ドラッカーが述べたように，すべての主要な成功の背後には，使命感を持った一意専心な人が存在する。

▌大胆不敵さ

　勇気は多くの場合，起業家に見られる特性だ。トルンプのライビンガーは「リスクをとる勇気」を最も重要な起業家の資質とみなしている。しかし私は，隠れたチャンピオンの起業家について，勇気よりも大胆不敵と呼びたい。彼らは「無縄自縛（ありもしない縄で自分を縛ってしまう）」という中国の哲学を理解し受け入れているようだ。

　隠れたチャンピオンのリーダーは，他の人のように抑制したり恐怖心を持ったりしないので，より効果的に自分のスキルを発揮できる。高等教育や海外経験，外国語のスキルがなくても，世界市場を制覇した人がどれほど多いかを見ていくと，実に印象深い。しかし，彼らは1枚のカードに大金をかけすぎる無謀なギャンブラーではない。

　ヘルマン・クロンセダーは今日，年商40億ユーロのボトリングシステムの世界市場リーダー，クロネスを創業した[注11]。彼はアメリカ市場に参入したときのことを語っていた。「1966年に，アメリカ人の実業家から電話がかかってきた。4週間後，英語の話せる甥を通訳として連れて，私は渡米した。初めて訪れたアメリカには圧倒された。ニューヨーク，シカゴ，デトロイト，そして最後にビールの街であるミルウォーキーに行ってみて，アメリカに子会社が必要だという結論に達した。2日後，ミルウォーキーのニッカーボッカーホテルの部屋でクロネスを設立した。さらにその2日後，ミルウォーキーの醸造所から最初の注文を受けた」

　ブリタ浄水器を米国市場で発売するときも，やはりこうした恐れ知らずのアプローチをとった。創業者のハインツ・ハンカマーによると，「ソルトレーク・シティーの人が私たちの製品に興味を示した。私はブリタ浄水器がアメリカで売れそうか確認しようと渡米した。ドラッグストアに行き，テーブルを置けるかどうか聞いてみた。私はブリタ浄水器で濾過した水でお茶を入れ始め，通りかかった客と話をして，製品を販売した。3日もすると，アメリカで何がうまくいき，何がうまくいかないのかがつかめた。10年前のことだ。今日，アメリカでの当社の売上は1億

5,000万ドルを超えている。4週間前，私は上海でまったく同じことをした。先週はアルバニアの首都ティラナにいた。私は新市場をじかに体験したいと思っている」

国際化に対して断固たる意志があれば，偶然の機会であっても躊躇せずにつかむ用意のできた企業風土になっていく。ハンカマーは別の経験について説明していた。「私はサッカークラブのスポンサーで，ロシアのチームが訪ねてきたことがあった。ロシア人選手の母親の1人に会うと，英語を話し，起業家的に考えているようだった。彼女はロシアで私たちの事業を始め，わずか1年後に従業員数は25人になり，売上は100万ドルを超えた。悪くない滑り出しだ！」。ブリタはポイントオブユース浄水器のグローバル市場リーダーで，2019年の売上は5億4,800万ユーロだった。

マンフレッド・ウチュは世界的な「ナンバープレート王」で，120カ国以上で販売している。彼は冒険家のように，全世界を回ってプレートを売り歩いている。彼がリビア，クウェート，ベラルーシ，トルクメニスタンなど遠方まで冒険に出ることは伝説になるほど有名な話だ。隠れたチャンピオンのリーダーの多くにとって，確かに恐怖は無縁である。

▌スタミナと忍耐力

隠れたチャンピオンのリーダーは，無尽蔵のエネルギー，スタミナ，忍耐力を持っているように見える。このエネルギーは，使命との一体化から生み出されるのか。おそらくそうだろう！「明確な目標や壮大な存在意義ほど人や会社を活性化させるものはない」と評する専門家もいる(注12)。情熱の炎は，定年になっても燃え続けている。なかには引退しない人もいて，それはそれで問題になることもある。にもかかわらず，リーダーたちの多くは70代になっても自社で活躍を続けている。実際に会ってみると，彼らから発せられるエネルギーが目に見えるようだと心から思う。まるで説明不能な未知の力やエネルギー形態を持っているかのようなのだ。

▌他の人々をやる気にさせる力

アーティストは個人で世界的な名声を得るかもしれないが，経済活動を行う企業

では誰一人として独力では世界市場リーダーを生み出すことはできない。常に他の人々の協力や支援が必要だ。自分の中で燃える想いがあるだけでは不十分で，他の多くの人々の心にも火をつけなくてはならない。リーダーシップの専門家のウォレン・ベニスによると，なぜ人々が一部のリーダーに従い，他のリーダーには従わないのかはいまだ解明されていないという(注13)。

　隠れたチャンピオンのリーダーに見られる重要な能力は，自社の使命に向けて情熱を注いで他の人々のやる気を引き出し，各個人が最高のパフォーマンスを引き出せるように励ますことだ。100％のコミットメントと熱意は，従う人々を触発するだけでなく，成功の必要条件でもある。「そのための情熱をたっぷり持っていないと，生き残れない」と，アップル創業者のスティーブ・ジョブズがかつて述べていた通りだ(注14)。

　隠れたチャンピオンのリーダーは他の人々を乗せるのが極めて巧みで成功していると断言できる。しかし，それは必ずしもその外見やコミュニケーションのやり方だけが理由ではない。リーダーたちの多くは生まれながらの話し上手ではない。私見になるが，人と存在意義の統合，一意専心，スタミナ，エネルギーといった性格特性は，他の人々のやる気を促す能力において重要な決め手になる。詰まるところ，隠れたチャンピオンの並外れた成功の基盤はリーダーにある。『Forbes』誌の隠れたチャンピオンに関する記事にも「このような性格特性を兼ね備えた人はそう多くない。リーダーは希少種である」という記載があった(注15)。

　私はここ数十年間，この希少種のリーダーの多くに出会うことができたのは光栄であり喜びである。その1人1人が力強く，消えない印象を残した。アセンブリ製品のグローバルリーダーのウルトを率いるラインホルト・ヴュルトのような人々は常に成長を推進している。その名を冠した会社が年商3億ドイツマルク（DM）に達したとき，ヴュルトは10億DMという目標を再設定した。しかし，このしきい値は次なる目標の30億DMへの出発点にすぎなかった。このプロセスは継続され，2019年にウルトは年間143億ユーロ（280億DMに相当）の売上を達成し，雇用者数は7万7,000人にのぼった。

　しかし，フレキシの事例が示すように，リーダーシップとグローバリゼーションは規模の問題ではない。マンフレッド・ボグダーン率いるフレキシは，犬用の伸縮リードの世界市場で70％のシェアを誇るが，年間売上高は約7,000万ユーロにすぎない。

　フランク・ブレーズのような若い起業家もいる。彼が立ち上げたイグスはほぼ無

名だが，プラスチック製ベアリングとエネルギーチェーンの2分野で世界市場リーダーになっている。正確に言うと，同社はもはや小規模とは言えない。売上高は7億5,000万ユーロ，従業員数4,200人，40カ国に展開しているからだ。イグスの顧客との近さは見習うべきものがある。同社の行動規範は「上司が止めない限り『ノー』と言ってはならない」で，従業員は上司の許可なく，顧客の要望を退けることはできない。

　もう1つの「タフな人物」は，グローマン・エンジニアリングを創業したクラウス・グローマンだ。アイフェル地方のプリュムという都市に本社があり，電子部品と自動化部品の組立機を販売している。テスラCEOのイーロンマスクが同社に感銘を受けて買収したので，今はテスラ・グローマン・オートメーションとして知られている。

　隠れたチャンピオンがいるのはドイツだけではない。中国からニュージーランド，南アフリカから東欧諸国まで，世界中の多くに存在することがわかってきた。日本は3番目に多い。私が気づいたのは，こうした中規模企業のリーダーは，どこを拠点としていようと，似たような性格特性を示すことだ。第12章で，日本の中田智洋氏について詳しく説明する。

▎隠れたチャンピオンコンセプトの世界的な受け入れ

　長年にわたって，隠れたチャンピオンの概念は，政治，実務，報道，科学の分野で，世界的に幅広い関心を集め続けてきた。ドイツでは，キリスト教民主同盟とドイツ社会民主党の大連立協定にこの概念が盛り込まれた。そこでは，「多くの中小企業が世界中のイノベーション・リーダーとなっている。これは，ドイツの『隠れたチャンピオン』が特定の技術分野で主導的地位を獲得した結果を示す」との言及がある[注16]。ノルトライン＝ヴェストファーレン州のサイトには「隠れたチャンピオンは大成功を収め，海外で良いイメージづくりに大いに貢献している。ドイツの世界市場リーダーの4社に1社はノルトライン＝ヴェストファーレン州を拠点としている！」[注17]。多くの地域経済活動や商工会議所は，それぞれの地域から隠れたチャンピオンの説明やパンフレットを公表している。ヘッセン州は主要中堅企業に隠れたチャンピオンズ賞を贈っている。台湾では，大規模な隠れたチャンピオン大会がいくつか開催されている。中国投資促進庁は中国の隠れたチャンピオンに関す

るカンファレンスを多数開催してきた。

　ベルリンのアヴェスコ・フィナンシャル・サービシズは，持続可能な隠れたチャンピオンズ・エクイティ・ファンドを運用している。シンガポールには，アジア太平洋地域の中規模市場リーダーに投資する隠れたチャンピオンズ・ファンドもある。スイスのチューリッヒでは，ジェームズ・ブレイディングが8つの小国を投資対象としたS8隠れたチャンピオンズ基金を立ち上げた。スイスのプライベートバンクのヴォントベルは，ヨーロッパにおける幅広い分野の隠れたチャンピオン36社で構成された隠れたチャンピオンズ・Europe・ExUK・EX-CH銘柄のバスケット取引を行っている。世界中の多くの企業が隠れたチャンピオン戦略を採用している。その典型例がある繊維機械メーカーで，「隠れたチャンピオン戦略の助けを借りて，当社は世界市場のリーダーになった。今日の世界市場シェアは70％である」と述べている。中国人起業家の楊樹仁（ヤン・シューリェン）はこの概念を適用して，非常に幅広い製品ポートフォリオを集約しグローバル化を果たした。彼が創業した山東モリステックは現在，3つの特殊化学品の世界市場リーダーとなっている。

　『Business Week』誌は隠れたチャンピオン特集を組み，表紙に代表として，イタリアの隠れたチャンピオン，テクノジム創業者兼CEOのネリオ・アレッサンドリ（写真）を起用した[注18]。

　中国国営中央テレビCCTVとテンセント（騰訊控股）がさまざまなチャネルで放送した隠れたチャンピオン講座の視聴者数は2,000万人に達した。アマゾンでは，私の著書以外でタイトルに「隠れたチャンピオン」の文言が含まれる書籍が20冊以

『Business Week』誌で，隠れたチャンピオンの特集が組まれたときの表紙

上，さまざまな国から出版されている。新聞や雑誌で取り上げられた「隠れたチャンピオン」に関する記事は数千にのぼる。私は長年，隠れたチャンピオンに関すテーマを研究する学生や大学院生から数え切れないほどの依頼を受けてきた。ある研究者のメールには「私は何年も隠れたチャンピオンを取り上げ，その間に何百ものセミナー論文，学士論文，修士論文のテーマとして学生に割り当てて指導してきた。学生たちはこのテーマに夢中になる！」とあった[注19]。ベルリンにある欧州経営技術大学院（ESMT）は世界初の「隠れたチャンピオンズ・インスティテュート（HCI）」を設立した。韓国には「隠れたチャンピオンズ・マネジメント研究所」がある。中国でも，教育や研修の中で隠れたチャンピオンの概念が一貫して取り上げられている。新しいビジネススクールも設立され，私の名前が冠された。写真は山東省寿光市にある同校の校舎だ。

　隠れたチャンピオンに関する研究は近年大幅に増加し，この傾向は今後も続く可能性が高い。私自身の研究結果は，そのほとんどが私の個人的な経験を踏まえたものだが，高度な方法論を用いた94の研究で立証されてきた[注20]。ドイツの中小企業の秘密とこうした企業がドイツの優れた輸出実績に果たしている役割に対する関心は非常に高まってきた。特に，ドイツと比べて，グローバル化している中小企業の少ない日本では特に関心が高い。

　隠れたチャンピオンは私の人生において専門家としての第2のテーマとなった。最初の研究分野の「価格マネジメント」とともに，私が思想家50人で殿堂入りした重要な理由となっている。「隠れたチャンピオン」という言葉は世界で認められるマネジメント用語になったのだ。グーグル検索の145万件はこの用語の世界的広がりの裏付けとなる。最初に隠れたチャンピオンの本を出版してから25年も経つにもかかわらず，このテーマへの関心はますます強くなっている。1987年にレヴィットが私と議論する中で疑問を投げかけたように，私が講義をすると，「隠れたチャンピオン」は時代遅れのモデルかどうかとよく聞かれる。私はきっぱりと否定する。

ハーマン・サイモン・ビジネススクール
（中国山東省寿光市）

隠れたチャンピオンを21世紀の戦略とリーダーシップのモデルだと，私は考えている。集中，グローバル化，イノベーション，世界一になる志という原則に忠実であり続ければ，隠れたチャンピオンの将来について不安材料はない。

　もう1つの結果は（私個人としてはこちらも重要だが），私がサイモン・クチャー＆パートナーズの創設者兼CEOとして，隠れたチャンピオン戦略を堅持してきたことだ。この会社の歩みは次章で取り上げる。

▌第10章の注▐

（注1）2020年11月20日に調査。
（注2）Theodore Levitt, "The Globalization of Markets," *Harvard Business Review*, May/June 1983, pp.92-102.
（注3）Peter Hanser, "asw-Fachgespräch mit Theodore Levitt und Hermann Simon," *Absatzwirtschaft* 8/1987, p.20.
（注4）Hermann Simon, "Hidden Champions – Speerspitze der deutschen Wirtschaft," *Zeitschrift für Betriebswirtschaft* 60（9/1990），pp.875-890.
（注5）以下を参照。Eckart Schmitt: *Strategien mittelständischer Welt- und Europamarktführer*, Wiesbaden: Gabler Verlag 1996.
（注6）Hermann Simon, *Hidden Champions – Lessons from 500 of the World's Best Unknown Companies*, Cambridge, MA: Harvard Business School Press 1996.
（注7）Hermann Simon, *Hidden Champions – Aufbruch nach Globalia（Vanguard of Globalia）*, Frankfurt: Campus 2012（3rd edition）and *Hidden Champions – Aufstieg und Transformation（Ascent and Transformation）*, Frankfurt: Campus 2021（4th edition）.
（注8）Rainer Zitelmann, "The Leadership Secrets of the Hidden Champions," *Forbes*, July 15, 2019.
（注9）Doris Wallace und Howard Gruber（eds.），*Creative People at Work, Twelve Cognitive Case Studies*, New York-Oxford: Oxford University Press 1989, p.35.
（注10）Peter F. Drucker, *Adventures of a Bystander*, New York: Harper & Row 1978, p.255.
（注11）クロネスの2018年の売上は37億ユーロだった。
（注12）Lee Smith, "Stamina: Who has it. Why you need it. How to get it," *Fortune*, November 28, 1994, p.71.
（注13）Warren Bennis, *Why Leaders Can't Lead*, San Francisco: Jossey-Bass 1989.
（注14）https://genius.com/Steve-jobs-1995-interview-with-computerworlds-oral-history-project-annotated
（注15）Rainer Zitelmann, "The Leadership Secrets of the Hidden Champions," *Forbes*,

July 15, 2019.

（注16） Ein neuer Aufbruch für Europa – Eine neue Dynamik für Deutschland – Ein neuer Zusammenhalt für unser Land, Koalitionsvertrag zwischen CDU, CSU und SPD, Berlin, February 7, 2018, Lines 2804-06.

（注17） https://www.land.nrw/ru/node/10564

（注18） Business Week, January 26, 2004.

（注19） ジュリアン・シェンケンホーフからの個人的なeメール（2020年7月30日付け）。

（注20） Julian Schenkenhofer, Hidden Champions: A Review of the Literature and Future Research Avenues, Working Paper Series 06-20, Institute for Management und Organization, University of Augsburg, 2020, p.15.

鷲の翼の上で
On Wings of Eagles

何事もはじめは難しい

　私は学術研究に加えて，実業界で接点を持つことに常に力を入れてきた。教授に就任した後には，実践志向の研究や教育に多大な努力を注いだ。こうした活動により，企業から特定のマーケティング課題の解決を手伝ってほしいと依頼されるようになり，そこから小規模なコンサルティング・プロジェクトに発展することが多かった。しかし，私の将来プランを決定づけたのは，世界最大の化学品企業であるBASFの工業用塗料事業のプロジェクトだ。当時の私の状況と比べて，12万5,000DM（約6万2,500ユーロ）は破格の報酬額だった。

　私たちは工業用塗料を使用する100社以上を訪ねて広範なインタビューを実施した。多次元尺度法や判別分析など最新の統計手法を用いながら，顧客行動や購買量の違いに基づいて顧客セグメンテーションを行った。分析は複雑だったが，そこで得られた結果はBASFチームにとって適用や管理のしやすいものだった。製品や価格の差別化，さらに販売組織にとっての影響も非常に大きかった。新しいセグメンテーションの下で，技術要件と購入量に関する一定基準を満たす顧客には，相応の高い技術力を持つ中央組織が対応し，より基本的な技術要件で，価格感度が高く，購入量が比較的少ない顧客は，従来通り地域の営業部門が担当する。

　私の最初の大学院生助手となったエカード・クチャーが日々のプロジェクトを監督した。まだ博士号を取得していなかったクチャーは，絶対的な自信を持ってプロジェクトを実行し，高度な方法論的な厳格さとそのテーマにおける専門性を実証した。クライアントに仕事が認められ，自分たちでこうしたプロジェクトができるとわかったことは大きな自信となった。それと同時に，その成功により，大学内で研究しながらでは一貫したレベルのプロフェッショナリズムと守秘義務をもってプロジェクトをこなしきれないことも学んだ。私はそのプロジェクトを成功させたチームに報酬を払ったが，多少コンピュータを使った時間を除けば，学内のリソースは利用しなかった。しかし，学内で非常に機密性の高いデータを扱いながら，インパクトのある提案をするのはどうも気が咎めて落ち着かなかった。経営コンサルティングのアイデアを真剣に考えたいなら，大学とは独立した組織を立ち上げるほうが賢明であるように思えた。しかし当時，私は若い教授で，学術的な評判を形成している最中だった。優先度が高いのは研究だ。それでも，コンサルティングというアイデアの種が蒔かれ，発芽し，成長を続けていたのだろう。

　東京で慶應義塾大学の客員教授を務めている間に，クチャーと2人目の大学院生
助手のカール・ハインツ・セバスチャンから手紙を受け取った。2人は数カ月前に
フランクフルトで行われたコンサルティング・プロジェクトとマーケティングフェ
アで受けた印象を振り返っていた。私たちはフェアに参加して「マーケティング上
の意思決定を支援する」というスローガンを掲げたブースを出展したところ，来場
者の共感を呼び，「コンサルティング・サービスを提供しているか」と多くの人か
ら聞かれた。こうした経験や印象に触発されて，クチャーとセバスチャンは極めて
先見の明のある取り組みを提案していた。1983年11月21日の手紙には次のように書
かれていた。

　　「親愛なるサイモン教授。現時点で，私たちが将来的にどのように職
　業として協業できるかというアイデアや提案をすべて説明したいと
　思っています。マーケティングフェアに参加して，私たちの行う分析
　に需要があることがわかりました。先生にとっては，きっと目新しい
　ことではないでしょう。私たちの見解は，博士論文を終えた後の機会
　として，この観点を詳しく調べるべきだというものです。既存の需要
　に応え，新しい需要を掘り起こすのは，私たちがチームとして最も得
　意とすることです。さまざまな理由から，サイモン・クチャー・セバ
　スチャンという現在のチームはこうした機会をうまく活かす資格があ
　ると，私たちは考えています。チームとして3つの点で他との違いが
　出せます。
　　　1　定量的な市場調査と意思決定支援の分野において深い基礎的な
　　　　能力がある。
　　　2　実業界と申し分のない接点を持っている。
　　　3　能力と個性の両面でシナジー効果を発揮できる。
　　このすべてを考慮に入れると，目立った競争のない分野で分析サー
　ビスを提供できると思っています。今後一緒に働くチームの結成は，
　私たち全員にとってチャンスだと考えています」[注1]

　私は長年，同じような考えで折り合いをつけようとしてきたので，このアイデア
を心に留めて1週間かけてじっくりと検討した。12月1日に彼らのビジョンを歓迎
し，ドイツに戻った後で具体的なコンセプトをつくろうという返事を出した。実際

に，2人の助手からの発案であり，私から彼らを誘う必要がなかったことは非常に嬉しかった。しかし，コンサルティング会社を立ち上げて本当に実行する考え方には障壁があった。それを乗り越えるためには，コンサルタントになる能力や資質を持つだけでなく，起業に参加し最初から取り組む勇気を持ったチームメンバーが必要だ。起業となると，2人の助手は大きなリスクをとらなくてはならないが，私は教授職を当てにすることができる。もちろん，そのようなベンチャーによって私の評判が損なわれる可能性があるが，経済的リスクはかなり限定されるだろう。

　私がドイツに戻ると，3人で集まってコンセプトに肉付けした。その打合せの大半は，エグゼクティブ・セミナーで知った，アフル川の谷間にある静かなホテルで行われた。隔離された平和な環境の中で，私たちは邪魔が入ることなくブレインストーミングを行い，具体的な計画を策定することができた。私は教授の座にあったので，ベンチャーに自分の名前を貸したくなかった。そこで，University Connection を略して UNIC という名前で落ち着いた。この名前で表したかったのは，現実世界の問題を実践で解決するために学術研究ツールを使うことだ。サブタイトルは，マーケティング及び経営研究所だった。

　1985年の初めに，私たちは正式にベンチャーを立ち上げた。クチャー，セバスチャン，私の妻，私がそれぞれ同数の株式を保有する有限会社（ドイツでは GmbH）で，資本金は10万 DM（5万5,000ユーロに相当）だ。ボン郊外に手頃な賃料の小さなオフィスを借りた。ボンを選んだのは，私の居住地だったという単純な理由である。私たちはごくつつましく，高いコスト意識を持って働いた。私が強く主張したコスト意識は，今でも当社の考え方の最前線にある。

　クチャーは UNIC の最初の従業員で，論文を書き終えた直後から働き始めた。数カ月後，やはり論文を完成させたセバスチャンも合流した。秘書として23歳のクリスチャン・ネルズを雇った。彼女は現在もこの会社（現サイモン・クチャー＆パートナーズ）に留まり，管理部門長を務めている。

　最大の課題は，この種のスタートアップがそうであるように，プロジェクトを獲得してくることだ。それにはどこを当たればいいのか。私たちはかなりの人脈を活用したが，最初のプロジェクトをとってくるのは大変だった。2万ユーロ相当のプロジェクトを受注したときには，その大成功を祝った。何事もはじめは難しいという諺は間違いなく私たちに当てはまった。初年度は3人の従業員で，35万ユーロの売上だった。私たちはそれを成功と見なし，その成果を誇らしく思った。初年度は，どのスタートアップにとっても最も不安定だとされるが，そのハードルをクリアし

た。

　4年後，13人のチームで220万ユーロの売上を達成し，1994年には35人のアソシエイトのチームで売上は590万ユーロに増えた。その時点で，私は大学でのキャリアに終止符を打ち，フルタイムで指揮をとることにした。大学の責務から解放されたので，社名をサイモン・クチャー＆パートナーズに改めた。私は1995年から2009年までの15年間CEOを務め，その後会長となり，2017年の70歳の誕生日に名誉会長となった。

　70歳までに従業員数1,000人以上になればいいと，私は密かに思っていた。2017年2月11日の私の誕生パーティーで，当時CEOだったギオルク・タッケが，従業員数は1,003人だと発表した。夢のような願いが叶ったのだ！　サイモン・クチャー＆パートナーズは価格コンサルティングの世界市場リーダーであり続けている。2020年の世界売上高は3億5,800万ユーロに達し，40のオフィスと6大陸の25カ国で1,500人以上の従業員が働くまでに成長した。

　とはいえ，創業時に期待していたが，達成されなかったこともある。当初の目的は，計量経済学のメソッドを用いてビジネス上の意思決定を支援することだった。計量経済学では価格，広告，営業活動の効果測定のために，履歴データを活用する。私たちが特に重視したのは価格だ。私の論文だけでなく，クチャーの論文のテーマでもあった。彼は当時の最新データソースだったスキャナーデータ（POSデータ）を大いに活用した。セバスチャンの論文は，広告が電話の普及に及ぼす影響を分析していた。調査とコンピテンスの観点で，私たちは全員，マーケティング上の意思決定を向上させるために計量経済学のメソッドを扱う高度な技能を持っていた。

　しかし，実生活でこうした技術を使うときの限界も十分に認識していた。シカゴ大学のレスター・G・テルサー教授は1962年にすでにその限界を予見していた[注2]。観測された変動量は最も重要かつ最も一般的な差別化要因だ。価格弾力性が大きい市場では，競合他社の価格差にほとんど変化は見られない。計量経済学の観点では，独立変数（価格）の変動幅が狭すぎて，どのような需要曲線になるかうまく推測できないのだ。価格弾力性が小さい市場では，価格や価格差に大きな変動が実際に見られるかもしれないが，販売量や市場シェアではわずかな変化に留まる。計量経済学の言い方では，従属変数（売上または市場シェア）の変動幅が狭すぎて，基本的な価格弾力性が実際にどのくらいかについて有効な推定を出せないことを意味した。

　その結果，今日のサイモン・クチャー＆パートナーズは世界中で1万件以上の価格プロジェクトに携わってきたが，主に計量経済学のメソッドを使ったのはわずか

100件である。テルサーの論点に加えて，私たちは長年にわたって2つの教訓を学んだ。第1に，履歴データは新製品や新しい状況でのプライシングにはほとんど価値がない。場合によって，まったく役立たないこともある。第2に，市場に「構造変化」が起きると，コンサルタントの助けを借りて複雑な価格分析をするニーズが急増する。たとえば，新しい競合他社が参入する，医薬品の特許期限が切れてジェネリック薬が発売される，オンライン流通チャネルが出現する，ビジネスモデルが抜本的に変化する（例，シェアリングエコノミー）といった場合がそうだ。そのいずれも，履歴データを見たところで，顧客が将来どのように価格に反応するかという手がかりは得られない。しかし，ビッグデータ時代には，計量経済学がより有用になるかもしれない。インターネットは，低コストで価格テストの実施や設計ができるので，価格が売上にどう影響するかを観察し測定できる。

　計量経済学の代わりに，多くのプロジェクトでコンジョイント分析という新しい手法を用いた。この手法に最初に出会ったのは私がMITに在籍していたときだ。当時は「トレードオフ分析」という初歩的な形態で，効用と価格との間のトレードオフを理解することを目標としていた。回答者は同一の製品やサービス（車，旅行，ソフトウェアパッケージ）に関するさまざまな選択肢を見て，どれを好むか，場合によってはその選択肢が他と比べてどのくらい好ましいか示す必要がある。品質，ブランド，技術的な性能，価格といった製品特性の組み合わせを代替案として提示する。各選択肢にはより強い特性とより弱い特性が混在するので，回答者は妥協しなくてはならない。この回答データをすべて集めて，個々の製品特性の有用性を定量化することで，顧客の支払意思額を見積もることができる。

　コンジョイント分析法は継続的に改善されてきた。ブレークスルーをもたらしたのが，パソコンの出現だ。紙のアンケートとは異なり，PCを使ったウェブ・アンケートであれば，個々の回答者に応じて内容をカスタマイズできる。たとえば，この手法を使った初期のプロジェクトでは，アイウェアのファッションブランドの価値を測定した。ごく現実的なアンケート調査にするために，さまざまなデザインやブランドのメガネを実際に用意した。高度なコンジョイント分析は，いまでも私たちの仕事において重要なツールだが，調査の実施についてはかなり前から市場調査会社に委託してきた。しかし，データ分析と解釈は依然として当社のコアコンピテンスであり，その部分はすべて社内で手掛けている。

　1988年に，博士号を取り立ての2人（タッケとクラウス・ヒルケ）が入社し，その後何十年も会社の心臓部を強化してくれた。タッケの論文は非線形価格に関する

1988年と2015年のサイモン・クチャーの中核チーム。左からカール・ハインツ・セバスチャン，筆者，ギオルク・タッケ，エカード・クチャー，クラウス・ヒルケ

もので，彼の研究は，私たちが数年後にドイツ連邦鉄道向けに開発したバーンカード50の基礎となった。ヒルケの論文は医薬品市場の競争戦略に関するもので，彼の専門知識が加わったことで当社は製薬業界で事業を伸ばすことができた。こうした優秀な人材を確保するために，私たちはすぐにパートナーになる機会を提供した。クチャー，セバスチャン，タッケ，ヒルケというコアチームメンバーが離職することなく，社内でずっとキャリアを積んでくれたことは私の自慢である。

　上の2枚の写真は，1988年と2015年に同じポーズで，この中核チームを撮影したものだ。27年の歳月は私たちの外見に痕跡を残したかもしれないが，私たちの絆が揺らぐことは一度もなかった[注3]。

　今日，クチャー，セバスチャン，タック，ヒルケは引退している。私はいまだにかなり活動的だ。会社経営は共同CEOのアンドレアス・フォン・デア・ガテンとマーク・ビリゲが当たっている。

価格を超えて

　私はこれまで何千もの価格形態を見てきた。価格というテーマは挑戦的だが，時には非常に楽しかった。価格の秘密がまた1つ解明されて「エウレカ・モーメント」（わかったと思う瞬間）に至る，1993年にバーンカード50を初導入したときや，

2003年に復活させたときがそうだ。ダイムラーが当初計画よりも高価格で革命的な
メルセデスAクラスを発売したときにも，そうした勝利の瞬間があった。ダイム
ラーの当時のCEOだったヴェンデリン・ヴィーデキングが本腰を入れて個人的に
直接関与する中で，私たちのチームはポルシェの立ち上げを支援した。私たちは過
去20年間，ほとんどの医薬品イノベーションにおけるグローバル価格戦略を支援し
てきた。私たちのコンピテンスの需要はインターネット企業によって，ますます高
まっている。シリコンバレーだけでも，ウーバーをはじめとする有力「ユニコーン」
企業のクライアントは30社以上にのぼる[注4]。

　しかし価格のせいで，欲求不満に陥り，困惑し，時には無力感に襲われそうにな
ることもある。高価格を実装する試みがうまくいかなかったり，価格を下げたとこ
ろ期待していた売上増強ではなく利益率の低下を招いたり，完全に大失態を演じた
こともある。しかし幸いにも，こうしたつまずきは稀だった。また当然ながら，私
たちの提案を却下するクライアントとも戦ってきた。現実的に1つの選択肢しか実
施できないので，後から考えてみても，誰が正しかったのかわからない事例もある。
別の選択肢のほうが良い結果につながったのか，それとも，さらにひどい結果に
なったかを見極めることは不可能でないにせよ，難しいものだ。

　世界が突然変わることもある。私たちは世界最大の旅行会社，TUI向けに新し
い価格スキームを開発し，2001年10月1日にこのシステムを導入すべく準備してい
た。ところが，2001年9月11日にニューヨークの世界貿易センターで同時多発テロ
事件が起こり，その後，海外旅行が激減したのである。新システムに関して，私た
ちの提案した前提や分析は試練にさらされることとなった。1年後にTUIの経営
トップから，古いシステムのままだったら，会社の状況はもっと悪化していただろ
うと言ってもらえて，胸をなで下ろした。

　自ら墓穴を掘ったこともある。2つの例で説明しよう。ドイツ統一後，私たちは
旧東ドイツのある企業のプロジェクトを手掛けた。買収した西ドイツ企業が主導権
を握って，再建計画を進めていた。ところが，プロジェクトの終盤になって，その
東ドイツの企業は破産申請をしたのである。私たちはどこでボタンを掛け違えたの
だろうか。私たちが契約を結んだ相手は，委託元の西ドイツ企業ではなく，東ドイ
ツ企業だった。私たちは親会社からコンサルティング報酬をもらおうとしたが，う
まくいかず，損金処理を余儀なくされた。それは，私たちが世間知らずだったため
に支払った代償である。

　2つめは，1990年代末に規制緩和されたドイツ電力市場に関する例だ。市場は浮

かれムードと恐怖の間を揺れ動いていた。ある企業は，競合相手が全面攻撃を仕掛けて，新たに見出された市場の自由を存分に活用しようとしていることを知り，私たちと特大プロジェクトの契約を交した。ところが，そのプロジェクトを引き受けることは両刃の剣でもあった。報酬面では大成功と言えたが，同業他社の仕事ができないので，潜在的なリスクもあったのだ。

プロジェクトの途中で，経営陣が内輪もめを起こし，さらに私たちとの間にも摩擦が生じた。一緒に仕事をしていたCEOは反対派で次第に感じの悪い態度をとるようになった[注5]。そのCEOは（「ミスター破壊者」と呼ぼうと思うが）大きなプレッシャーを受けていて，私たちが参加していたプロジェクトのリードパートナーとの関係もギスギスし始めた。1999年秋，私たちは空港の会議室という「中立地帯」で会うことになった。

「緊張されていますか」と，その会合の前にリードパートナーから聞かれた。このデリケートな交渉に臨むように私に声をかけてくれた人物だ。

「大丈夫です」と私は答えたが，実のところ緊張していた。数百万ユーロの報酬など諸条件を呑んでもらえるかどうかが危ぶまれ，その晩に打開策を見出す必要があった。私がミスター破壊者と会うのはそれが2度目だった。ほとんど面識はなかったが，彼に対して不信感を抱くだけの理由はあった。

私たちは案の定，長々と待たされた。彼がついに姿を見せたときには，冷ややかなムードになっていた。議論は行ったり来たりし，ミスター破壊者と私は一言も話さずににらみ合った。双方が守りに入り，妥協からさらに遠ざかっていった。埒が明かないので，私は部屋を出て，パートナーとミスター破壊者だけにした。2人は長年の知り合いだ。かなり経ってから，パートナーが部屋から出てきて，私に提示された妥協案を知らせてくれたが，その内容は到底受け入れがたい。私たちは弁護士（当時休暇中だった）に電話で相談すると，法廷に持ち込めば，はるかに良い結果が得られることは確実だと言われた。

他社を訴えて法廷で救済措置を求める考えは，私の性分に合わない。私たちはクライアントを訴えたことがなかった[注6]。ミスター破壊者は交渉を打ち切ろうとしたが，私は私たちの目指す方向に持って行こうと懸命に努め，最終的に合意に達した。私は報酬額に満足していなかったが，同時に，同業他社と仕事をする自由は取り戻せた。その自由が持てるならば，金銭面で犠牲を払うだけの価値はあった。法廷で自社の権利のために立ち上がる必要がなくなり，すべてを忘れられることに安堵した。どうせエネルギーを使うなら，法廷よりもマシな場所がある。もっとも本

件では，弁護士の手を借りる価値はあった。弁護士は，合意金額と合意文書に「付加価値税」条項が含まれていることを確認するようにアドバイスしてくれたのだ。その条項を含めておかなかったなら，さらに6桁ユーロを取りはぐれるところだった。私はその後，ミスター破壊者とは二度と会わなかった。

■ビジョンとリーダーシップ

　サイモン・クチャー＆パートナーズのCEOに就任すると，私の人生における新たな段階が始まった。大学教授を16年間務めた後のセカンドキャリアである。コンサルティングは私にとって新しい活動ではなかったが，日々の業務を管理する煩雑な側面や，プロジェクトをとってきて，それを確実かつ専門的に完了させる責務など，フルタイムの職業としてコンサルティング会社を経営することには慣れる必要があった。「私たちはこの瞬間，どこに立っているのか」「ここからどこへ行くのか」という問いが365日24時間，私につきまとうことになった。

　私たちの戦略の中核的要素は3年ごとに売上を倍増させるために尽力するというものだった。これまでのところ，私たちはそれをやってのけてきた。1985年から1994年までの10年間の平均年成長率は34％。第一次湾岸戦争の影響で1991年はやや逆風を受けたが，それを除けば着実に成長していた。まるで鷲の翼の上で運ばれているかのようだった。

　しかし，オフィスは1つだけ。一部の例外を除いて仲間は全員ドイツ人で，プロジェクトの90％以上がドイツ語圏諸国で行われていた。小さなドイツの「ブティック」コンサルティング会社というのが現実だったが，私たちの野心はもっと壮大だった。グローバルなコンサルティング会社を目指して，ビジョン＆バリュー・ステートメントを定義した。「私たちは戦略とマーケティングのグローバル・コンサルティング会社である。私たちの基準は世界に通用する」。また，次の4原則をコアバリューとした。

- 誠実さ
- 品質
- 創造性
- スピード

　この原則は，クライアントとの関係にも，社内の関係にも当てはまる。誠実さは信頼を育む唯一の方法だ。時にはクライアントは，お墨付きを得るために自分たちの欲しい意見を言ってくれるコンサルタントに声をかけることがある。また時には，クライアントにとって聞きたくない間違いや弱点を私たちが見つけることもある。また時には，従業員に不快な真実を伝えなければならないこともある。私たちは基準として定めたハードルを下げることは一度もなく，たとえ時間がかかったとしても「嘘をつくなら，出て行け」という格言に忠実だった。

　私たちの言う「品質」とは，最も高い妥当性と信頼性で結果を実現するために，最新の定量的手法を用いることを意味する。この基礎となるのが，生涯学び続けることにコミットする非常に優秀なチームメンバーだ。私たちは初期のプロジェクトで，ごく細部に至るまでいかに品質が重要であるかを思い知った。データ収集中にミスが起こり，小数点が1桁ずれてしまったのだ。データベースには，1,000トンのところを1万トンと入力され，市場予測が大幅に間違っていた。幸いにも，最終プレゼンテーションの前にそのミスに気づいた。そうでなければ，クライアントの面前で，私たちはさぞかし滑稽に見えただろう。

　しかし，品質にはミスを避けること以上の重要な意味がある。コンサルティング会社の品質の源泉は，ほぼ完全に「ナレッジワーカー」で構成されたチームの能力とコミットメントにかかっている。工場のラインワーカーとは対照的に，ナレッジワーカーが価値を生み出すプロセスはコントロールできない。コンサルティングでは，こうしたプロセスのアウトプットを検証することさえ困難を伴う。プロセスの監督者は，どのようにその結果が導き出されたか，クライアント企業の経営陣や顧客との話し合いを含めて個々のステップを見ていく必要がある。最終的に，高い品質を確保する唯一の方法は，チームを慎重に選定し，評価し，継続的に育成することだ。

　「創造性」の原則には外的な側面と内的な側面がある。対外的には，それぞれの状況に対して特定のカスタマイズした解決策を見つけることが求められる。分析手法に関するツールボックスはあっても，戦略とマーケティングのために標準化された料理本のようなものはない。これは，標準的なアプローチを多用する市場調査機関と私たちとの明確な違いだ。内的というのは，結果，とりわけ自分の行動が同僚にどんな影響を及ぼすかを念頭に置きながら，自ら考える能力と意欲を持つことを意味する。

　「スピード」は実践において最も守りにくい原則だ。最近のバズワードは「敏捷

性（アジリティ）」である。「今日できることを明日まで延ばすな」というスローガンの実行で苦労する人が多い。カタツムリのように遅いペースがはびこっていることに，私はほとほと悩まされている。同時に，スピードほど，クライアントにとって良い意味での驚きを与えるものはない。迅速な反応以上に，肯定的なフィードバックを頻繁に引き出せる要素は思いつかない。だからこそ，私は組織内でスピードの原理を植え付けようと必死になってきた。残念ながら，一部にはまるで効果のない人もいるが，ほとんどの人は理解してくれる。

　「スピード」の原則にそれとなく含まれているのが，時間を守るという側面だ。約束の時間に姿を現すという意味と，合意や約束通りの納期で結果を出すという意味の両方が含まれる。私は個人的に，いつも時間通りとは言えないが，それほどこの目標から逸脱していないと間違いなく言える。飛行機の遅延や予想外の長い交通渋滞など，自分ではどうしようもない状況もある。しかし，出発時間は自分で決められる。フランスの寓話作家で詩人のジャン・ド・ラ・フォンテーヌがかつて言ったように，「急いでも役立たない。重要なのは時間通りに出発することである」。まさにその通りだ！

　サイモン・クチャー社内で，私はこの4原則を絶えずたたき込んできた。しかし，万事が繰り返しなので，同じ話をするのにうんざりすることもあるかもしれない。スイスのコングロマリットABBの前CEO，エバーハルト・フォン・ケーバー（1938～2017年）はかつて「すでに何もかも100回は言ったので，もう自分の話に聞き飽きてしまった」と話していた。

　私は彼にこう答えた。「あなたが100回言うのを聞いたのはあなただけですよ。ABBのように大きな組織の1人1人の従業員は，おそらくあなたの話を1，2度しか聞いたことがないでしょう。3度目になれば，どの従業員もあなたの話に耳を傾けてくれる可能性が高いので，あなたは心置きなくもう100回繰り返せばいいのです」。

　サイモン・クチャーの価値システムは，私の後継者の下で進化し続けている。現在は，誠実さ，尊敬，起業家精神，実力主義，インパクト，チームという6要素で構成されている[注7]。価値観とその成文化は生きたシステムだ。しかし，言葉よりも重要なのが行為である。言い換えると，最も重要なポイントは，人々が日々その価値観に沿って過ごし，経営陣が話をするときに「言動を一致させる」ことにある。

　私はスピーチや文章の締め括りに，ローマ時代の哲学者，セネカの「*per aspera ad astra*（星に向かって困難を乗り越えよ）」という言葉をよく引用する。その意

図は，人は野心的な目標を設定しなくてはならないことを示すだけでなく，目標達成への道はたいてい簡単でもスムーズでもないことにも気づいてもらうところにある。いかにもつまらないことを言っているようだが，星を目指していく途中で障害や困難に遭ったとしても，くじけてはいけない。サイモン・クチャーで，私たちは障害を分かち合う状況に直面してきた。新しいオフィスの開設が良い例だ。現地の経営陣を入れ替えたり，損益分岐点に達するまでに予想外に長い時間がかかったり，オフィスを閉じたことも2度ほどある。

グローバル化

　私は1995年にサイモン・クチャーにフルタイムで参加するようになった時点で，「グローバルなコンサルティング会社」「世界に通用する基準」というビジョンを掲げた。このステートメントは，1カ国1拠点で活動するコンサルティング会社にとって，いろいろな解釈ができる。1つの解釈は，非常に野心的な抱負を述べているが，まだ実現していないというものだ。より懐疑的に見れば，自信過剰でうぬぼれているという解釈もできる。私たちの場合は前者の解釈であり，この2つのビジョン・ステートメントを文字通りの意味で目指していた。私たちは達成すべき目標を持ち，どうなりたいかがわかっていた。

　しかし確かに，目標達成への全体の道筋を完全には考え抜いていなかった。どの国から海外展開を始めるべきか。どう進めればよいか。誰が担当するのか。グローバル化が目標であれば，スイスやオーストリアなどドイツ語圏の国に第2のオフィスを構えても意味がない。アメリカにオフィスを開設する案が初めて出てきたのは1993年，コロラド州のバイオテクノロジー企業を訪問した後のことだ。プレゼンテーションは非常にうまくいったが，帰りの機内で，私は自分の抱いた印象をつらつらと考えてみた。私たちはこのプロジェクトを勝ちとれないのではないか。ロッキー山脈に位置するその企業は，7,981キロも離れたドイツのボンを本拠とする小さなコンサルティング会社に，画期的なイノベーションの導入をめぐる極めて重要な調査を依頼するだろうか。アメリカに拠点がないまま，そうしたプロジェクトのコンサルティング活動ができるのか。おそらく，そうはいかないだろう。

　世界クラスの基準を掲げるグローバル・コンサルティング会社であれば，ライオンの巣窟ともいえるアメリカのコンサルティング市場で踏ん張っていかなければな

らない。特に，アメリカ企業からプロジェクトを受注したい場合はそうだ。1995年に7人となった当社のパートナーは満場一致でその考えに同意した。意思決定が下され，私たちはアメリカに2番目となる海外初のオフィスを開設することになった。ただし，「どのように」と「誰が」についてはまだはっきりしていない。

　私たちが最初に考えたのは，アメリカの小規模なコンサルティング会社を買収することだ。目をつけた会社の創業者は私の長年の知り合いだった。しかし話をしてみると，その会社が私たちの品質やコンピテンスの基準を満たしていないことが明らかになった。その後，ハーバード・ビジネス・スクールのある教授と一緒にアメリカ・オフィスを開設する案が出てきた。私たちは長い間，交渉した。その教授は共同での取り組みに強い関心を示したので，きっと多くのチャンスが出てくるだろうと思われた。ところが1996年3月14日，交渉は決裂に終わり，双方にもどかしさが残った。その教授は自分で会社をつくると言っていたが，その一歩を踏み出すことはなかった。彼と私は依然として良い友人であり，欲求不満や嫌な気持ちはすぐに消え去った。

　こうなったら，思い切って自力でやるしかないと，この頃にはわかっていた。次のパートナー会議で，誰がアメリカに行ってオフィスを開くかと私は聞いてみたが，誰も目を合わせてくれない。そこで，考えてもらうために休憩をとった。ヒルケがついに新しいオフィスを開設するために3年間アメリカに行こうと表明し，みんなほっとした。彼の家族も同行することになった。

　こうした状況は何度も繰り返されるのだろう。新しいオフィスの計画は，誰かが実際にその責務を直接担わない限り，絵に描いた餅でしかない。ヒルケと一緒にステファン・ブッチャーという若いコンサルタントが行くことになった。彼はマインツのヨハネス・グーテンベルク大学の私の教え子だ。外交官の息子としてカサブランカで生まれたブッチャーは，その若さにもかかわらず，すでにかなりの海外経験を持っていた。

　ただし，いかにもコンサルティング会社が選びそうなニューヨークの代わりに，主に2つの理由でボストンを進出先として選んだ。第1に，私にはボストン界隈の土地勘がかなりあった。2年間在住したので，ハーバード大学とMITにまだ多くの知り合いがいた。第2に，ヒルケが家族連れで赴任するなら，ニューヨークよりも住みやすい地域がよいと思っていた。しかしそれ以上に，ボストン地域にはコンサルティング会社の本拠地としての長い伝統があった。世界初のコンサルティング会社，アーサー・D・リトルが1864年に設立され，名前が示す，ボストン・コンサ

ルティング・グループ（BCG）の創業地でもある。

　次に求められたのは，オフィスを立ち上げて回していくために必要な実務的なステップを取ることだ。有限責任会社（LLC）を設立し，部屋を借りて，最初のアメリカ人の従業員を雇った。オフィスの場所には，ケンブリッジのケンドールスクエアを選んだ。私がMITスローン経営大学院で最初に自分のオフィスを持った場所から，わずか数メートルのところにある。私は喜んでかつて働いていた場所に戻る。そこに行くと，楽しい思い出がよみがえってくる。

　私は，MBAを取得したばかりのボストンの2人の候補者，ファン・リベラとスティーブ・ローゼンに初めて採用面接をしたときのことを覚えている。2人とも入社の誘いに応じてくれた。仕事を始めた当初，それぞれボンのオフィスで1年間を過ごしてもらった。あるオフィスから別のオフィスに企業文化を伝えるには，熱弁を振るったり，書面を配布したりするよりも，従業員を介して伝えることが最善策だと，私たちは確信している。リベラとローゼンの場合，それで間違いなく非常にうまくいった。リベラは2018年に，サイモン・クチャー＆パートナーズLLCのマネージング・ディレクターを退職した。ローゼンはライフサイエンス部門のシニアパートナーとして現役で活動している。

　スタートアップの段階で，私は月に1回ほどボストンに行った。この間，ケンブリッジのハーバードスクエアにあるチャールズホテルの小さな衣装部屋を借りていたので，旅行のたびに大西洋をまたいで衣類を行き来させる必要はなかった。しかしすぐに，このやり方ではアメリカのクライアントと多くを達成できないことに気づいた。コンサルティングは人が介在するビジネスだ。私はアメリカの住所の書かれた名刺を持っていたが，私がアメリカに常駐していない事実は明らかにしていた。小さなコンサルティング会社のCEOが売り込みの打合せには来ても，それ以外はめったに姿を見せないとなれば，クライアントの心証は良くない。

　アメリカ市場でドイツ企業を支援するために私たちが考えていた当初の計画はうまくいかなかった。多くのドイツのコンサルティング会社が海外で同様のアプローチを試みてきたが，成功していなかった。アメリカ企業のプロジェクトを獲得したり，現地で人員を調達したりする必要があることがまもなく明らかになった。私たちはこの課題を過小評価したり，自分たちの能力を過大評価していたりしたのだろうか。ドイツでスタートアップ時代に経験した「何事もはじめは難しい」という状況が，アメリカでも繰り返された。アメリカのクライアントは驚くほどオープンで，売り込みのプレゼンも聞いてくれた。ところが，最初の打合せからプロジェクト受

託までの道のりは岩だらけだった。ひとつには，競合他社がそこら中にひしめいていたこともある。アメリカで事欠かないものが１つあるとすれば，それはコンサルティング会社だ！　しかし，他社はどこも当社ほどプライシングに特化していなかった。ヒルケとそのチームはさまざまな欲求不満を乗り越え，頭が下がるほどの忍耐力を示した。その後，突破口が開けて，アメリカ事業は継続的に成長の道のりを歩み始めた。現在，ボストン，ニューヨーク，アトランタ，シカゴ，ヒューストン，サンフランシスコ，シリコンバレーのオフィスで約300人を雇用している。

　アメリカでの成功により，私たちはさらに貪欲になった。次に，スイスのチューリッヒに進出した。さらなる挑戦はパリだったが，なかなか手強いことが判明した。社内にその任務を快く引き受けるパートナーや同僚がいなかったのだ。そこで，エグゼクティブサーチ会社に連絡し，何人かの候補者について面接した。当時パリのローランド・ベルガーの若いパートナーであったカイ・バンディラもその１人だったが，合意に達しなかった。そこで，フランス人のコンサルタントを雇ってパリにオフィスを開くことにした。しかし，外部人材を起用する形はうまくいかなかった。ドイツ人パートナーと交代させたが，やはり大きな進展につながらなかった。３年経っても，相変わらず損益分岐点に達していなかったので，これ以上同じやり方は続けられない。そのとき，私はヘッドハンターのオフィスで初期に面接したバンディラのことを思い出した。私は彼に電話をかけると，数日後に話がまとまった。それ以降，バンディラはパリオフィスを運営し，従業員数は130人に拡大している。

　2000年に東京オフィスを開設したが，これは非常に異例でかつ大胆な動きだった。当時，４カ国６拠点で従業員は125人にすぎなかった。私が慶應義塾大学に在籍した経験がなかったなら，日本市場に早期に進出することはなかっただろう。私たちは日本人の卒業生を雇い，ボンで研修を受けてもらった。最初の責任者となったのは，ポーランド出身だが，すでに10年間日本で働いてきたパヴェル・コメンダーだ。彼は日本語に堪能で，彼が話すのを聞いた日本人は，これほど日本語の上手い外国人は知らないと言っていた。最初の数年間は，主に欧米企業向けに日本市場への参入方法についてアドバイスした。私の著書『Market Success in Japan（日本市場での成功)』は，こうしたプロジェクトの獲得に役立った。認知度を高めるために私は記事を発表し，取材を受けた。私の著書の何冊かは日本語に翻訳されて出版された。しかしそれでも，事業を成長させるのには時間がかかり，他の外資系コンサルタント会社と同じ経験をすることとなった。最終的に日立，トヨタ，オリンパスなど日本の有名企業のプロジェクトを獲得した。今日，日本オフィスの３人のパート

ナー全員が日本人であり，優秀なコンサルタント・チームもいる。日本法人代表は山城和人だ。日本のオフィスは，私たちのグローバル体制における重要な柱となっている。

　私たちは挫折も味わった。2008年11月，金融危機の真っ只中という，どう見ても最悪のタイミングで，モスクワにオフィスを開設した。このオフィスのコストは非常に高く，わずかな受注しかとれなかったので，１年後に撤退することになった。しかし，私たちのグローバル化は途絶えることなく続いた。図表は，1985年から

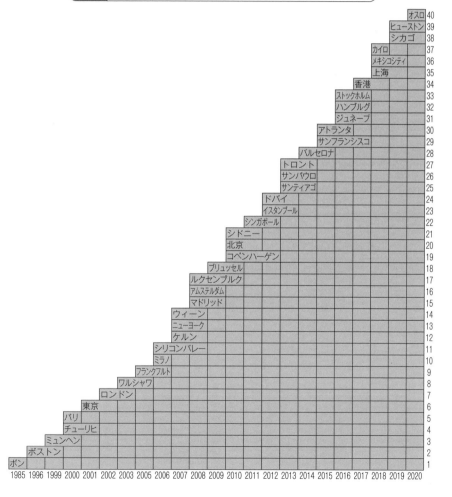

図表　サイモン・クチャー＆パートナーズのグローバル化

2020年までの私たちの世界展開を物語っている^(注8)。

　課題は常に変わらない。最も難しいのが，オフィスを引っ張っていける人材を見つけることだ。適切な解決策，つまり，適任のパートナーやコンサルタントがいれば，この課題ははるかに扱いやすくなる。しかし，そうした人材がいなければ，そのオフィスは何年も問題児になりかねない。チームがその国や地域を知り，現地語を習得するために，現地人材を獲得し育成することも同じく重要だ。自社人材を海外に送り出すだけでは，コンサルティング会社が国際的に拡大していくことはできない。既存オフィスの経験豊富な人材は新しいオフィスに文化やコンピテンスを移転するうえで重要だが，事業を構築し維持するためには，強力な現地人材が必須となる。

　長年にわたって，私たちは世界中のオフィスに多くの優秀なパートナーや仲間たちを派遣してきた。その多くは数年間その国に滞在するが，中には永住する人もいる。しかし全体として，海外オフィスにいるドイツ出身のパートナーは10人未満だ。

　グローバル化に踏み切ってから，英語を社内公用語とすることを宣言した。全従業員が英語を使いこなす必要があり，社内文書はすべて英語のみとする。この移行によって，最初のうちは一部の従業員が苦労したが，数年後には誰もが英語が社内公用語であるのは当然だと思うようになった。国際化を目指す企業に助言できるとすれば，妥協することなく，これと同じ道をたどるしかないということだ。英語を社内公用語として使うことでコミュニケーションが簡素化され，翻訳作業の重複を省き，外国出身者にとってより魅力的な企業になる。世界中で事業展開する企業には，1つの共通言語が必要だ。

　人的資本を基盤に構築された企業にとっての難題は，国境や現地の習慣を超えて均一の価値観と企業文化を育み維持することだ。その取り組みが成功して初めて，クライアントはその企業から一貫した品質が提供されると思えるようになる。私たちは，クライアントがどこにいても同じレベルのサービスを届けるという目標を掲げている。同時に，こうしたシステムは，現地文化の独特な側面を組み入れるのに十分な柔軟性を備え，国際的なコンサルティング会社を継続的に成長させる変革やイノベーションを妨げることもない。グローバルであることは，当社のアイデンティティの中核的な要素だ。それは私たちにとって，関連する全市場にクライアント，スタッフ，オフィスがあることを意味する。また，このようなグローバルネットワークは，人材を惹きつけ維持するのに役立つこともわかっている。

　今日，当社は25カ国に40拠点を置いているが，私たちの世界地図にはまだ多くの

空白地帯がある。いつか世界のどこにいても存在感を示せるように尽力するのは今も健在だ。この目標の達成に向けて築きつつある基盤は，これまで以上に広く強固になっている。したがって，今後数年間でグローバル化は実際に加速するはずだ。

｜「人的資本」対「金融資本」

　1968年にピーター・ドラッカーは「ナレッジワーカー」という言葉をつくって，主に身体ではなく自分の頭脳と知性を使って働く従業員を表現した。主にナレッジワーカーを雇用する企業は，金融資本よりも人的資本に依存しており，現代経済で重要な役割を果たしている。コンサルタント，法律事務所，医療業務，調査会社などがそうだ。もちろん，サイモン・クチャー＆パートナーズと同じく，学校や大学もこのカテゴリーに入る。私たちの同僚の80％以上が高学歴で，10％以上が博士号を取得している。私たちは有形物を生産していない。デジタル形式であれ紙形式であれ，プロジェクト・レポートにあるのは情報と知識に限られる。

　企業は，ナレッジワーカーの価値創造プロセスをコントロールできない。ナレッジワーカーが窓の外を眺めている場合，何もしていないのか，空想しているのか，クライアントの問題について独創的な解決策を考えているのかはわからない。ある問題について1時間で素晴らしい解決策を思いついた人は，説得力のある答えが見つからずに1日中問題を吟味していた人よりも多くを成し遂げたことになる。投入された労働時間で価値が定義されるマルクスの労働理論との乖離は，製造会社よりも，ナレッジ（知識）ベースの企業のほうが大きい。

　ナレッジベースの企業の特徴として，最も重要なリソースが毎晩オフィスのドアから出て行くことも挙げられる。翌朝また出勤して，再び仕事に取りかかってくれるのを願うしかない。重要なリソースは従業員の頭の中にある。特に優秀な従業員や，パートナーはなおさらそうだ。彼らを社内につなぎ留める必要があり，大きな課題となる。

　ナレッジベースの企業では金融資本はそれほど必要ではない。通常は建物を所有せずに，オフィスを賃貸する。運転資金もしれている。原材料や完成品を保管する必要はない。したがって，資金調達がボトルネックになることは稀だ。にもかかわらず，新しく立ち上げられたナレッジベースの企業の多くは，財務上のやりくりに追われ，自社のアイデンティティを見失ってしまう。

214

　すべては上司の力量次第だという話をよく耳にする。厳格な階層構造の産業財企業であればそうかもしれないが，ナレッジベースの企業にはあまり当てはまらない。後者の企業が一定規模に達すると，成功は上司よりもパートナーに左右されるようになる。パートナーは，小さな企業のように振る舞うグループを引っ張っていく。パートナーが真の起業家であるべき主な理由もそこにある。スタンフォード大学のチャールズ・オライリー教授は，ナレッジベースの企業の株式は外部投資家よりもパートナーが保有すべきだと指摘する。というのも，そうした企業の希少資源は人的資本であり，金融資本ではないからだ。

　しかし，企業規模が拡大し年数を重ねるにつれて，古いパートナーから若いパートナーに所有権を譲渡することが簡単にいかなくなる。創業者は定義上，会社を立ち上げたときの唯一の株主だ。多くの創業者は，なるべく長い期間，最大株数を保持する傾向がある。時間を経るうちに，気づくと突然，創業パートナーは50代になっている。企業がそこまで成功すると，その株式は若いパートナーには高すぎて手が出せない。その結果どうなるかというと，より大きなコンサルティング会社に売却され，アイデンティティを失ってしまう。これは，私たちの初期の競合相手だったトーマス・ネーグル創業のストラテジック・プライシング・グループで起きたことだ。同社はハーバード大学のマイケル・ポーター教授が設立したモニターに売却された。モニター自体もすぐにデロイト・トウシュ・トーマツによって買収された。

　ローランド・ベルガーは自分の名前を冠した会社をドイツ銀行に売却し，パートナーたちは後日買い戻さなければならなかった。A.T.カーニーはロス・ペローが設立した情報技術会社EDSに売却され，EDSは最終的にヒューレット・パッカードに吸収された後，DXcテクノロジーになった。ローランド・ベルガーと同じく，A.T.カーニーのパートナーは後日この会社を買い戻した。創業者が売却するコンサルティング会社の例は数えきれない。コンサルティング会社全体の90％が第一世代以降に売却されていると，私は見ている。第二世代のリーダーの下で何とか存続している企業は少数にすぎない。最初から若いパートナーに株式を売らないとすれば，その企業が独立状態を保つ唯一の選択肢は，創業者が若いパートナーに株式を与えることだ。これには無償もしくは名目価格を使うことが考えられる。マッキンゼー，BCG，ベインがまだ存在している事実を見ていくと，こうした考え方に行き着く。マッキンゼー創業者のマーヴィン・バウアーは1964年に同社のパートナーに株式を譲った。BCG創業者のブルース・ヘンダーソンとベイン創業者のビル・

ベインもそれぞれ同様のことを行っている。

　この「譲渡」による結果の1つが，次世代の株主モデルは真の起業家精神から離れることだ。ここでいう「真の起業家」とは，新しいパートナーが市場価格で株式を購入し，会社を離れる際に一般的な市場価値で売却することを意味する。株式を無償割り当てや名目価格で取得した場合，そうしたパートナーが市場価格で次世代パートナーに株式を売却すると，奇妙なことになる。こうした企業のパートナーは真の所有者というよりも管財人に近く，ゴールドマン・サックスのように，その企業が他の当事者に売却するか上場しない限り，真の企業価値は決して実現されない。

　サイモン・クチャー＆パートナーズでは，創業初日から意図的に異なるモデルをとってきた。創業パートナーたちは独立した立場で会社を維持することにした。55歳や60歳になったときに，どこか大きな会社に売って私たちの「赤ん坊」のアイデンティティを捨て去ることなどできない。そのため5年目に，すでに次世代パートナーに株式を譲渡し始めた。金額と株数が交渉対象となった。当然ながら，当事者による「駆け引き」がいくつか繰り広げられることは避けられなかった。それは私の悩みの種であり，もっと別のモデル，証券取引所に近いモデルを持つのが夢だった。

　1998年，私たちはコンサルティング会社や顧問会社の間で，私の知る限りいまだに独特なモデルを実施することにした。3人の創業パートナー（クチャー，セバスチャン，私）は一部を除いた株式をすべて手放すことで合意した。3人で合計7.5％はそれぞれ生涯持ち続けることができ，さらに売却する義務は負わない。毎年，株式の価格帯が設定される。シニアパートナー（少なくとも10年間パートナーを務めた人）は売却でき，新たに任命されたパートナーを含めて他の全パートナーがその株式を購入できる。この枠組みであれば，証券取引所と同様のプロセスで進められる。売却希望者は，一定の価格で売る意思のある株数を申告し，購入希望者は一定の価格で買う意思のある株数を申告する。双方の申告には拘束力がある。こうした「ビッド（売値）」と「アスク（買値）」の集計結果が供給曲線と需要曲線となり，その交点を見れば，いくらで何株が移転されるかがわかる。図表は，このモデルと，ある年の売買状況を示したものだ。

　このシステムは長年，円滑に運営されてきた。経験を通じてモデルを微調整しているが，だいたいは当初考えた通りのやり方で運用されている。直近の取引では，23人の売り手と71人の買い手がいた。現在，当社の株式を保有するパートナーは140人以上に広がっている。

216

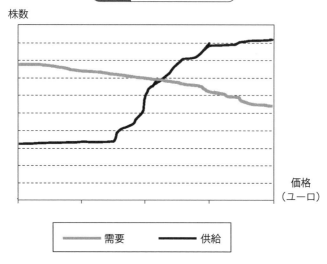

図表 全体の需要と供給

株数

価格
（ユーロ）

需要　　　　供給

　真の起業家精神に即したこのシステムには多くのメリットがある。起業家タイプの人にとって魅力的なモデルであり，私たちは特に自社の起業家文化を誇りに思っている。新しいパートナーは，どのくらい初期投資するかを自分で決める（重要なことだが，最低水準は投資しなくてはならない）。この文化は一般社員のほうが幸せだという人には気が重いかもしれないが，リスクをとって確実に報われるように自らのエネルギーや努力を注ぐ意欲的な人にはやる気や活力が湧いてくる。後者の人々が我が社の成長の原動力であり，成長してこそ企業価値が生み出される。

　私たちの今後の成長がどうなるかはわからない。だから，投資には危険を伴う。しかし，過去がいくらか参考になるとすれば，サイモン・クチャー＆パートナーズの株式に投資することは若いパートナーにとって非常に魅力的だったといえる。最初の10年間（1985〜1994年）は平均して年率34％で成長した。確かに，後年にさらに拡大するときよりも，ゼロから始めるときのほうが高成長率になりやすい。1995年から2008年にかけて，売上は7倍に増加し，年間成長率は24％となった。2009年から2019年にかけては，この期間の初めに大不況が起こったにもかかわらず，年率15％の売上成長を果たした。新型コロナウイルスにもかかわらず，2020年の売上はおおむね維持され，このビジネスモデルにレジリエンス（回復力）がある強い証左だ。私たちは楽観的であり，成長を続けようと決意しているが，未来がどうなるかは誰にもわからない。

　こうした成長率を考えると，長年にわたって多数の買収提案があったのは不思議でもない。最初に打診されたのは，1989年初めに私がハーバード大学に滞在していたときだ。私たちはマサチューセッツ州レキシントンにあるテンプル・バーカー＆スローン（TBS）創業者のカール・スローンの目に留まった。TBSはその後，ユナイテッド・リサーチに引き継がれることになり，さらに27万人の従業員を抱えるフランスのITプロバイダー，キャップジェミニに売却された。スローンはドイツを熟知し，そこで私たちの活動を観察していた。大手コンサルティング会社や大手会計グループからも引き合いがあった。しかし，この会社を売ることについて，創業者も新しいパートナーもまともに取り合ったことはない。社内の証券取引所よりも高い価格を実現できたかもしれないが，短期的な予期せぬ利益よりも独立性の維持のほうが重要だった。それに，私たちのパートナーのほとんどは，大企業グループにありがちな官僚制度の下では働きたくないと思っている。パートナーたちは，サイモン・クチャーで享受している起業家としての役割や自由を高く評価している。それは依然として，私たちが尽きることのない野心で未来の課題に取り組む基盤になっている。

一線を退く

　私が60歳になったとき，遅くとも65歳まで，おそらくもっと早くにCEOを辞任すると発表した。5年間の途中で辞任しようと密かに計画していた。レームダック（任期中だが退任予定なので影響力を失った状態）期間が長引くのを避けるために，正確な日付については直前に通知するつもりだった。

　CEOとしての歳月は飛ぶように過ぎていった。スロースタートを切って以降，この仕事はやれそうだと感じていた。しかし，年をとる過程も尊重する必要がある。私の在任中，毎年のように新しい国にオフィスを開設していた。私は絶えず出張していたが，それに伴うストレスはとんでもなかった。たとえば，2000年10月のある1週間を見ればわかる。7日間でボンからフランクフルト，アトランタ，ボストン，アトランタ，フランクフルト，ケルン，ボン，ウィーン，フランクフルト，コブレンツ，ボン，ベルリン，フランクフルト，ボンの順に飛び回った。この週が典型的というわけではないが，出張はおおむねこんな具合だった。

　ある晩，私はすっかり疲れ果てて，ホテルのベッドに倒れ込んだ後，電話が鳴っ

たのを覚えている。ぼんやりと受信機をとった。アメリカのクライアントのビルからの電話だった。

「こんにちは。今，どこにいらっしゃるのですか」と，私は尋ねた。

「ニューヨークです」と，彼は答えた。

まるで夢遊病のように，頭が一瞬真っ白になった。

「それで，私がいるのはどこでしたっけ」と，私は彼に尋ねた。

「ああ，ボストンですよ」と，彼は言った。

このエピソードから思い出すのが，会社のイベントで同僚が演じた風刺的な寸劇だ。私の真似をして，「ローデヴァルトさん，私が今どこにいるのか，そこで何をしているのか，それが何であれ，どれくらい時間がかかるのかを決めてください」というセリフがあった。イングルン・ローデヴァルトは当時の私の秘書である。教訓をまとめれば，人は常に１つの場所にしかいられない。そして，その場所がどこなのか知っておくべきだ。

我が社は2007年に順調に推移し，売上は6,400万ユーロから8,100万ユーロへと26％増加した。2008年にはさらに9,800万ユーロに成長した。私が62歳か63歳で，好調企業を後継者に委ねるという計画はつつがなく進んでいるように見えた。その後2008年の第４四半期になった。2009年初頭に始まり，激しさを増していた経済危機から，私たちは逃れられなかった。そのせいで，私のサクセッションプラン（後継者育成計画）はことごとく狂った。この荒れた海域で船を離れることなどできようか。私が途中で放棄したように見えないだろうか。パートナーである同僚や後任CEOは，危機の最中に会社を率いていく必要性についてどう思うか。それと同時に，この大きな危機が間違いなくもたらす大きな課題に私が対処できるかどうかと自問した。このひどく骨の折れる仕事を扱うには，私はすでに年をとりすぎていないだろうか。若くて新鮮なリーダーが舵取りしたほうがよいのではないか。

いつでも頼りになるアドバイザーのセシリアとじっくり協議した後，私は2009年２月の62歳の誕生日に，CEO職から４月30日に退くことを発表した。４月23日，ルクセンブルクで定例のパートナー会議が開かれた。クラウス・ヒルケとギオルク・タッケが５年間，共同CEOに選出され，2009年５月１日に就任した。２人ともその職務を担う準備は万端だった。大学院の頃からお互いをよく知り，コンサルタントとして20年以上の経験を積み重ねてきた。また，スムーズに機能するチームもつくってきた。２人は５年の任期を経て，さらに３年間，共同CEOに再選された。共同CEOとして合計８年間を務めた後，ヒルケは再び立候補しなかった。タッケ

2019年末まで，さらに３年間，単独でCEOを続けた[注9]。

　2020年１月，新しいCEOチームが引き継いだ。長年にわたって消費財と小売部門をうまく統括してきたアンドレアス・フォン・デア・ガテンと，ロンドンにオフィスを開設し急成長させたマーク・ビリゲが共同CEOに選出された。新型コロナウイルスによる危機は，２人にとって最初の非常に大きな挑戦となったが，この困難な時期を通じて，安定した手腕と素晴らしい決意をもって企業の舵取りをしてきた。私は２人がサイモン・クチャーを新たな高みに導いてくれることを信じている。

▌未知の領域に挑む

　人生の第３段階に入ると，ほとんどの人，特にリーダーには大きな変化が起こる。マネジメントの仕事は往々にして，持てる力の150％や200％で臨むことを意味していた。また，リーダーになると権力や影響力を振るう。リーダーの座を明け渡さなくてはならなくなったときには，そのすべてが消えていくのである。

　この状況に私はどう対処したのだろうか。私の場合，多くのCEOが退職時に経験するほど急激な移行ではなかった。会社では依然としてパートナーで，自分の部屋も持ち続けることができた。最年長パートナーでかつ創業者の１人という立場により，非公式な形でいくらか影響力が残り，パートナー会議でも自由に意見を述べていた。しかし，社内における公式の力はなくなった。年齢を重ねるとともに，当然ながら，私の影響力は低下していった。高齢で頑固になるのは避けたいし，若いパートナーの意思決定や行動を妨げないだけの賢さも持ちたい。現在は70代半ばだが，引き続き会社に力を尽くし，おそらくさらなる成長に微力なりとも貢献できるだろう。CEOを退いて良かったのは，講演，出版物，新しい活動にとれる時間が増えたことだ。日々のビジネスに関するプレッシャーが徐々に消え，新たに獲得した自由によって新境地を開けるようになった。

　私が強い関心を持った分野の１つは，投資と資本市場だ。CEOを引退するまでは，主に投資顧問の助言に従い，そこそこの結果を出していた。しかし今，自分の投資や資産管理活動でより積極的な役割を果たすようになった。ハイテク創業者のファンドを通じて，私はいくつかの新興企業に投資することができた（各社の成功状況はまだら模様だが）。

もう1つ取り組んだのが，いわゆるサーチファンドで，ドイツでこの種のファンドの先駆けとなった。このファンドでは，若い起業家が複数の投資家を募り，それぞれから比較的少額の資金を集めた後，買収先をサーチして投資する。このコンセプトを教えてくれたのは，ハーバードでMBAをとったアレクサンダー・カーンだ(注10)。彼は12人の投資家を見つけて，それぞれから2万5,000ユーロを調達した。サーチの過程では，かなりの我慢や忍耐を強いられたが，約2年後にインバースという企業の買収に成功した。インバースは真の隠れたチャンピオンで，ハードウエアとソフトウエアの両方のコンポーネントを持つカーシェアリング・システムの世界市場リーダーだ。1993年に同社を創業したエンジニアのウーヴェ・ラッチュは，そろそろ第一線から退きたいと考えていた。カーンと私は一緒に働きかけて，ラッチュに同社を売却するよう説得した。その意思決定はだいぶ財務的な判断を超えた部分に基づいていた。個人的な相性が重要な役割を果たしていたのだ。こうしてサーチファンドの12人の投資家には，買収先企業に参画するオプションが与えられた。全員の同意により，カーンがCEOに就任した。そのプロジェクトは文句なく成功し，私は数年後のエグジットでかなりの利益を得た。カーンはまだCEOを務めており，インバースはシェアリング・モビリティの成長に牽引されて非常に好調である。

2番目のプロジェクトは次元がもっと大きかった。フランスの投資会社ウェンデルと投資銀行家のローランド・リーナウと一緒に，私は特別買収目的会社（SPAC）を立ち上げたのである。リーナウはドイツ銀行で資本市場に関する知識を獲得した。フランスで学び，そこで伴侶と出会ったので，1704年にロレーヌ地方に設立された鉄鋼会社から始まったウェンデルに入社した。1978年，皮肉にもヴァレリー・ジスカール・デスタン大統領の保守政権時代にフランスは鉄鋼産業を国有化し，ウェンデル一族はそこで得た資金を多数のベンチャーに投資した。

SPACを立ち上げるために，3人の初期投資家が一定額のシード資金を出した。その後，追加の資金調達に向けて共同投資家を探した。そのために私たちはキャンペーン活動を行ったが，私にとってこれは完全に新境地を開くものとなった。ヨーロッパとアメリカの金融センターのあらゆる主要な投資家候補に，私たちが考えていることを説明した。こうした会議でフックになったのが，隠れたチャンピオンのコンセプトである。私たちの目標は，調達した資金を使って隠れたチャンピオンを獲得することにあった。SPACの重要な側面は，買収するペーパーカンパニーが買収前に証券取引所で上場されることだ。その後，対象企業はSPACに統合され，

上場企業になる。

　リーナウと私は2009年半ばにキャンペーンを開始し，年末までに計画していた2億ユーロを調達した。その6カ月の間に，多くのワクワクするような出会いがあった。ニューヨークでは，SPACのみに投資するために10億ドルのファンドを運用している34歳のハーバード大学の卒業生と出会った。そのファンドでは誰が投資決定をしているのかと聞いてみると，彼女の答えは迅速かつ明快だった。「私です」

　ニューヨークのオフィスビルの26階で，別の出会いがあった。私たちがエレベーターを降りると，小さなドアが開き，シュヴァルツヴァルト（黒い森）の狩猟家が戦利品を飾っているかのような部屋に通された。私たちを出迎えてくれたのは，巨大な投資会社の創業者の子孫だった。1920年代に創業者はドイツからアメリカに移り住んだが，その際に，破産宣言した顧客から借金のカタに受け取った珍しい鳥を数羽持ち込んだ。そして，アメリカでペット用品会社を設立し，世界第2位へと成長させた。その事業をより大きな企業に売却した後，売却益を使って投資ファンドを立ち上げた。アメリカの有名ビジネススクールは，その創業者にちなんで命名されている。

　大手銀行のトレーディングルームを覗く機会もあった。誰が仕切って，その複雑な状況の全容を見ているのだろうかと，私は自問した。何千人ものトレーダーは画面の前に座って何をしているのか。トレーダーの前にある画面は1つだけではなく，それぞれ3つ，時には5つもあった。資本市場はたいしたものだと，強い尊敬の念を抱いた。そのときまで，私にとって資本市場はどちらかというと漠然とした概念だった。

　2010年2月，私たちはフランクフルト証券取引所にヘリコス欧州会社（SE）を上場した[注11]。同社の貸借対照表は現預金2億ユーロ，株主資本2億ユーロだった。買収候補者のサーチが始まり，私は隠れたチャンピオンと関係を持っていたため，最前線で活動することとなった。当時の経済は，大不況の影響をもろに受けていた。私が企業に電話して2億ユーロの株主資本株式を示すと，見るからに高い関心を示す人が多かった。ところが，この取引の結果は証券取引所に上場することだと言うと，同族企業の関心の80％以上が消え去った。上場はSPACコンセプトの中心にある。それが所有者やその家族のノックアウト基準である場合，フォローアップ訪問やプレゼンテーションの予定を組んでも意味はない。数回会う予定だったが，多くの潜在的なターゲットが1ラウンドで脱落していった。

　リーナウと私は18カ月間，あちこちに出かけた後，ルクセンブルクに拠点を置く

フランクフルト証券取引所でのエクシート・グループの上場に際して（左から，私，エクシート・グループ CEO のウリ・ロイトナー，ローランド・リーナウ）

埋め込み型コンピュータメーカーのエクシート・グループを最終的に買収した。セキュリティ技術だけでなく，補聴器，ペースメーカー，MRI（磁気共鳴画像）機器などの医療技術アプリケーションで用いられる特製ユニットが同社の商品である。2011年7月，エクシートの買収，合併，上場が行われた。上の写真は，フランクフルト証券取引所の雄牛の前に立っている，このストーリーの主人公の３人を示している。

　こうした未知の領域に出てみて，どう感じただろうか。全体的な体験はあまりしっくりくるものではなかった。資本市場で出会った人を信頼できるか。彼らに立ち向かえるか。その答えは懐疑的なままだ。おそらく，私は投資と資本市場の世界に入るには，すでに年をとりすぎていたのだろうか。いずれにせよ，そこで本当に心地よいと感じることはなかった。今日では，おおむねプロの投資マネジャーに投資判断を任せるようにしている。

▌旅の詩人

　その冒険の後で，私はなじみのある２つの領域に戻った。それは書くことと話すことだが，私にとっては負担よりも楽しさが勝っている。他の事業活動よりも自由度が高く，世界中を旅する機会もある。私の主要テーマであるプライシング，隠れたチャンピオン，グローバル化，ドイツは多くの国で関心が高い。ドイツ経済の継続的な成功，特に隠れたチャンピオンは，そうした関心を牽引するうえで中心的な役割を果たしている。さらに，私の本が27言語に訳されたことで国際的な評判も得た。ドイツのウェブサイト「Managementdenker. de」では，ドイツ語圏で最も影響力のある現役マネジメント思想家に私の名前が入っている[注12]。ドイツの評論誌

「キケロ」はドイツで最も重要な知識人100人に私の名を挙げた。「組織を率い経営
管理するやり方に持続的かつ重要な影響を与えた」世界の主要な経営思想家50人を
示す「Thinkers 50」にも殿堂入りした[注13]。

　講義には楽しい副次的効果がある。これまで参加した会合，カンファレンス，講
演会で多くの注目すべき人物と出会った。その中には各国の首脳や世界中の閣僚も
含まれる。ボンで開催されたドイツとロシア間のカンファレンスでは，ミハイル・
ゴルバチョフ元ソ連大統領に会い，署名入りの自著を謹呈した。ゴルバチョフ氏は
愛想が良く，楽しく，親しみやすい人で，傲慢さは微塵も感じられなかった。

　ビル・クリントン元米大統領とも，同じ基調講演者として2度ほど一緒になった。
クリントン氏に対する私の見解はやや両義的だ。どちらかというと，大舞台での講
演に向いていない気がする。聞き手から見て，「強烈な個性の持ち主ではない」と
いう印象なのだ。ところが，イベント後のレセプションでの姿を見ると，その認識
はがらりと変わった。彼からすれば，全員がまったく知らない無名の人々だが，1
人1人に全注意を傾けるので，話しかけられた人は，まるで世界の最重要人物に
なったかのような気分を味わえる。どうやら彼は人々を自分の味方につける類い希
な才能を持っているようだ。

　私は長年にわたって，あらゆる種類のイベントに参加してきた。真面目で評判の
良い経営会議やセミナー（明らかに，ショーマンシップの要素もあるが）に加えて，
個人的な見解として一攫千金を狙うペテン師や口八丁のセールスマンなど怪しげな
人々が企画したイベントもあった。後者の「ビジネス」カンファレンスには大勢の
人々が集まり，数千人規模になることも多い。私は自分が何に足を突っ込んでいる

ミハイル・ゴルバチョフ（1992年），ビル・クリントン（2001年）と一緒に

のか完全にはわからないまま，そうしたカンファレンスでの講演を引き受けた。私はなるべく真面目な話をするように努めた（プログラムの中で明らかに浮いていた）が，なかなか好評だったように感じた。帰り道で，私は自分の受けた印象について整理してみた。このようなイベントに二度と出るつもりはないが，確かに興味深い経験だった。私は考えたことについて，イベント企画を手掛ける知人と議論した。すると，お手軽なイベントがこれほど高い集客力を持つ理由について，知人はシンプルでかつ説得力のある説明をしていた。曰く，世の中で「何かを目指しているけれども，うまくいっていない人」は「何かを目指して成功している人」の数を大幅に上回っているからだという。つまり，成功の秘訣や近道を見つけた印象を与えられる人々にとって，ほぼ無限の市場があるということだ。この見解は正鵠を射ていると，私は強く思う。

　私はかなり高齢だが，近年は出張や講演活動が集中し，時には煩雑になってきた。ある年の秋の出張リストを示そう。

9月	10月	11月
1　ケルン（ドイツ）	7　ソウル（韓国）	3　ワルシャワ（ポーランド）
5　オイペン（ベルギー）	10　中津川（日本）	8　ハンブルク（ドイツ）
9　ニューヨーク（アメリカ）	12　東京（日本）	9　ウィーン（オーストリア）
10　ニューヨーク（アメリカ）	15　濰坊（中国）	16　ウィーン（オーストリア）
13　上海（中国）	16　北京（中国）	17　ウィーン（オーストリア）
14　上海（中国）	25　ヒューストン（アメリカ）	21　チューリッヒ（スイス）
21　ヴィットリッヒ（ドイツ）	26　ダラス（アメリカ）	28　モスクワ（ロシア）
23　アムステルダム（オランダ）	28　ボストン（アメリカ）	

　これほど過密な出張スケジュールをこなせるのは，ひとえにサイモン・クチャーのCEO時代よりもストレスが少ないからである。当時は毎日会議ばかりだった。ある日など，東京で講演を4回行い，公式の昼食会と夕食会に参加した。今日では日々の流れはそこまで大変ではない。講演を行い，取材されることが多い[注14]。講演やイベントの後でたいてい昼食や夕食に招待される。時折，セシリアが出張に同行するので，レジャーとビジネスを兼ねられる。「吟遊詩人」の役割はなかなか楽しい。集中度合いを減らして，健康が続く限り，その役割を果たし続けるつもりだ。

タイプの違う本を書く

　人生の第3段階に入ると，書く文章の性質や内容も変わった。書籍や論文で学術的野心を満たそうとは思わなくなった。例外があるとすれば価格マネジメントの教科書だが，そこではWHUオットー・バイスハイム経営大学院のマーティン・ファスナハト教授が学術的側面を担当し，私は主に実務経験に基づく知見を紹介している[注15]。『価格の掟』では自伝的要素と価格関連の要素を織り交ぜた[注16]。その後，別の種類の本も出版している。アイフェルでの成長期を書いた『*Die Gärten der verlorenen Erinnerung*（失われた思い出の庭園）』では大きな喜びを感じた[注17]。これは自伝的なものというよりも，地域社会，農業，一教室の学校，カトリック教会の役割，1950年代の農村生活など諸側面を取り上げている。この本も同じく非学術的カテゴリーに入る。他の経営書を執筆するときも，学術研究や分析ではなく，自分の経験から得た知見を紹介している。最新の著書「*True Profit! No Company Ever Went Broke from Turning a Profit*（真の利益！　利益を出してつぶれた会社はない）」がそうだ[注18]。

　長く幸運な人生を送っていると，栄誉や賞を授かることもある。私も名誉博士号を取得し，中国のビジネススクールの名称に私の名前が冠されたり，国内外でさまざまな賞を受賞できたりしたことを嬉しく思っているのを認めよう。この点で言うと，「Thinkers 50」の殿堂入りはある種の頂点にいる気分が味わえた。科学者，コンサルタント，著者，講演者として，そう見られるのは満悦至極である。結局のところ，自分の研究結果が認められているか，助言したことが受け入れられたか，著書や記事が読まれているか，講義が高く評価されているかについて，どうしても気になってしまう。だが，自分自身もそうだが，家族のためにも，私は少なくとも幸せだった。

　全体として，私は大学からサイモン・クチャーに移り，63歳でCEOを辞任し，人生の第3段階に進んだことについて不服はない。実際に，各プロセスでの展開や，そこで得られた成果に深く満足している。年をとればとるほど，ビジネス面の成功や意識は下がっていく。今はるかに重要なのは，家族と健康だ。人生のこの段階で自分の時間をコントロールし，セシリア，ジーニン，パトリック，そして2人の素晴らしい孫のアルヴィドとヘンリーとより多くの時間を過ごせるのは幸運である。

▌第11章の注 ▌

（注1）1983年11月21日，東京で受け取ったエカード・クチャーとカール・ハインツ・セバスチャンからハーマン・サイモン宛の手紙。

（注2）以下を参照。Lester G. Telser, "The Demand for Branded Goods as Estimated from Consumer Panel Data," *The Review of Economic Statistics*, 1962, No. 3, pp.300-324.

（注3）古いほうの写真は，『*Manager Magazin*』誌が「コンサルタントとしての教授たち」についての記事のために撮影したもの（*Manager Magazin* 6/1988, p.188.）。2番目の写真は，最初の写真を真似て，2015年にボンでサイモン・クチャー&パートナーズの30周年記念のときに撮影した。

（注4）ユニコーンは企業価値が少なくとも10億ドルの若い会社である。

（注5）ドイツ語の本名の意味も「破壊」にかなり近かった。

（注6）14章「法律専門家とは距離を置く」のセクションも参照。

（注7）Georg Tacke, "Core Values – Key Ingredients to Our Long-Term Success," Simon-Kucher & Partners: *Our Voice*, December 2017.

（注8）サイモン・クチャー&パートナーズの成長の詳細は以下を参照。Hermann Simon, Jörg Krütten, "Globalisierung und Führung – Kulturelle Integration und Personalmanagement in global agierenden Beratungsunternehmen" in Ingolf Bamberger (editor), *Strategische Unternehmensberatung, 5th edition*, Gabler Verlag 2008, pp.175-195.

（注9）サイモン・クチャーでは，1人以上のCEOが最初に5年の任期で選出された後，3年の任期で2回まで再選される可能性がある。よって，最大在職期間は11年である。

（注10）以下を参照。Anja Müller, "Übernehmer statt Unternehmer," *Handelsblatt*, January 16, 2017, p.22.

（注11）主要投資家の名前であるウェンデル（Wendel）はドイツ語で「らせん（helix）」を意味する。ヘリコス（Helikos）はそのギリシャ語である。

（注12）以下を参照。http://managementdenker.de.www258.your-server.de/wp/

（注13）https://thinkers50.com/hall-of-fame/, （2019年10月9日調べ）.

（注14）私の個人的な記録として，北京でとある日曜日に14回のインタビューを受けたことがある。

（注15）Hermann Simon, Martin Fassnacht, *Price Management*, New York: Springer 2018.

（注16）Hermann Simon, *Preisheiten – Alles, was Sie über Preise wissen müssen*, Frankfurt: Campus 2013/2015; Hermann Simon, *Confessions of the Pricing Man*, Springer: New York 2015.

（注17）Hermann Simon, *Die Gärten der verlorenen Erinnerung – Eifel unvergessen, 2nd edition*, Südwest- und Eifel-Zeitung Verlags- und Vertriebs-GmbH:

Daun 2017. 英訳書のタイトルは "The Gardens of Lost Memories." である。

（注18）　Hermann Simon, *No Company ever Went Broke from Turning a Profit*, New York: Springer Nature 2021, German Version: *Am Gewinnmachen ist noch keine Firma kaputt gegangen*, Frankfurt: Campus Verlag 2020.

出会い
Encounters

　これまでの人生で，その他大勢から抜きん出ている人物に何人も会った。その多くは重要な地位にある（あった）人々だ。ただし，鮮烈な印象を残し，「恐れ入った」と思うほどの人物になると，それほど多くはない。この章では，そうした只者ではないと思った人々を紹介したい。

■ ピーター・ドラッカー

　ピーター・F・ドラッカー教授とは30年以上前，デュッセルドルフで初めて会った。私たちは出版社イーコン主催の1日のセミナーに登壇した。ドラッカーはその出版社からドイツ語の本を出し，私も自著を出版していた。それから20年間，私たちは定期的に会い，カリフォルニア州クレアモント（ロサンゼルスの郊外にある）のドラッカー宅に何度も訪れた。しかし，最後に予定していた訪問は実現しなかった。2005年11月12日土曜日に会う予定で，私はメキシコシティから前日の夕方に，確認のためにドラッカーの家に電話を入れた。電話口に出たのは奥さんのドリスだった。

　「ピーターは今朝，亡くなりました」と，彼女は言った。

　ショックだった。私は便を変更し，ドイツに戻った。写真は，2002年8月11日にクレアモントで最後に会ったときのものだ。

　自分のことを歴史家と思うか，それとも経営思想家だと思うかと，ドラッカーに

2002年8月11日，カリフォルニア州クレアモントのピーター・F・ドラッカー教授の自宅で最後に会った。

尋ねたことがある。彼はややためらいがちに「歴史家寄りの著述家」と答えた。その少し前に，私は彼の回顧録『わが軌跡：知の巨人の秘められた交流』を読んでいた[注1]。それは読者を魅力的な過ぎ去った世界に浸らせる書籍だった。ウィーン出身の有名な作家，シュテファン・ツヴァイクは同時代を「昨日の世界」と呼んでいた（同氏の回顧録のタイトルにもなっている）[注2]。

　ドラッカーは，オーストリア・ハンガリー帝国の上流階級で生まれ育った。その独特な環境では，教育，文化，芸術，音楽，歴史意識，都会的，国際的なオープンさが重視されていた。しかし，こうした言葉ではウィーンでの当時の生活を完全に捉えきれない。より詳しい説明は，ドラッカーやツヴァイクの回顧録を読むとよいだろう。当時の上流階級では，多数の言語を使いこなせるのが当然だと考えられ，子弟はたいていイギリス人やフランス人の乳母の手で育てられた。

　この時代のユニークな側面の1つは，時代が生み出した偉人たちだ。彼らの人生行路はドラッカーのたどった人生と異様なほど似ている。1918年にオーストリア・ハンガリー帝国が崩壊し，ロシアでボルシェヴィズムが台頭し，ドイツではナチス時代になった。ツヴァイクはその動向を「我がヨーロッパの大地における絶え間ない火山噴火」と呼んでいる。それによって同一世代の人々が故郷を追われたが，信じられないほどの創造性が解き放たれた。彼らは多くの場合，母国から遠く離れて，人類の文化遺産に永続的で計り知れないほど貢献したのである。

　ドラッカーとツヴァイクに加えて，この世代やその文化サークルには，哲学者のカール・ポパー，数学者のジョン・フォン・ノイマン（ゲーム理論とコンピュータの分野で功績がある），作家で哲学者のエリアス・カネッティ，ジャーナリストのアーサー・ケストラー，美術史家のエルンスト・ゴンブリッチ，社会学者のノルベルト・エリアスなどがいる。大事なことを言い忘れていたが，ローマ教皇のヨハネ・パウロ2世として世界で知られるようになったポーランドのクラクフ出身のカロル・ヴォイティワ（1920～2005年）もそうだ。ウィーンからハンブルク，フランクフルト，イギリス，そして最後にアメリカで暮らしたピーター・ドラッカー自身の道のりは，このグループと見事に符合する。

　この長く忘れられた帝国で生まれた子どもたちは，模範的な世界市民として育てられたので，持続的な成果を上げる準備が十分に整っていた。現在の意味でグローバル化を考えるはるか前に，こうした子どもたちは高い教育を受け，文化的に柔軟で，多言語を操り，自分や他の人々の歴史を認識していた。「昨日の世界」は「未来の世界」のために準備していたのだ。この独特な文化に根ざした彼らの業績は，

今日の私たちの生活の中でも反響し続けている。

　ただし，それは表面上にある一般的な印象にすぎない。こうした個々人が特別なのは，はるかに根深いところに由来する。ドラッカーは他の少数派と同じく歴史を理解していたので，独自の方法で未来を展望することができた。彼の詳細かつ広範な知識と，巧みに独特の関連性を生み出すやり方には，何度も感銘を受けた。そうした瞬間をいくつか挙げよう。

　有名なドイツの哲学者であるアルトゥル・ショーペンハウアーが，イエズス会司祭でスペイン人のバルタサル・グラシアン（1601〜1658年）の『処世神託』を原語で読みたいがためにスペイン語を学んだという話を，私は読んだことがあった[注3]。後に手紙をやりとりして，この本について触れたときに，ドラッカーがグラシアンの作品に精通していることを知った。彼はこう書いていた。

　「今から72年前，私がハンブルクで見習いとして就職するためにウィーンを離れたときに，父がくれた本です。（中略）数カ月後，私は［デンマークの哲学者，セーレン・］キルケゴールを知り，この２人は私の人生の指針となりました。グラシアンのおかげで，彼の作品を原語で読める程度のスペイン語を独学しました。それと一緒に，キルケゴールの作品を原語で読める程度のデンマーク語も学びました」[注4]

　グラシアンの作品を読むためにスペイン語を学び，原語でキルケゴール（1813〜1855年）を読むためにデンマーク語を学んだことから，いかに野心的だがごく自然にドラッカーが哲学的論文を自分の思考に吸収し統合していったかがわかる[注5]。

　ほかにも特別な例がある。ドラッカーは記事や書籍の中で，現代のビジネス原則に従って組織された最初の企業としてドイツ銀行をよく引用した。彼がそのテーマについて関心を持っているのを知って，私は一度，同行の創業者の１人であるルートヴィヒ・バンベルガー（1826〜1899年）に関する記事を彼に送ったことがある[注6]。私自身もその名前は初耳だったので，ドラッカーが詳しいとは思ってもみなかったが，その予想はまたしても外れた！　ドラッカーは自分の祖父，フェルディナンド・フォン・ボンドの日記でバンベルガーの人生や功績についてよく知っていたのである。バンベルガーとゲオルク・シーメンス（ドイツ銀行のもう１人の創業者）について書かれていた内容は「私を魅了し，いまだにいくつかを覚えている」という返事が来た[注7]。ここでもやはり，細かいことまで記憶しているドラッカーの希有な力がわかる。

　ドラッカーが各界の著名人と親しいことにも驚かされた。彼は回顧録の中で，物理学者のバックミンスター・フラー，コミュニケーション学者のマーシャル・マクルーハンとの交友を振り返っている。私が有名な人物の名前を挙げるたびに，ドラッカーはその人と個人的な知り合いらしいことに気づかされた。3つ例を挙げると，有名だが物議を醸した1930年代のドイツの作家，エルンスト・ユンガー（1895～1998年）について，ドラッカーは日和見主義者だと評していた。また，ラインハルト・モーンとは1950年代に初めて出会ったという。モーンは出版社ベルテルスマンを世界的なメディア帝国に築き上げた人物だ。それから，ウィーン出身の美術史家のエルンスト・ゴンブリッチのことも知っていた。ゴンブリッチはドラッカーと同年齢で，分厚い著書『美術の歩み』は600万部以上も売れた。ドラッカーによると，ウィーン時代には知らなかったが，数年前にロンドンで長く楽しい夜を一緒に過ごしたそうだ。2人は定期的に本，手紙，記事をやりとりして関係を続けていた(注8)。世界は狭い。すごい人物はどれほど距離が離れていようと互いに引き寄せ合うらしく，それぞれの道は交差する。ドラッカーはしばしば適切なタイミングでそうした交差点に居合わせたのである。

　ドラッカーは一見異なるものを結びつけるバイソシエーション（双連性）のスキルも持っていた。時間と空間を超越して，並みの人間にはわからない関係やアナロジーを認識した。平行線を引いて，過去，現在，未来へと進展する中での共通点を突き止め，それらの間に知的な広い弧を描いてみせた。それには百科事典的な知識だけでなく，2つのものをつなげる能力が必要だ。ジャーナリストで作家のアーサー・コスラーもオーストリア・ハンガリー帝国で生まれたが，このコンピテンスは創造性の真の源泉だと考えていた(注9)。

　ドラッカーの著書『明日を支配するもの：21世紀のマネジメント革命』はこの能力の見事な証左である。印刷技術のレンズを通してデジタル化を見ることにより，驚くべき洞察を導き出した。彼の結論は，デジタル革命の長期的な勝者は，ハードウエアやソフトウエア企業よりも，データ，知識，コンテンツにアクセスできる企業だろうというものだった。なんという慧眼だろうか！

　ドラッカーは歴史的なアナロジーに照らして，現在の動向と未来に起こりうる出来事を解釈し，貴重な洞察を導き出す才能があった。それは彼の最大の強みでもある。これに対して，私見になるが，ほとんどの現在の経営書の書き手は，そこが最大の弱みであり，歴史の知識がまったくないとまでは言わないが，断片的だったり表面的だったりする。ドラッカーは広範で深い歴史的な知識基盤を持っており，そ

れによって，ビジネス史の専門家と呼ばれながらも，詳しいのはごく一部の領域だけという人々と一線を画していた。ドラッカーのような歴史的な理解や意識がない企業経営者は，流行り言葉やトレンドの格好の餌食になってしまう危険がある。

　歴史はドラッカーの最も効果的な教育ツールの１つだった。彼は私たちの前に鏡を差し出し，新しい視点を切り拓き，私たちが未来について理解を深められるように助けてくれた。キルケゴールが指摘するように，「人生は振り返って初めて理解できるが，先を見ることで初めて生きることができる」。ドラッカーはまさに過去の人間だったからこそ，未来の思想家として輝いた。彼とのやりとりは常にためになり，多大な恩恵を受けた。

┃ヘルマン・ザ・ジャーマン

　これまでの人生の中で，ごく少数だが真の冒険家に出会ったことがある。そのうちの１人が「ヘルマン・ザ・ジャーマン」だ。1917年10月8日，ゲルハルト・ノイマンはドイツ東部の都市フランクフルト・アン・デア・オーデルで生まれた。20歳でエンジニアの試験に合格した。1930年代のドイツの状況は，ユダヤ系の母親を持つ彼にとってあまりにも危険すぎた。そこで，1937年に香港の会社に就職することにした。飛行機を16回も乗り継いで香港に到着したが，勤めるはずだった会社は倒産していた。

　その代わりに，今や伝説となったアメリカのパンナム航空会社にたまたま就職できた。その後，彼はアメリカの義勇軍フライングタイガースに入った。そこでついたあだ名は「ゲーリング」で，悪名高いドイツ空軍総司令官からとったものだった。ところが，フライングタイガース指揮官のクレア・リー・シェンノートがそのあだ名を耳にすると，「ゲーリングとは呼ぶな。ヘルマン・ザ・ジャーマンにしろ」と命じた[注10]。

　それ以降，ノイマンは「ヘルマン・ザ・ジャーマン」のあだ名を一蹴することなく，自伝のタイトルにも使った[注11]。彼はフライングタイガースの航空機のメンテナンスと修理を担当したが，機体の性能に満足していなかった。メンテナンス作業後に発生する事故件数が多すぎた。そこで，彼はかの有名なマネジメント原則を制定した。メンテナンス作業を終えた機体の最初の飛行に，担当整備士を同乗させることにしたのである。その瞬間から，メンテナンスの品質が大幅に向上し，事故は

ほとんど起こらなくなった。

　しばらくして，ノイマンは今日のパキスタンのカラチに向かい，CIAを訪問した。彼はそこにいたアメリカ人にチェスができるかどうか聞いた。対戦相手がいなくて，ひどく残念だったのだ。すると，ペンタゴンの若い女性の名が挙がった。こうしてノイマンはクラリスと出会い，3週間後に結婚した。クラリスはノイマンと同じレベルの知性の持ち主であり，2人は一緒にいろいろな冒険をしてきた。

　第二次世界大戦後，ノイマンはクラリスと一緒に中国に戻り，司令官のシェンノートと共同で航空会社を設立しようと目指した。ところが，蒋介石が毛沢東によって本土を追われ，フォルモサ島（オランダ統治時代の台湾の名称）に逃れたことで，この計画は頓挫した。ノイマンはジープを奪ってクラリスと一緒に逃亡し，アジア全域を1万マイルも走破した。最後にイスラエルにたどり着き，そこからアメリカに向かった。ヘルマン・ザ・ジャーマンはアメリカの国益にとって非常に貴重な存在だったので，特別法によりアメリカ市民権が与えられた。私はマサチューセッツ州スワンプスコットの彼の自宅で，「法令：ゲルハルト・ノイマン曹長の市民権取得用」と書かれた原本を実際に目にした。

　ジェット機時代が始まると，ノイマンはゼネラル・エレクトリック（GE）の航空機エンジン部門に加わり，わずか数年でジェットエンジンのグローバル市場リーダーになった。ヘルマン・ザ・ジャーマンはジェット機時代を切り開いたといえる。彼のリーダーシップの下で，GEはベストセラーの軍用機用エンジン（GE J79）や民間機用ジェットエンジン（CFM 56）を開発した。後者は，現在はサフラン・エアクラフト・エンジンズとして知られるフランス企業のスネクマと共同開発したものだ。1950年代半ば，ノイマンはドイツ国防相と交渉し，スターファイターにGE J79を搭載した。私が第33爆撃航空団で目撃した墜落事故のスターファイターにはそのエンジンが搭載されていた。

　ノイマンの座右の銘は評判が悪かった。彼の机の後ろには「安心するな」と書かれた看板がかかっていた。ほかにも，プロイセンのフォン・シュトゥーベン将軍から引いた「危険はないと認識することの危険」という言葉もあった。彼は会議用の机の下に，席ごとにボタンをとりつけた。誰かが膝でボタンを押すと，ベルが鳴り，話題に関係なく話している人はすぐに話をやめなくてはならない。彼は階層から外れた一種の「宮廷の道化師」役の人物を雇い，ノイマンが重要な決定を下す前に質問攻めにする仕事を割り振っていた。彼はまた，重要事項システムでも有名だった。マネジャーたちは毎日，最重要項目を書き出し（最大1ページ），上司や同僚に配

布する必要があった。

ノイマンは独自の逸話を残した。彼はいつも飼い犬のジャーマンシェパードをつれて，真夜中に工場に現われた。1982年に GE の CEO に就任して直属の上司となった悪名高いジャック・ウェルチから命令されるのを拒んだ。ノイマンによると，自分の個人主義で強情なところをウェルチは大目に見てくれたというが，本当かどうか確認できていない。ノイマンは一度クロトン・オン・ハドソンにある GE の有名なマネジメント研修センターで，部門長向けセミナーに派遣された。セミナーは月曜の朝に始まったが，その日の午後には，現実世界に関連性のあることを学べないとして帰ってしまった。さらに，部下のトップマネジャーたちにも，そうしたセミナーに出席することを禁じた。

ノイマンとクラリスは一度，飛行機事故に遭っている。幸運にも，機体が陸地に墜落せずにメキシコ湾内に着水し，命拾いした。死の縁から生還した時だけでなく，「運が良かったと思う」は彼の口癖だった。72歳でクラリスと初めてスカイダイビングをした。ドイツ人パイロットのエアハルト・ゲデルトと同じように，ノイマンも海面下を飛行中に音の壁を破った。ただし，彼はパイロットではなく，２人乗り練習機 F-104 スターファイターの後部座席に座っていたが。

私はミュンヘンの MTU エアロエンジンの仕事を通じてノイマンと知り合い，お互いに訪問し合う間柄になった。マサチューセッツ州スワンプスコットで，彼は興奮気味に自分のヨットを見せてくれた。1995年6月15日，彼がオットー・リリエンタール・メダルを受賞した際，ボンの我が家で航空宇宙産業の人々と一緒にレセプションを開いた。私の大学で，彼はシンプルだが効果的なマネジメント原則の話をしてくれた。講堂が小さすぎて聴衆を収容しきれない状況で，最終的に入れた1,200人の聴衆は総立ちで彼に拍手喝采した。それは，私が大学でのキャリアの中で見てきたなかでも最高の講演だった。

彼の自伝の前書きに，シェンノートの未亡人のアンナ・シェンノートがこう書いている。「ゲルハルト・ノイマンに初めて会ったのは，第二次世界大戦中の中国の昆明市である。それ以来，私は彼の人生を彩る万華鏡のような冒険のとりこになった。彼は我が道を行くタイプのマネジャーとして驚くべきキャリアを積みながら，その素晴らしい人生の中でさらに多くの冒険を重ねた」(注12)。ヘルマン・ザ・ジャーマンは真の冒険家だった。

ヘルマン・ザ・ジャーマンは老後も，若々しい活力を持ち続けた。彼は機知に富み，楽しいことが好きで，いつもジェットエンジンのことを考えていた。それは，

私にとっても興味深いテーマだった。私たちが一緒に過したどの思い出も，私は
きっと忘れないだろう。

テッド・レヴィット

　テッド・レヴィットは信じられないほど刺激的なディスカッション相手だった。
彼の中から文字通り，アイデアが湧き出てきた。彼はあらゆることに挑戦し，性急
に答えを出したり判断を急いだりしないように気をつけていた。どんな話題を振っ
ても，彼は意義のある見解を示せるように思えた。
　レヴィットの論文や著書はそれほど多くないが，発表したものはセンセーション
を呼んだ。最初に発表した最も有名な論文が，1960年に『*Harvard Business
Review*』誌に掲載された「Marketing Myopia（マーケティング近視眼）」であ
る(注13)。この論文で投げかけた「あなたのビジネスは何か」という問いはそれ以来，
何世代にもわたってマーケティングの研究者や実務家を熱中させてきた。この質問
は簡単そうだ。しかし得てして，簡単な質問が重要な洞察につながったりする。彼
はアメリカの鉄道を例に挙げて論点を解説した。1930年代，鉄道会社は鉄道事業で
はなく，人を移動させる事業に携わっていることに気づかなかった。皮肉なことに，
アメリカ政府は，1934年に鉄道法の対象に航空旅行会社を含めたときに，輸送とい
う共通点を認識していたようだ。当時の鉄道会社の財務状況は非常に堅調だった。
仮に顧客が列車旅行ではなく個人的な移動にお金を払っていることに気づいていた
ら，空の旅の市場に参入して同分野を席巻できていただろう。その代わりに，新規
参入者にその市場を譲った。そうしたスタートアップの中から，アメリカの大規模
な航空会社が出現したのである。
　「グローバル化（グローバリゼーション）」という言葉を普及させたのもレヴィッ
トだ。この言葉の初出は1917年だが，そのときは広がらなかった。その後1983年に，
レヴィットが『*Harvard Business Review*』誌に「The Globalization of Markets（市
場のグローバル化）」を発表した(注14)。今日，グーグルで「globalization」もしく
は「globalisation」で検索すると，ヒット件数は7,000万件にのぼる。しかし，1982
年までは検索してもわずか137件だった。
　レヴィットは1925年，ドイツのヘッセン州フォルマーツという人口800人の小さ
な町でユダヤ人家庭に生まれた。その10年後，家族でアメリカに移住した。私が

ハーバード大学に在籍していた頃，彼の子ども時代について話し合ったことはなかった。いろいろとやりとりする中で，一度だけ，彼の出自がドイツであることが垣間見えたことがある。ハーバード大学のファカルティクラブで私の送別会が開かれたときに，レヴィットが現れ，ブラックソーセージはあるかと，ヘッセン訛りで聞いてきたのだ。私は「nein」（ドイツ語の否定語）と答えた。その後，私たちは普段通りに英語で話し続けた。

　私はドイツに戻って，フォルマーツ出身のアマチュア歴史家に連絡を取り，ユダヤ人コミュニティの歴史に関する情報を得た。資料の中に，改名前のレヴィという名前が出てきた。しかし，私はレヴィットに直接その資料を送るのにためらいを感じた。彼はどう反応するだろうか。慎重に検討した結果，私の友人でレヴィットの同僚でもあるボブ・ドーランにその資料を送り，レヴィットに渡してもらうことにした。

　次に会ったとき，レヴィットは名誉教授で，ハーバード・ビジネス・スクールの名誉教授センターにオフィスを持っていた。このとき，彼は隠し立てすることなくフォルマーツでの子ども時代について話してくれた。名字はやはりレヴィだった。彼の父親は貧しい靴屋で苦労したそうだ。結局，かなり貧しかったことが，彼の家族を救ったのかもしれない。裕福なユダヤ人家族のように目をつけられなかったからだ。彼や家族は難民支援組織の支援を得てアメリカに渡ることができた。レヴィットは2006年に逝去するまでずっと，この組織を支援し続けた。

ヨーゼフ・ヘフナー枢機卿

　1983年12月4日の日曜日，東京にあるドイツ語圏の信者のためのカトリック教会に，私たちは恐る恐る入った。娘のジーニンと同じドイツ人学校に通っている2人の息子が堅信礼を受けるからと，シュテューバー家が私たちを誘ってくれたのだ。アルフレッド・シュテューバーは数年前から，ドイツ企業の日本子会社のCEOを務めていた。彼とその妻エマはセシリアと同じ村の出身で，彼女の両親とも親交があった。

　会場は祝賀ムードに包まれていた。みんなの目線は1人の人物に集中していた。部屋の真ん中付近で，招待客1人1人に挨拶し握手している，ケルン大司教のヨーゼフ・ヘフナー枢機卿（1906〜1987年）だ。ケルン大司教区は，東京教区，特にド

東京でミサを行うヨーゼフ・カーディナル・ヘフナー枢機卿

イツ語圏の信者コミュニティを賛助していた。そんな経緯もあって，ヘフナー枢機卿がミサを行い，堅信を授けた。

　それが彼との初めての出会いだった。私たちは握手をして，一言，二言，言葉を交わした。短い会話だったにもかかわらず，私は深い感銘を受けた。その3年後，ケルンの彼の教会でヘフナー枢機卿と一対一で会った。私の訪問理由は，グラヒト城で開催予定の「ビジネスと教会」というテーマのカンファレンスに，ヘフナー枢機卿に個人的に招待することにあった。彼はカトリック教会での高い地位のためだけでなく，その並外れた学歴からも，このイベントにうってつけの基調講演者に思えた。彼は大学では経済学を専攻し，その後，経済学を含めて4つの博士号を取得していた。私はカンファレンスの狙いや聴衆が最高責任者クラスであることを彼に伝えた。彼は非常に熱心に耳を傾け，そのカンファレンスのテーマは教会の観点から重要かつ現代的だと歓迎してくれた。それから，しばらく物思いにふけった。それは私にとって永遠に続くかのように思える時間だった。

　「私にはお受けできません」と，彼はひどく静かに感情を込めずに言った。

　それが最後通告だと直感でわかった。考え直してもらおうと説得しても無駄だ。私は今日まで，あれほど明確できっぱりとした答えを聞いたことがない。私は失望を隠せなかった。しかし，彼は付け加えた。「あなたのために，ふさわしい講演者を探しましょう」

　それは単なる社交辞令ではないとの印象を受けた。それどころか，その言葉には

拘束力があると感じた。果たして，彼は約束を守った。後に教皇庁の枢機卿になる
バチカン出身のポール・ヨゼフ・コルデス司教に，カンファレンスで講演するよう
に手配してくれたのだ。コルデスはこのテーマについて申し分のない適任者であり，
カンファレンスでの基調講演は一流の内容だった。

　これまで出会った人々の中で，誰が最も印象深かっただろうかと，私はよく自問
する。ヘフナー枢機卿はそのうちの数少ない1人だ。1990年に『w&v』誌のイン
タビューで，私は過去あるいは現存の人物で最も感銘を受けたのは誰かと尋ねられ
た。自然に出てきた答えは「ヘフナー枢機卿」だ[注15]。しかし，その理由を正確に
説明するのは難しい。彼の何がそれほど消えない印象を残したのか。彼が完全に自
分の心に疚しいところがないと感じられたからだろうか。それとも，彼から発せら
れた言葉の確かさにあったのか。あるいは，彼の答え方かもしれない。温和なよう
だが，疑念や議論を挟む余地はまったくなかった。私の直感では，この冷静さや確
かさの根底には，彼の堅実で揺るぎない信仰心がある。その後に列聖された人に
会ったことはないが，かつての同僚はカルカッタでマザーテレサと会ったときの話
をしてくれた。その話を聞きながら，ヘフナー枢機卿を前にしたときのことが思い
出された。

▍フィリップ・コトラー

　私がマーケティングに注目したのは，フィリップ・コトラーがいたからではない
としても，この道を進むことにした決断において，彼は間違いなく重要な役割を果
たした。1967年，コトラーは画期的な著書『マーケティング・マネジメント』を出
版した。学生だった私はこの教科書を熱心に読んだ。顧客志向のマネジメントとし
て理解されるマーケティングは，私にとってまったく新しい概念だった。自分の研
究の中でも，コトラーの論文に出会い，その多くは私の論文のテーマに直接関係し
ていた。特に，『Management Science』誌で1965年に掲載された論文は，マーケティ
ングが新製品のライフサイクルに及ぼす影響を取り上げていた[注16]。前章で述べ
たように，私は数学的な分析を用いて，彼のモデルが無意味な結果につながりうる
ことを証明できた。そのような結果を批判した私の論文は，1978年に『Management
Science』誌に掲載された[注17]。ドイツの「名もなき人間」が大御所を批判したこ
とで，学界の多くの人々は神経を尖らせた。

　1979年1月，私はシカゴ近郊のエバンストンにあるノースウェスタン大学を訪れた。コトラーが教えている大学だ。お会いしたいと願い出ると，驚くことに，コトラーはすぐに快諾し，心のこもった挨拶で迎えてくれた。すぐに馬が合うと感じた。彼は私にいくつかアドバイスをくれた。そのうちの1つはシカゴの「価格コンサルタント」，ダン・ニマーに連絡してみるといい，というものだった。価格コンサルタントに会うようコトラーに奨められていなかったなら，私はどうなっていただろうか。

　この最初の出会いから，コトラーとは生涯の友情が芽生えた。私が彼ほど頻繁に会ったマーケティング学者はほとんどいない。彼はその後も，カンファレンスの講演者として世界中で引っ張りだこであり，そうした機会の多くに私も参加した。長年にわたって，上海，メキシコシティ，サンパウロ，バングラデシュ，ウィーン，ミラノ，キャッスルグラハト，東京（写真を参照）などで私たちの道は交差してきた。

　私はコトラーのように親しみやすく，バランスのとれた，疲れ知らずの人物に会ったことは少ない。彼は他の人なら押しつぶされてしまうほどの仕事量をこなしてきた。60冊以上のマーケティング書を執筆し，21の名誉博士号を受けている。彼のh指数は194，i10指数は1208だ[注18]。個人的にこれほど高い数値の研究者は見たことがない。

　彼の新しいテーマに夢中になる能力にも感銘を受けた。コトラーは最近の講演ではいつもデジタル化に言及する。高齢にもかかわらず，最も近代的な方法論と現代のケーススタディに精通している。その好奇心は尽きることを知らない。私は彼の著作物を熟知しているが，『資本主義に希望はある』には多くの点で驚かされた[注19]。第1に，マーケティング専門家（マーケティング学を体現する人物）が，資本主義

2016年10月，東京でフィリップ・コトラーと

を根本的に批判する内容を書くのは非常に珍しい。こうしたテーマを取り上げていることからも，彼が典型的なマーケティング研究者の視野を超えて，幅広く物事を見ていることがわかる。またこの本には，彼の幅広い知識基盤と，経済，政治，社会の相互作用を深く理解していることも実によく表われている。MIT で経済学の博士号を取得したことが如何なく発揮されている。コトラーは年 1 ～ 2 冊のペースで，ますます幅広いテーマの本を執筆している。私はコトラーに恩義を感じており，今後もなるべく多く会う機会があることを願っている。

▌マーヴィン・バウアー

　ハーバード・ビジネス・スクール時代，私はマーヴィン・バウアー寄付講座の特別研究員だった。マッキンゼーの創業者であるジェームズ・マッキンゼーが1937年に亡くなり，パートナーの A・T・カーニーが独立して自分の会社をつくるために去った後，マーヴィン・バウアー（1903～2003年）はマッキンゼーの精神的な支柱になった。マッキンゼーの行動規範と企業文化のルーツはバウアーにまでさかのぼる。彼とは 1 回夕食を供にしたが，とても印象深かった。彼がニューヨークからボストンを特別に尋ねた機会に会ったのだが，85歳でも相変わらず鋭かった。

　1997年，彼が94歳のときに出版した著書『*The Will to Lead*（リードする意志）』を読んでも同じ印象を受けた[注20]。彼は1966年にも似たようなタイトルの著書『*The Will to Manage*』（邦訳『マッキンゼー経営の本質』）を出版している[注21]。この書名から思い出されるのが，フリードリヒ・ニーチェの物議を醸した概念「力への意志（will to power）」だ[注22]。「意志」という言葉は，リーダーシップや経営に欠かせない特性であるにもかかわらず，経営学の論文にはほとんど出てこない。興味深いことに，「意志」という概念から連想されるのは，ローマ時代の哲学者であるセネカの「意欲は学べない」という言葉だ。

　私はバウアーのどんなところに感銘を受けたのだろうか。それは，「ソフト」と「ハード」を併せ持つところである。ソフトな面は，その落ち着き，経験に基づく知恵，控えめな見た目などだ。しかしその背後には，決断力とくじけない意志があり，強さを見せながらも攻撃性を感じさせない。バウアーに会ったことは私の人生のハイライトだった。2003年 1 月22日，100歳の誕生日を迎える数カ月前に彼は亡くなった。

ハンス・リーゲル

　ハンス・リーゲル（1923～2013年）は，ラグジュアリー・グループのリシュモンのヨハン・ルパートと同じく，私がこれまで会った中で最も素晴らしい起業家の1人だ。リーゲルは1923年にボンで製菓会社，ハリボを創業したハンス・リーゲルの長男として生まれた。ハリボという名前は「ハンス・リーゲル・ボン」の略だ。第二次世界大戦で軍務に就き，捕虜になった後，ボンに戻った。折しも，父親が不慮の死を遂げ，若くして同族会社のトップを引き継ぐ必要に迫られた。1946年から2013年までの67年間，彼はハリボを率い，衰えることなく創造性を発揮し続けた。彼はティーンエイジャー向け雑誌を読み，若者の言葉を理解し，子どもやティーンに訴求する新製品開発に何度も成功してきた。若い頃には，ドイツにバドミントンを紹介し，1953年には男子ダブルスで初のドイツチャンピオンにもなった。また，兄弟と一緒にスピードボートのレースにも参加している。

　リーゲルは矛盾に満ちた人物だ。会社に全意識を集中させていた。仮に誰かが午前2時に彼を起こして，「何を考えているのか」と聞いたならば，おそらく「ハリボ」か「グミベア」と答えたことだろう。彼は効率と効果を同時に実現していた。彼との話し合いは常に必要事項に絞られ，彼はそれから意思決定を下す。効率性の探求は事業の隅々まで浸透していた。彼はキャリアの早い段階で，出張時間を削るためにヘリコプターを購入し，自ら操縦士免許も取得した。

　彼と私の関係はやや奇妙なものだった。彼から私は数少ない信頼のおける人間とみなされていることを感じていた。それと同時に，私も他の大多数の人と同じく，本当に彼を動かすものが何なのか見当もつかなかった。彼が私を信頼した根底には，私が時折彼に反論したり，少なくとも意見が合わないことを示したりした事実にあったのだろう。彼に頼りきっている従業員をはじめとする他の人々は敢えて彼に異を唱えることがほとんどなかった。彼は自らの意志で，自分の資産を管理する財団の保護管理役になってほしいと私に打診してきた。私は慎重に検討し，関係者と話し合った後で，最終的にその申し出を断った。2013年にリーゲルが亡くなったときには，本当に悲しかった。残念ながら，私は当時ニュージーランドにいたので，彼の葬儀に参列できなかった。

▍中田智洋

　中田との関係は，長年の友人で東京にある学習院大学の上田隆穂教授を介して始まった。学習院大学は日本社会で重要な役割を果たしてきた。皇室の子弟は伝統的に同校で学ぶ。写真は私たち夫婦が中田（左），上田（右）と一緒にいたときのものだ。

　中田はさまざまな点で珍しい起業家で，隠れたチャンピオンのコンセプトの大ファンでもある。彼の会社であるサラダコスモは，チコリやモヤシなど新鮮な野菜で日本市場のリーダーだ。彼は長年，自社をうまく率いてきた。私はサラダコスモで初めて，大規模なバイオ生産工場というものを見た。コンピュータ制御されたパレットで，工場内を植物が移動する。植物は常に最適な量の水，栄養素，光，湿度で育てられる。人工肥料や農薬は使わず，有機栽培の基準を満たしている。

　ただし，私が感銘を受けたのは，そのビジネスマンとしての能力だけではない。サラダコスモ本社は，日本の中部の中津川という，日本の基準でいうと小都市にある。彼は自分のアイデアとエネルギーを注ぎ込み，故郷の町の未来を牽引しているのだ。1つの目玉は，2027年に予定されている新しい磁気浮上式列車「リニア新幹線」の開設だ。山奥深くを直線で切り取ったこの路線により，遠く離れた中津川の町は，東京と名古屋の郊外へと効果的に生まれ変わるだろう。2027年の竣工式には，2人で参加できることを願っている。

　中田は地元に根ざして活動しているが，同時に真のグローバルプレーヤーでもある。彼は私を訪ねて何度もドイツに足を運んだ。40人の日本人と一緒に，かつて我が家のテラスで日本の国歌を熱心に歌ってくれたこともある。彼はアルゼンチンに，

2015年中津川にて，中田氏，私，上田教授，セシリア

1,200ヘクタールの自分の土地を持ち，植物の種子を栽培している。2019年にはさらに8,000ヘクタールを購入した。オランダでチコリ生産用の苗を調達し，イタリアで他の材料を購入している。彼は私よりほんの数歳若いだけだが，年に数回，これらの場所をすべて視察して回る。いつ見ても，彼は親しみやすく，エネルギーにあふれ，アイデアが湧き出てくる。彼は２機の大型飛行機をチャーターして，後援する舞踊団の生徒を南米に連れて行き，数十年前に移住した日系人のためにパフォーマンスを披露した。地理的，文化的な距離にもかかわらず，彼と私は深い友情で結ばれている。

楊樹仁（ヤン・シューリェン）

　2002年，中国の起業家であるヤンは，私の著書『隠れたチャンピオン』の最初の中国語版を読んで，この戦略的コンセプトの熱烈なファンになった。彼の会社，山東モリステックは山東省州寿光市にある。近くに黄海があるせいか，寿光市には特殊化学品産業の基礎となる独特の塩水源がある。同社はその寿光市で９つの生産工場を運営している。

　隠れたチャンピオンのコンセプトに触発されたヤンは，自社が国際的な市場リーダーになれるチャンスのある製品だけに集中することにした。そして今日，３種類の難燃材料のグローバル市場リーダーになっている。

　ヤンの隣を歩くとき，背の高い私のほうが有利なはずなのに，遅れないように必死に歩かなければならない。彼は小柄だが，身体には大量のエネルギーとアイデアが詰まっている。ただし，彼はアイデアを思いつくだけではない。息を呑むほどのスピード感でしつこく実行していく。あらゆる問題をビジネスチャンスと見なしているのだ。

　約50の化学工場で水供給の問題を抱えていたとき，ヤンは各工場のニーズに合わせてカスタマイズで水を供給する処理工場を建設した。中国の化学品産業における最も深刻な問題は労働者の安全だ。生命にかかわる事故が頻発するので，安全性は彼にとって重要なテーマとなった。そこで彼は何をしたのだろうか。労働安全のための学校をつくったのである。中国では，体系的な職業訓練も未開拓の分野だったので，その問題に対処すべくドイツモデルの商業学校を設立した。それだけではなく，彼は健全なマネジメント研修の必要性も認識していたので，ビジネススクール

も立ち上げた。その学校に私の名前が冠されていることを本当に光栄に思っている。

　ヤンとのビジネス上の関係は，家族ぐるみの個人的な友情に発展している。彼のもてなしに勝るものはない。私たちは何度も一緒に旅行した。1つのハイライトは，2018年夏に家族づれで行った内モンゴルの旅行だ。彼は私が通常出張で行く巨大都市で見かけるものとはまったく違う中国の側面を見せてくれた。私に中国を紹介してくれたヤンにとても感謝している。

李美敬（ミキー・リー）

　アジアでは，個人宅に招待されるのはめったにない名誉なことだ。友人で韓国出身の劉必和（ユー・ピルファ）教授はその点で例外的な存在だ。彼はソウルの歴史地区にある両親の古い家をゲストハウスとして使っている。彼の妻でデザイン学の教授でもあるイ・キヒャンにより，1階の装飾はギリシャ・スタイルとなっている。2階には，有名な哲学者の作品が揃った図書館があり，ユー教授はそうした作品を5つの原語で読みこなしている。セシリアと私がソウルを訪れるときには，ここが定宿となっている。ある夕食会では，韓国テレコムCEOの黄昌圭（ファン・チャンギュ）と大企業のCFOが招かれていた。女性がもう1人後から加わるという。

　しばらくして，最後のゲストが部屋に入ってくると，みんなの視線が一気に集まった。人目を引くドレス姿に運動靴をはいた彼女は，ビジネスウーマンというより若い女の子のようだった。彼女はミキー・リー。韓国名は李美敬（イ・ミギョン）で，サムスン創業者の李秉喆（イ・ビョンチョル）の最年長の孫娘だ。ソウル大学のほか，台湾，日本，中国でも学んだエリートであり，ハーバード大学で修士号を取得し，数年間教壇にも立った。

　しかし，彼女は親の七光りに頼らなかった。兄と一緒に，メディア，エンタテインメント，小売業を手掛けるCJ E&M（現CJ ENM）を設立し経営に参画した。同社は年間売上590億ドルを誇るCJグループ傘下にある。彼女は，スティーブン・スピルバーグ，ジェフリー・カッツェンバーグ，デビッド・ゲフェンが1994年に設立した映画スタジオ，ドリームワークスSKGの初期の投資家の1人でもある。ビジネスと文化への功績により，彼女は国内外の数々の栄誉賞を受賞してきた。

　ミキー・リーが登場すると，たちまち夕食会の雰囲気が変わった。彼女のカリスマ性が部屋中に伝播していった。彼女は気取ったところがなく，鷹揚でユーモアの

センスがある。彼女はビジョンとして掲げる「新しい産業，雇用，ヒーローを創造する」を信じられないほど高いレベルで実行してきた[注23]。映画界の重鎮の1人，カッツェンバーグは「ビジネスウーマン，マネジャー，リーダーとして彼女をこの上なく尊敬している」と語っている[注24]。他の人は同レベルの業績があるかもしれないが，彼女がこれほど特別なのはそれが理由ではない。リーほど深刻かつ慢性的な健康問題を克服し，これほどの高みに達した人は少ないだろう[注25]。模範的で前向きなものの見方や態度を維持しながら，障害を克服してきたことは，彼女という人間を示す真のバロメーターといえる。私に最も深く，最も永続的な印象を残した人物は誰かと聞かれた場合，彼女は最初に挙がってくる数少ない候補者の1人となるだろう。

▎第12章の注 ▎

（注1）Peter F. Drucker, *Adventures of a Bystander*, New York: Harper & Row 1978.

（注2）Stefan Zweig, *Die Welt von gestern – Erinnerungen eines Europäers*, Stockholm: Bermann-Fischer 1944.

（注3）Balthasar Gracian, *The Oracle Manual and the Art of Worldly Wisdom* (Spanish original title: "Oraculo manual, y arte de prudencia"), translated into German by Arthur Schopenhauer, 11th edition, Frankfurt am Main: Insel 1998.

（注4）1999年6月26日付けのピーター・ドラッカーからの個人的な手紙。

（注5）2016年10月17日にもらった電子メールで，彼の娘のセシリー・ドラッカーがこの件について疑問を提起している。「親愛なるハーマン，友人が最近，ハーバード・ビジネス・レビュー誌に掲載されたあなたの記事を送ってくれました。楽しく読ませていただきましたが，1つコメントをしたいと思います。父は歴史を用いて（時には望ましい結果になるように事実を曲げて）状況を説明したのと同じように，自分の著作に一部手を加えることもありました。これがそうだとは言いきれませんが，グラシアやキルケゴールを読める（深く読解できる）ほど，父がスペイン語やデンマーク語を学んでいた可能性はかなり低いと思います。私が間違っているのかもしれませんが，私が育ってきた中では，我が家のダイニングテーブルで，そういう話はありませんでした！　あなたと奥様に心からの敬意をお伝えします。　セシリー・ドラッカー」

（注6）"Ein bärtiger Revolutionär und erfolgreicher Bankier," *Frankfurter Allgemeine Zeitung*, February 1999; 以下も参照。Benedikt Koehler, Ludwig Bamberger, *Revolutionär und Bankier*, Stuttgart: Deutsche Verlag-Anstalt 1999.

（注7）1999年3月4日付けのピーター・ドラッカーからの個人的な手紙。

（注8）2001年11月28日付けのピーター・ドラッカーからの個人的な手紙。

（注9） Arthur Koestler, *Der göttliche Funke*, Munich: Scherz 1968.

（注10） シェンノートはアメリカで有名である。彼の肖像画の切手があり，ルイジアナ州のシェンノート国際空港は彼の名前が冠されている。

（注11） Gerhard Neumann, *Herman the German: Enemy Alien U.S. Army Master Sergeant #10500000*, New York: William Morrow 1984.

（注12） 同上。p.5.

（注13） Theodore Levitt, "Marketing Myopia," *Harvard Business Review*, July/August 1960, pp.45-56.

（注14） Theodore Levitt, "The Globalization of Markets," *Harvard Business Review*, May/June 1983, pp.92-102.

（注15） *w&v*, November 2, 1990, p.180.

（注16） 以下を参照。Philip Kotler, "Competitive Strategies for New Product Marketing over the Life Cycle," *Management Science* 12 (1965), p.B-104.

（注17） 以下を参照。Hermann Simon, "An Analytical Investigation of Kotler's Competitive Simulation Model," *Management Science* 24 (October 1978), pp.1462-1473.

（注18） h指数は少なくともn回引用された論文がn本あることを示す。i10指数は少なくとも10引用された論文数である。
https://scholar.google.com/citations?user=g9WIbh0AAAAJ&hl=en （2019年9月23日調べ）

（注19） 以下を参照。Philip Kotler, *Confronting Capitalism: Real Solutions for a Troubled Economic System*, New York: AMACOM 2015.

（注20） Marvin Bower, *The Will to Lead: Running a Business with a Network of Leaders*, Cambridge, MA: Harvard Business School Press, Cambridge, 1997.

（注21） Marvin Bower, *The Will to Manage: Corporate Success Through Programmed Management*, New York: McGraw-Hill, 1966.

（注22） 「力への意志」はフリードリヒ・ニーチェの独立した著作物ではなく，『悦ばしき知識』と『ツァラトゥストラはかく語りき』で紹介されている概念である。このコンセプトは，その後のすべての著書で少なくとも簡単に言及されている。

（注23） Yoolim Lee, "Selling Korean Cool," *Bloomberg Markets*, March 2014, p.57.

（注24） 同上。p.54.

（注25） シャルコー・マリー・トゥース病という，遺伝性の運動系と感覚系の末梢神経障害で，身体のさまざまな部位で筋肉低下や感覚低下が進行する特徴がある。現在のところ治療法はない。

第13章

魔法の瞬間
Magic Moments

　この章では，私の記憶に刻まれている個人的な経験を取り上げたい。ドイツ統一や2001年9月11日のアメリカ同時多発テロなど歴史上の重要な瞬間にまつわるものもあれば，広い世界とは無関係な出来事もある。シュテファン・ツヴァイクの著書『歴史上の決定的瞬間』に部分的に感化されているが，私の書く個人的な出来事がツヴァイクのいう決定的な瞬間の重みや影響力を持っているということではない(注1)。とはいえ，いくつか共通点がある。ツヴァイクは歴史の中で「些細で平凡なことは無数に起こる」のに対し，「崇高で忘れられない瞬間はめったにない」と述べている。これは大多数の人の私生活にも当てはまることだ。しかし，一部の経験が私たちの記憶にいつまでも鮮明に残っているのに，他の出来事は（より重要でも）きれいさっぱり忘れてしまう理由は，科学的にはっきりと解明されていない。

▌大きく外れた予測

　ドイツの主要なビジネス誌『*Maneger Magazin*』の招待により，1989年10月25日にドイツ企業12社の CEO がミュンヘンに集まり，「ドイツはどうなるのか」というテーマで話し合った。東西ドイツ情勢はその数週間前から過熱していた。東ドイツ市民が国外への旅行許可を取得し，チェコスロバキアの首都プラハの西ドイツ大使館でハンス・ディートリッヒ・ゲンシャー独外相の劇的な光景〔訳注：ゲンシャーは大使館のバルコニーから，東ドイツの亡命希望者たちにチェコとの国境を通過できることを伝えた〕は，いまだにみんなの頭に鮮明に残っていた。スポーツ用品会社アディダス CEO（当時）のレネ・イェギは，東ドイツのオリンピック委員会と契約を結んだ直後で，やや遅れて到着した。1992年にバルセロナで開催される夏季オリンピックのスポーツ用品に関する契約だ。「アディダスが東ドイツのオリンピックチームと結ぶ最後の契約になると見ている」と，イェギは言った。

　「オリンピックがアトランタで開催される1996年に，東ドイツチームはもはや存在していないということか」と，ある CEO が聞いた。

　「その通りだ」と，イェギはぶっきらぼうに答えた。残りの参加者は信じられないという目で彼を見た。ただの空想だと大方の人は考えていた。

　2週間後の1989年11月9日（木），私はパリで会計ファームのプライスウォーターハウスのエグゼクティブ・セミナーで教えていた(注2)。当然ながら，ドイツで進行中の2つの出来事をめぐる議論になった。ドイツ統一の可能性について，20世紀の

終わりまでに起こりうると，私は述べた。それから10時間以内にベルリンの壁が崩壊するとは，知る由もなかった！　その日の晩にボンに戻ると，公式のニュースが流れた。東ドイツ国家は実際上もはや存在しない。ドイツの正式統一は１年以内に行われるという。

ドイツ統一が平和的かつスムーズに行われたことはいまだに驚きだ。第３章で述べたように，鉄のカーテンの両側の当事者は重武装していた。しかし発砲はなく，爆弾が落とされることもなかった。「未来は暗闇の中にある」というドイツの歌がある。それは常に真実であり，今後もそうなのだろう。

ベルリンの壁が崩壊した２日後の1989年11月11日，私は２人の子どもと一緒にベルリンに向かった。当時，ジーニンは14歳，パトリックは９歳だった。ベルリンの壁と東ドイツを見せたかったのは，どちらもじきに現在の形では存在しなくなるからだ。私たちは車を借りて，壁の隙間を抜けて東ドイツへと運転した。その頃には壁のあちこちが開かれていた。現地の様子は25年前に学校の旅行をしたときと，ほとんど変わらない。すべてが灰色の落ち着いた色合いの中に隠されているかのようだった。東ベルリンの脇道に入ると，第二次世界大戦末期の戦闘による弾痕がまだ目についた。

その旅の前に，私はほんの一瞬，東ベルリンを訪れたことがあった。西ドイツ市民にとって，東ドイツの残りの場所は立ち入り禁止だった。それが今や問題なく，ベルリンの外にあるポツダムに車で行くことができた。ポツダムの町も同じように落ち着いた灰色の光景で埋め尽くされていた。ポプラ並木の田舎道を走ると，ロシア軍の大型トラックの車列に遭遇した。トラックには威圧感があり，その景色全体を見ると，私はひどく落ち着かない気分になった。

1990年２月にドイツ東部の都市イェーナを訪れた時にも同じ感覚に襲われた。私たちは夕方に到着し，同地の教授を訪ねるつもりだった。街は真っ暗だった。通りかかった人に電話をかけられる場所がないかと聞いた。その人は「郵便局にある」と言い，道案内を買って出てくれた。彼は私のBMWに乗り込んだ。そのような車に少し乗るだけでも，どうやら彼にとってかなりの体験だったようだ。

イェーナには私たちが一晩泊まれるホテルはなかった。ようやく西ドイツ人の友だちの知り合いを見つけて，一晩泊めてもらった。私は数カ月後，有名な光学機器製造会社カール・ツァイスのCEOとの昼食会に出るため，再びイェーナに行った。最初の訪問で私たちを温かく迎えてくれた地元住民は今や，私に疑いのまなざしを向け，私の前ではひどく慎重に振る舞っていた。ツァイスのCEOのような重要人

物と私が会っていることをどう考えたらいいのか，彼らにはわからなかったのだ。数カ月後，東ドイツは正式になくなり，そのCEOも西側の経営者に入れ替えられた。

▌実在しない場所からの帰還

　私の故郷のヴィットリヒにはかつてユダヤ系住民が大勢暮らしていた。住民の5％以上を占め，フランクフルトに次いでドイツで2番目に高い数値だった。1942年に最後まで残っていたユダヤ系住民がこの都市から去っていったが，1910年に建てられたシナゴーグはそのまま残り，1938年11月9日の「水晶の夜」という全国的な破壊活動の間も存続した。

　第二次世界大戦後，私の学生時代はずっと，ヴィットリヒのユダヤ人の運命は沈黙のマントに包まれていた。1980年代になって，ユダヤ人の歴史と運命を明らかにする最初の試みが，ナチスの過去に手を染めなかった若い世代によって進められた。1991年に市の取り組みとして，生き残ったユダヤ人に招待状を送ったところ，約70人が応じた。そのほとんどが高齢者で，イスラエル，アメリカ，アルゼンチンなどの国からはるばるやってきた。

　こうした人々に会って，私は深く感動した。私が生まれる前から，彼らは一緒に暮らしていたのだ。ナチスの手の届かないところへ脱出できなかった人々は，ポーランドの都市ウッチのゲットー（ユダヤ人隔離居住区）に移送され，そこからアウシュビッツなどの絶滅収容所に送られた。「実在しない場所」からヴィットリヒに戻ってきたのは，ナチスによる迫害前に逃れた幸運な人々である。

　若い頃には重苦しい沈黙が広がっていたせいで，私はそうした人々の存在に気づかなかったし，何も知らなかった。彼らは実在しない場所にただ消えていった。その彼らの多くが今，目の前に立ち，いまだに我らがモーゼル・フランケン方言を話している。彼らは復讐のためではなく，おそらく，最後に再び故郷に戻れて幸せそうに見えた。ほぼすべての人にとって実際にそれが最後の機会となったが，一度で十分だったようだ。誰も二度と戻ってこなかった。

　ヴィットリヒはその間にも，ユダヤ人の過去を説明するために多くのことを行った。1997年，ユダヤ人コミュニティの最後のリーダーの名を冠したエミール・フランク・インスティテュートが設立された。そこでは，この地域におけるユダヤ人の歴史研究のほか，キリスト教徒，ユダヤ人，イスラム教徒の間で宗教間対話も行わ

れている。フェンスや有刺鉄線の背後に何年も邪魔されずに隠されてきた市内のシナゴーグは元のスタイルに忠実に復元された。現在は文化とコミュニティセンターとして機能している。ヴィットリヒのユダヤ人がまだ存命かどうかはわからない。しかし，彼らとの出会いは，私にとって決して忘れられない魔法の瞬間だった。

▍よみがえった祖先

　2001年1月19日，不思議な夢を見た。1944年に黒海で溺死し，私が生まれる前に亡くなったおじのヤコブ・サイモンが，その夢の中では，スイスに住んでいて，1959年に私の故郷に再び現れたのである。私たちは講堂の中にいた。私はバルコニー席に座っていたが，ヤコブは前方に座っていて，壇上で話をするように言われた。彼はナチス政権時代にドイツから逃れたドイツ人について雄弁に語る。落ち着き払っていて，その場を支配しているように見えた。彼は整った身なりで，ダークカラーのピンストライプのスーツは身体にぴったりと合っている。しかし，その顔はぼやけている。私は長い間じっくりと見て，父に少し似ているなと思う。

　記者会見の後で，私は彼に近づこうとするが，大勢の人々に囲まれているので難しそうだ。ついに傍まで行けたので，また故郷に戻ってくるかと尋ねた。彼は戻らないと言う。いつか訪ねたいから住所を教えてほしいと頼んでも，教えてくれない。彼は私にドイツの謎の機関が発行した身分証明書を見せる。そこには「絶滅危惧種」の欄にチェックが入っている。私は彼に自分の名刺を差し出し，彼の名刺をもらおうとするが，うまくいかない。彼は立ち去り，再び彼を探し出す術がわからない。

　そこで目が覚めたが，ひどく不安で汗ばんでいた。これまで見た夢はほぼすべて忘れてしまったが，これは違う。どうしてなのだろうか。第1章で触れた魂の相互接続だろうか。

▍アフリカに渡る

　私たちが若かった頃，みんながどれほど大きくて広い世界を夢見たことだろうか！　何人かの友人は海に行き，私の旅行熱は強くなる一方だった。私たちの先祖は戦争中に遠くまで旅行していた。2人の叔父はアフリカでエルヴィン・ロンメル

ジブラルタル海峡を渡ってアフリカへ（1965年7月）

陸軍元帥の下で戦った。近所の若い男性はフランス外国人部隊に加わり，アルジェ
リアに赴任した。アフリカは手招きしているのに，自分の村に閉じ込められている
ようだった。

　第2章で挙げたスペイン，モロッコ，ポルトガルへの旅は，私たちが脱出した瞬
間だった。特に感動したのが，「アフリカの聖母」号でアフリカへと海を渡ったと
きだ。スペインのアルヘシラスからジブラルタル海峡のモロッコ側に向かった。写
真のポーズを見れば，その旅の間，私がどんな気持ちだったかがわかるだろう。

　初めてヨーロッパ大陸を離れ，別の大陸に足を踏み入れた時，私はインド航路を
開拓したポルトガル人のヴァスコ・ダ・ガマになったような気がした。当然ながら，
自分の住む大陸から初めて旅立つ経験は生涯で一度きりしかできない。これぞ，私
がいつかグローバルプレーヤーへと踏み出す第一歩だったのだろうか。私は今日で
もあのときの旅をそんなふうに捉えている。

　モロッコで，私たちは魅力的な世界に入っていった。モロッコはほんの数年前に，
フランスとスペインから独立したばかりだった。当時の人口は1,400万人だったが，
2019年には3,700万人になり，都市は次第に近代化されていった。しかし，私たち
が訪れた1965年にはまだ中世の香りを残す古いモロッコがあった。フェズの皮なめ
し職人地区に充満していた刺激臭は，今日でも私の鼻孔に残っている。マラケシュ
のジャマ・エル・フナ広場には，手品師，ヘビ使い，行商人，語り部がいて，アラ
ビアンナイトから抜け出てきたおとぎの世界のようだった。私たちはマラケシュで
3泊した。エアコンはなく，耐え難い暑さでろくに眠れなかった。しかも悪いこと

に，砂嵐が起こり，歯のすきまにも砂が入り込んできた。

　それでも，私はいつかマラケシュにまた戻って来ると言って，学校の仲間とビール1ケースを賭けた。私はこの賭けに勝ち，30年後に再び訪れたが，そのときには，若い頃に魅了されたマラケシュはもはや存在しなかった。ジャマ・エル・フナ広場は魔力を失っていた。おそらく，それは私が合理的に物事を捉えているからなのだろう。自分の過去にタイムトラベルすることは不可能だ。しかし，「アフリカの聖母」号で海を渡り，不思議なマラケシュに最初に熱中した思い出は，常に私にとって魔法の瞬間の1つとなっている。

9月11日

　フランクフルトの旧オペラ座のコンサートホールで，ドイツ連邦銀行のエルンスト・ウェルテケ総裁とヘンリー・キッシンジャー元米国務長官という著名な基調講演者を迎えて，カンファレンスが開かれた。私はそこで司会をする準備をしていた。写真は，2001年9月11日，フランクフルト時間の午後2時頃，昼食をとっているときに写したものだ。

　カンファレンスは午後3時，ニューヨーク時間で午前9時に始まった。私は司会者として，キッシンジャーを簡単に紹介した。彼は「リニューアルの年」というタイトルで講演した。後から考えると，冒頭の挨拶のタイミングといい，その中身といい，不気味なほど不吉な前兆となった。「アメリカ本土は外部の敵から攻撃されたことがない」と，彼は述べた。その会場にいた人は誰も，わずか8分後にその発言が真実でなくなるとは思ってもみなかった。

　キッシンジャーは午後3時30分に話を終えて，会場の参加者からの質疑応答に

2001年9月11日，フランクフルトでヘンリー・キッシンジャー（左）との昼食[注3]

移った。あるジャーナリストは，アメリカのチリ介入と1973年のサルバドール・ア
ジェンデに対する軍事クーデターについて，キッシンジャーに挑発的な質問をした。
会場内が張り詰めた空気になる中で，1人の男性が壇上の私のところに来て，
ニューヨーク市とペンタゴンが爆撃されたばかりだと耳元でささやいた。私はその
ニュースを知らせようとキッシンジャーの傍に行ったが，彼は私の言葉をどうも呑
み込めない様子だった。彼は私にうるさそうに手を振り，議論を続けようとした。

　私は賛同しかねたので，議論を中断することにした。挑発的な質問をしたジャー
ナリストは，私が話を遮ったのは，ただ自分を黙らせるやり口だと大声で叫んだ
（彼は後に謝罪することとなった）。私は聴衆に，どんな状況か正確に知っている人
はいるかと尋ねた。会場に到着したばかりのブルームバーグのジャーナリストが，
最新情報を素早く教えてくれた。その間に，技術チームが大画面にドイツのテレビ
のライブ映像を映し出した。私たちは皆，信じられない思いで，ニューヨークの状
況と世界貿易センターの建物が崩壊するのを目撃した。こうした瞬間に，人は歴史
的瞬間に立ち合っているのだと実感する。

┃モスクワの夜

　冷戦の只中の1971年秋。ソ連は外国人を一切信用しなかった。しかし同時に，同
国の闇市場は盛況で，ロシア人の若者たちは典型的な西洋の製品に魅力を感じてい
た。

　種々雑多なボンの学生グループがモスクワに旅行しようと決めたのは，そのよう
な環境の中だった。私たちはめいめいにジーンズ，ボタンダウン・シャツ，ボール
ペンなど，一見たいしたことはないけれども闇市場でよく売れる西洋の品々をスー
ツケースに詰め込んだ。私たちは，モスクワのタクシー運転手が支払いとしてペン
を受けとることを知っていた。闇市場でルーブルとドルの交換レートは公式の為替
レートの4〜5倍していた。10ドルをルーブルに換金すれば，一晩どんちゃん騒ぎ
をして過ごすのに十分な財力になった。クリミア産シャンパンやキャビアをはじめ，
私たち学生には自国では手の出ないロシアのおいしい食べ物を楽しめた。

　モスクワの大きな書店は，東ドイツで出版されたドイツ語の本を提供し，闇市場
の為替レートで，私たちは約1DM（0.5ユーロ）でクラシックな装丁の書籍を購入
することができた。送料も激安なので，文字通りメートル単位で測れるほど大量の

本を買って家まで送った。私たちは学生だったので，こうした取引をしても，良心
の呵責をまったく感じなかった。

　友だちのサミ・ヌールも，母国アフガニスタンに行く途中で，モスクワに立ち寄
る計画を立てていた。私たちはボンで同じ寮に住み，有名なホテル・メトロポール
内のアリアナ・アフガン航空のオフィスで落ち合うことになっていた。私は約束の
場所に行き，ヌールが到着したかどうか聞いてみた。アリアナのスタッフは，彼は
着いたらすぐ出発したと言う。極めて珍しいことだと私は感じた。2人ともドイツ
に戻るまで，何が起こったのかわからなかった。彼は空港からホテルまでロシアの
タクシーに乗り，スーツケースをトランクに入れた。彼がホテルでタクシーを降り
たところ，運転手はスーツケースを積んだまま走り去った。しかし，彼は警察に行
かなかった。関わり合いたくなかったのだ。その代わりに，彼は新しいチケットを
購入してドイツに戻った。

　モスクワでは，いくつか不快なサプライズにも遭遇した。私は通りで20ドル札を
交換した。マネートレーダーは私に100ルーブル紙幣のように見える紙を渡し，急
に興奮した声で「警察だ！　警察だ！」と叫んだ。私が振り向くと，そのマネート
レーダーは別の方角へすたこら逃げていった。私はひとまず心を落ち着けて手渡さ
れた紙を見ると，どうも100ルーブル宝くじらしい。騙されたのだ。私は20ドル札
がなくなったことで，しばらく落ち込んだ。

　2018年，私はそのエピソードを書いて，ロシア人の編集者に送ったところ，こん
な電子メールが返ってきた。「その話は間違いだと思う。宝くじではない。ロシア

宝くじのように見えるが（私は20ドルで闇市場のマネー
トレーダーから受け取った），実際には政府発行の無記名
債券である。

政府が発行した100ルーブルの無記名債券で，スベルバンク（当時はソ連で唯一の銀行だった）に持ち込めば，100ルーブルと交換できる。捨ててはいけない！　たぶんまだお金になる」。

　私はまだ手放していない。そんなこと知るか！

▌身動きができない状態に

　私は7歳の時に8週間，文字通りの意味で固定された。田舎育ちで常に自由であることに慣れていた農場の子どもにとって，こうした状態がどんな影響を及ぼしたのかを推し量るのは難しい。私が直面した問題は2つあった。第1に，成長のスピードが極めて速かった。第2に，おそらく栄養失調に陥っていた。母から定期的にタラの肝油（すごく嫌いだった）を呑まされたことを除けば，私たちはほぼ自給自足の生活だった。私は3歳の時に牛乳を飲むのをやめて，野菜の好き嫌いが多かった。6歳の時に股関節障害で足を引きずるようになり，慢性的な痛みを抱えていた。そのため，600床以上で2,400人が働く大きな地域病院のトリーア・ブラザーズ・ホスピタルに入院することになったのである。

　私は1人きりで家を離れたことはなく，入院するのはショックだった。左側はおへそから膝まで，右側は足全体（足首まで）にギブスをはめて下半身が固定された状態で8週間を過ごした。最初の数日間は怖かったが，何とか乗り越えることができた。両親が見舞いに来てくれる日曜日は最良の日で，同時に，最も悲しい日でもあった。両親はある時は妹を，またある時は近所の友だちを連れて来てくれた。みんなが帰っていくたびに，孤独をひしひしと感じた。ギブスがとれた後も歩行訓練が必要で，さらに4週間を病院で過ごした。

　退院して家に帰った日は，人生で最も幸せな日の1つとなった。学校の仲間たちが，村の半数の人たちと一緒に，私を歓迎するために姿を見せた。おそらく，これだけ筋肉が萎縮すれば，さらなるリハビリが必須だったはずだが，その後でそうした治療を受けることはなかった。私はスポーツがからきし駄目で，15歳まで競技で勝てなかった。

　子どもの頃のこのつらい経験は，どのくらい爪痕を残したのだろうか。病院での時間を思い出してみても，トラウマは感じない。その代わりに，人生で苦しい時には耐えて戦わないといけないことを直接教わったと感じている。忍耐は私の強みで

はなかったが，厳しい状況では，1954年秋の病院を思い出すと役立つ。おそらく，私が生涯にわたって故郷に強い愛着を持つのは，子ども時代のそうした経験にも根差している。あのときの入院ほど，人生で悲しかったことや，大きなホームシックを味わったことはない。何年もかかったが，運動能力を高めるために一生懸命働くことを学んだ。

▌東京とメキシコシティの地震

　地震はできれば経験したくないものだ。2005年のある晩，私は東京のANAホテルに泊まっていた。時差ぼけ状態で長い1日を過ごしたので，疲れ果てていた。夜になれば熟睡できると楽しみにしていた。真夜中の少し前に，奇妙な揺れを感じたとき，私はまさに眠りにつこうとしていた。半醒半睡の状態では，何が起こっているのかわからない。夢を見ているのだろうか。それとも，これが本物の地震なのか。初めてだったので，何が起こっているのかよくわからなかった。私は立ち上がったが，どうすればいいか見当もつかない。部屋の中にいてもいいのか，ロビーまで階段で降りたほうがいいのか。私の部屋は21階だった。ホテルは37階建てで，16階分の重さが頭上に乗っかっていることに気づくと，嫌な気持ちになり始めた。

　結局，「地震です。部屋を離れないでください。この建物は耐震性があります。さらなる指示をお待ちください」という館内アナウンスが流れた。このように心許ない状況では，実際に建物に耐震性があることを願うしかない。しかし最も不快な部分は，自分では何もコントロールできないことだ。ひたすら待つしかない。30分後，地震が収まったというアナウンスがあったが，やはり落ち着かない夜となった。

　それから約十数年後に，母なる大地が再び襲いかかってきた。2017年9月19日，私はメキシコシティで開催されるカンファレンスで講演する予定だった。カンファレンスのプログラムには，午前11時に地震訓練の予定が組まれていた。というのも，1985年の同じ日に1万人が死亡した大地震が起こったことを忘れないために，メキシコ全土で毎年恒例のイベントとなっていたからだ。約30分間，非常に規律のとれた訓練が行われた後，出席者はセントロ大学の講堂へと向かった。正午からすぐに私の講演が始まり，午後1時半まで続く予定だった。午後1時14分まで，私は順調にプログラムを進めていた。そして，衝撃が建物を走り，ステージが揺れ始めた。訓練の2時間後に，本物の地震が起きたのである！

数百人の聴衆が飛び上がり，出口に向かって急いだが，パニックは起こらなかった。私もすべて後に残して出口へと向かった。講堂は1階だったので，建物の外にすばやく出ることができた。しかし，モダンな建物はだいたい20階建てで，外の避難階段を使っている人もいた。その場合，外に出て地上に降り立つまでに，はるかに時間がかかるので，そういう立場になるのは遠慮したい。建物はこれまでの人生で聞いたことのない音を立てていた。巨大な圧力の下で，曲がりはしても壊れていない鋼桁がきしむ音が骨の髄まで伝わってきた。

メキシコシティの交通機関は運航を停止したが，主催者は賢い解決策を見つけた。自転車を手に入れて，3マイル以上離れた私のホテルまで移動できるようにしてくれたのだ。その日の午後，混乱の中にあって独力では帰り道を探せそうになかったので，主催者の1人が一緒に来てくれた。その人はアマチュアのマラソンランナーだったが，彼の支援や案内にはとても感謝している。

＊ ＊ ＊

東京の地震はリヒタースケールで5.8を観測した。メキシコシティ地震はリヒタースケール7.1で，東京よりも桁違いに強力だった[注4]。幸いにも，セントロ大学の建物で負傷者は出なかった。しかし，メキシコシティ全体では多くの建物が倒壊し，死者370人，負傷者は6,000人以上にのぼった。

▮ 4万年後の世界

2000年4月5日，起業家のラインハルト・モーンは「雑誌の自由，独立性，誠実さを促進し，国民の意識を高めるための優れた並外れた奉仕」で権威あるメディア賞を受賞する。モーンは小さな出版社を指揮して，グローバルなベルテルスマン・グループへと築き上げた。同グループは180億ユーロ以上を売上げ，世界最大の書籍出版社ペンギンランダムハウスを傘下に持つ。

2000年の直前に，ダイ・ツァイト紙は私に「世紀のビジネスパーソン」を挙げて，その人に捧げる記事を書いてほしいと依頼してきた。すぐに頭に浮かんだのは，ヘンリー・フォードとビル・ゲイツだが，私はラインハルト・モーンを選んだ[注5]。その後，授賞式で「21世紀のリーダーシップの課題」に関する講演を依頼された。

しかし，その夜の記憶が頭を離れない理由は，そこで講演をしたからではない。

　授賞式はミュンヘンのレジデンスシアターで行われた。私の前の講演者はバイエルン州知事のエドモンド・ストイバーだ。自分の講演を頭の中でリハーサルしている間，私は目を閉じている。これは講演前によく使うテクニックだ。しかし，このときは集中しきれず，「明晰夢」に陥った。それは夢想家が，自分は夢を見ていると気づいている心の状態だ[注6]。

　私は夢の中で，雲のようになってライン川の上を飛んでいた。故郷のアイフェルへと西に向かう。どういうわけか，それが4万年先の未来のことだとわかっている。眼下には，緑の草原が暗い森と交互に出てきて，キラキラと輝いている。風景は変わらないように見えるが，何かが欠けている。人も家も村も見当たらない。人は姿を消し，その後の何千年間ですべての痕跡が消え去っている。アイフェルは，ドイツ皇帝ヴィルヘルム2世が1889年に「アイフェルは美しい狩猟場だ」と言った理想の状態に戻ったのである。そこに人が住むのは残念なことだ。人がいなくなったことについて，私が悲しんでいると思うかもしれないが，その逆である。

　私はのんびりと心地よく白昼夢から目覚めた。緊張がほぐれ，肩の力が抜けている。その状態で，私はストイバー知事に続いて表彰台に上がり，講演を行った。

＊＊＊

　遠未来に祖国の上空を飛んだのは私の魂だろうか。この白昼夢を考えてみると，ヨーゼフ・フォン・アイヒェンドルフの詩「ムーンナイト」の最後の一節が浮かんでくる。

そして，私の魂は
その翼を広げ，
静かな大地を飛んだ。
まるで家に帰るかのように[注7]。

▌第13章の注▐

（注1）Stefan Zweig, *Decisive Moments in History*, Riverside: Ariadne Press 2014.
（注2）1998年，プライスウォーターハウスはクーパース＆ライブランドと合併し，プライスウォーターハウスクーパース（PwC）となった。今日，PwCは世界で

2番目に大きい監査法人である。

（注3）写真の左から右へ：ヘンリー・キッシンジャー，エルンスト・ウェルテケ（ドイツ連邦銀行総裁の後ろ姿），フランツ・アルト（テレビ・ジャーナリスト），カホ・ノイキルヒェン（メタルゲゼルシャフトCEO），カンファレンス主催者であるアーンスト・アンド・ヤング代表，ハーマン・サイモン。

（注4）リヒタースケールは線形ではなく対数である。つまり，地震のエネルギーは指数関数的に増加する。

（注5）以下を参照。Hermann Simon, "Fit für die Zukunft – Hermann Simon kürt den Unternehmer des Jahrhunderts," *Die Zeit*, December 30, 1998.

（注6）Celia Green, Charles McCreery, *Träume bewusst steuern. Über das Paradox vom Wachsein im Schlaf*. Frankfurt am Main: Krüger, 1996.

（注7）ドイツの詩人，ヨーゼフ・フォン・アイヒェンドルフ（1788〜1857年）が1835年に書いた詩「Mondnacht（月の夜）」の3連目。この詩は1837年に最初に出版された。ドイツ語の原文は以下の通り。

"Und meine Seele spannte
Weit ihre Flügel aus,
Flog durch die stillen Lande,
Als flöge sie nach Haus."

人生の学校
The School of Life

人生は終わりのない学校だ。この最終章では，人生が教えてくれたシンプルな教訓を紹介したい。このような教訓集は常に主観的かつ不完全で，集めた人にとって不利にならないように間違いなく精選されている。私も例に漏れない。

▌受けた支援に感謝する

　妻のセシリアや家族の助けや後押しなくして，この本に書いた道のりを堂々と歩めなかっただろう。セシリア・ソーソンは代々職人の家に生まれ，小さな村で育った。セシリアと私は学生時代にボンで出会い，1973年に結婚。ジーニン（1975年生まれ）とパトリック（1980年生まれ）の二児を育てた。セシリアは1972年から1988年まで特別擁護学校で教員を務めた。

　ハーバードで過ごした時期に，彼女は教職を辞めて，学校，図書館，メディアセンターなど教育機関で用いる音声・視覚メディアを手掛ける有限会社リングア・ヴィデオ・メディアを設立した。彼女は27年間この会社の経営に当たり，2016年に娘のジーニンがCEOを引き継いだ。

　セシリアと私は一度，2人とも教師や教授の仕事をやめて，なぜ起業家として自ら新しい道へと踏み出したかについて話し合ってみたことがある。ひとつには，どちらの両親も自営業だったことがある。しかし結局は，上司を持ちたくなかったから，独立した自営業のライフスタイルを求めたということで意見が一致した。

　私の両親は自営業で自給自足だった。それが私にどう影響したのだろうか。何をするか，いつどのように働くかを指示する人はいない。確かに天候，自然，年周期など外部の力による制約は受けるが，そうした力に対処する術は自由に決められる。上司もいない。自由人だった。

　おそらく，私が思っている以上に，そうした環境が人格形成に影響を及ぼしてきた。いずれにせよ，大人になってからの人生の大半で，私に何をすべきか，何をしてはいけないかと指図する人が誰もいなかったことを考えると，非常に愉快な気分になる。私は教授として，厳密に言えば州政府の公務員だが，基本的に自由に研究や教育活動をしてきた。また起業家として，完全に自己責任と自由を持つことができた。他人の指揮統制下に入るのではなく，自由と自己責任の道を進む人がそれほど多くないことには驚いてしまう。独立するのがすべての人にとって良いと言うつもりはない。自己責任と絶え間ない自発性を持つ負担がないほうが心地よいと感じ

る人が，大部分ではないにせよ，多いのだろう。

　セシリアも自営業の家系で同じような影響を感じてきた。彼女は組織のために類い稀な才能を持っている。彼女はすべての面倒をみて，その結果，私を解放してくれる。彼女はボンで我が家を建てたときに全体を取り仕切り，私の両親の古い農家をゼロから改装し，至高の宝石に変えてくれた。自分の小さな会社を築き上げながら，家庭を守り，家計を管理し，パーティーの準備をした。私が何年も仕事や出張で時間に追われている間，彼女は絶えず私の支柱となってくれた。しかも，信頼できるアドバイザーであり，私は彼女の言葉とアドバイスには唯一従ってきた。彼女は往々にして私よりも勇気がある。新しい挑戦のたびに「もちろん，あなたならできるわ」と言うのだ。

　彼女の系統立った分別ある支援なくして，私が自分の可能性を存分に開花できなかっただろうことは間違いない。子どもたちはそれぞれ成功しているが，やはり大いに助けになった。父親がほぼ常に身体も心も仕事にとられている状況を容認してくれた。私が頻繁に出張やビジネスを優先させたせいで，子どもたちは多くのことを逃した。家族にきちんと目配りができなかったし，私が職業人として成功するために，家族は大きな代償を払った。というのも，私のような状況にある人は，家族や家庭の心地よさは当たり前だと考えて，それをつくって維持する努力を過小評価してしまうからだ。しかし，私が確信を持って言えるのは，家に戻ることが，プロジェクトや出張の最も素晴らしい部分である。

　仕事漬けで出張ばかりの人生を送るときに，独身者は何をするのだろうか。中途半端にストレスのない生活を求めるなら，人生の退屈な日々の雑務の多くを誰かに任せなくてはならない。言い換えれば，そうしたサービスのためにお金を払う必要がある。そうでなければ，長期にわたって仕事漬けの状況を維持することはできない。

　しかし最悪の場合，対価を払うのは主に（多くの場合）家族だ。「最悪の」時期がひどく長びけば，友情は長続きしない。それは人生が教えるもう1つの教訓だ。状況が悪くなると，いわゆる友情の大半が都合の良いときだけの現象だったと露呈する。

　セシリアは他にもさまざまな分野で活躍した。数年間，市議会で活動したが，時間とともに，政治プロセスにうんざりして，自分で文化的なイベントを開催することにした。ドイツが1991年に首都をボンにするかベルリンにするかを選ぶ際に，彼女は「ボンは首都のままで」というステッカーを印刷し，企業やホテルなどさまざまな場所に何千枚も配布するなど奔走した。

「ボンは首都のままで」，1991年にドイツの
首都を決める際に，セシリア・サイモンが
作成したステッカー

1991年6月20日，ドイツ議会で338票のうち320票がベルリン支持に投じられた。最終的に，私たちはこの決定から利益を得た。ボンのライン川沿いに家を買ったが，それは以前オーストラリア大使が住んでいた場所だった。ボンは発展し，現在の人口はドイツの首都だった時代よりも増えている。

▌明日のことは心配しない

うまくいかない日や，重大な問題に直面しているときに，不安や負担を感じるのは当たり前である。心配するのはたいてい将来についてだ。明日の会議に間に合うか。プロジェクトを獲得できるか。検診結果はどうなるか。子どもは試験に受かるか。

私の母の座右の銘の1つは「明日起こらないかもしれないことを心配するな」というものだった。霊気療法を発明した臼井甕男（1865〜1925年）も同じく「今日だけは心配するな」と述べている。臼井の言葉から，私たちはみな，改善できることに取り組み，変えられないものは受け入れるべきだという，シンプルな洞察が得られる。

人間は未来の自分自身を想像し，それについて考え，計画し，心の中で出来事を予測する能力を持っている。この能力から希望も恐怖も生じるので，先述のような問題が生じる。恐怖は不安の源泉だ。しかし，私たちが恐れていることの多くは決して起こらないので，不安にかられてくよくよしてはいけない。憂慮すべきは，現実の出来事で実際に恐怖を抱く場合だ。単なる農家の嫁であっても，母のアドバイスには大いに助けられた。日々の生活の中で，そのアドバイスをうまく心に留めることができるほど，おおらかで気苦労とは無縁の生活になっていく。個人的には，

母の言葉が頭をよぎらない日はほとんどない。そして，時折忘れてしまうと，セシリアが持ち出してくる。

▌健康に生きる

「人生の学校」という見出しで健康というテーマで書くことには明らかにリスクがある。その１つは，「運動，正しい食生活，ストレス軽減」という決まり文句や格言で落ち着くことだ。もう１つは，個人的な健康維持と促進のための処方箋で他の人々を説得しようとする宣教師の役回りになることだ。個人的な詳細に深入りせずに，こうしたリスクを避けながら，いくつかの経験を紹介したい。

決まり文句の１つは，年をとるほど衰えるので健康の重要性が増すというものだ。これは基本的に普遍の真理である。しかし私が見たところ，私と同世代の人が年をとって苦しんでいる病気の多くは自ら招いたものだという点はあまり注目されていない。根本原因は往々にして，過去に長期にわたって実践してきた行いにある。友人の世界一流の科学者で，ドイツ感染症研究所の元所長のルディ・バリング教授は「高齢者の病は主に小児期の疾病だ」と述べていた。若いときの危険な振る舞い，喫煙，体重過多，アルコール摂取，高レベルのストレスなどがそうだ。ほとんどの場合，老化はこうした振る舞いの影響を逆転させることはないが，軽減させることは可能だ。したがって，親や若者がそのような行いの長期的影響を考えて，悪影響が長びきそうだとわかってきてようやく止めるのではなく，人生の早い段階でそれらを取り除くことをお奨めしたい。

第２の個人的な経験として，栄養摂取のやり方を変えると奇跡的な効果をもたらすことがある。私は2014年に軽症糖尿病だと診断された。少し調べてみると，この病気は一般的になりつつあり，深刻なダメージを引き起こすことを知ってショックを受けた。医者は薬を処方しようとしたが，私はそれには反対で，栄養摂取を通じてこの問題を解決することを約束した。食生活を根本的に変えたところ，６カ月後の血液検査ですべて正常値に収まっただけでなく，最適なレベルになった。

しかし，こうした調整に失敗する人が多いことにも気づいた。ボトルネックとなるのは必ずしも知識の欠如ではない。それよりも，いつもと違う，あるいは，大幅に異なる食習慣を受け入れたがらないことが弊害となる，その人の社会的環境が問題となることも多い。たとえば，私はアルコール類を飲まない。今日では「さあ，

一杯だけ」と言われても，断るのは簡単だ。飲酒を拒むのは奇妙だとみなされがちなロシアや中国でもそうだ。それに関して，私はミーレの共同オーナーのペーター・ジンカンから非常に賢明で有益なヒントをもらった。彼自身も飲酒しないことを知っていたので，ロシアでどうやって回避しているかと聞いてみると，「最初の一杯を飲んではいけない」という答えが返ってきた。この賢いアドバイスは効果的だ。皮肉にも，このヒントをもらったのは私たちがニューヨークのカーネギーホール近くの有名なロシア風ティールームにいるときだった[注1]。

　私はかなりの量の文献を読み研究してきたが，専門外なので栄養摂取については具体的にお奨めしないほうがよさそうだ。ただし驚くことに，この分野の専門家の推奨があまりにもバラバラで，明らかに矛盾していることもある。時間とともに，一般的な評価ががらりと変わることもある。コレステロールがその一例だ。高コレステロール値は非常に危険だと考える医師もいれば，そう考えない医師もいる。時間の経過とともに，その見解は何度も変わってきた。

　私は個人的に一定の食事の摂り方に落ち着いた。もっと良いやり方がある可能性は排除できないが，それは気にしないでおこう。自分にとって役立っていてお奨めなのが，規律正しい食生活をしっかりと守ることだ。一週間ずっと厳しい規律を守っている友人や知人を見てきたが，日曜日の午後になると，どうしてもコーヒーを飲み，ケーキを食べずにはいられなくなる。それは意志の力だけではなく，生物学的な問題でもある。食生活によっては，ある種の食品に対する強い欲求が生じて最終的に自分を抑えきれなくなる場合がある。だからこそ，強い欲求を防ぐために，バランスの良い食事を摂ったほうがよい。

　もう1つ奨めたいのが，短期的な飢餓状態に陥るのを避けることだ。コンサルタントとして絶えず出張していた私は，空っ腹で帰宅するため，夜遅くに大量のカロリーを一度に摂取することが多かった。今日では，食欲旺盛にならないように頻繁に軽食を摂って空腹を紛らわせるようになった。

地に足をつける

　中世さながらの農場で過ごした子ども時代に人生が形成された後，複数世紀（比喩表現だ）にもわたって旅をするうちに，その人自身の基準枠が変わることは避けられない。私は20歳になってから，ラテン語の「tempora mutantur et nos mutamur in illis（時代は変わり，それとともに私たちは変わる）」という状況に直面した。成功は魅惑的だ。プライドは傲慢さに転じる人間の弱さだ。誰もその魅力に対する免疫を持っていない。私は自分の出自を忘れてしまったのだろうか。人生の根本的な変化のせいで，立ち位置を見失ったのだろうか。これらは重要な問題だ。

　1871年にドイツを統一したオットー・フォン・ビスマルクはかつて「人格は才能から虚栄心を引いたものだ」と述べた。その言葉は私には初耳だったが，2007年にノーベル賞を受賞した物理学者のペーター・グリュンベルクが講演を特徴づけるために用いていた。その講演の内容もさることながら，虚栄心の対極にある，グリュンベルクの謙虚な姿勢にも感銘を受けた。その日の夕食会で，彼は私に磁気の仕組みを辛抱強く説明してくれた（正直なところ，よく理解できたとは言えないが）。ピーター・ドラッカー，マーヴィン・バウアー，ジョセフ・カーディナル・ヘフナーなど，多くの大物と会った時にも，同じような謙虚さを目にしてきた。

　ビスマルクは賢い。なぜ彼は方程式の中で，才能と一緒に，虚栄心（マイナス記号付き）も同等に重視したのだろうか。考えられる説明の1つが，虚栄心の犠牲になったリーダーは，かなりの精神的な努力，時間，エネルギーを使って自己イメージをつくっていることだ。ゼロサムゲームなので，実際の問題解決以外のことに精神的な努力，時間，エネルギーを転用している。この仮説が真実だとすれば，謙虚なリーダーのほうが効果的だということになる。虚栄心と長期的な成功は負の相関がある。残念ながら，学問としての経営学では，現実世界と関連性があるにもかかわらず，こうした論点はほとんど取り上げられない。レヴィットはかつて，現実世界における現象の重要性は，学者がその現象をどれだけ研究しているかに反比例すると述べていた。虚栄心は確かに「実生活の中で非常に重要だ」が，「学術研究では無視されている」カテゴリーに入るのかもしれない。しかし同時に，虚栄心と成功の間に逆相関があると示す調査結果もある。

　アメリカの経営学者のジム・コリンズは，CEOがあまり人前に出ない，あるいは，広く知られていないほど，その企業が長期的に成功していることを経験的に発見した[注2]。コリンズは「品評会に出す馬」と「農耕馬」を明確に対比させている。農耕馬は外観を良くするために時間やエネルギーを費やさないので，やるべき務めをしっかりと果たす。ビスマルクはこの違いを高く評価したのだろう。

　私自身の経験もコリンズの仮説を裏付けることが多い。私は若い頃，カリスマ的な起業家や経営者を見て感銘を受けた。しかし，隠れたチャンピオンのCEOの大多数がそうであるように，静かに役割をこなしてスポットライトを浴びない人は総

じて，「品評会に出す馬」よりも良い経営者であることを長年かけて学んできた。単純な統計的基準では証明できないが，効果的なリーダーシップと虚栄心の間に負の相関があるのは事実だ。ビスマルクの方程式をアルバート・アインシュタインが考えた方程式で補足してもよい。アインシュタインの公式によれば，成功＝a＋b＋cである。aは知性，bは勤勉，cは「黙る」ことだ。ビスマルクの指摘と方向性が似ている。

　ビスマルクの単純な公式は，従業員や同僚だけでなく，ビジネスリーダーや政治家の評価にも非常に役立つ方法であることが証明されてきた。私もよく使ってきたが，目を見張るような洞察につながったことも多い。この「虚栄心症候群」はそれほど広く普及していないが，総じて虚栄心を持つ人には非常に顕著に見られるので，評価をする際に重要な役割を果たすことにも気がついた。

▌徹底的にシンプルに！
——KISS（Keep it simple, stupid）の原則

　既に複雑な世の中をさらに複雑にしてはいけない。残念ながら，シンプルにすること，少なくともさらに複雑にならないようにすることは今日，多くの人々に欠けているスキルだ。プロセスからビジネス課題，一般的なテーマまで，本来よりも複雑になればなるほど，私はイライラしてしまう。同じく，全体的な結果を損なったり弱めたりせずに物事がシンプルになっていると，感銘を受ける。シンプルにすれば時間とエネルギーが節約され，余計な議論を省ける。ここで，デンマークの印象的な例を挙げよう。

　昔はデンマークからスウェーデンに商品を出荷しようとすると，商品の価値に基づいて関税を支払う必要があった。こうした異なる商品すべての価値を決めることはさまざまな理由で本質的に難しい。さらに厄介なことに，適切な情報を記録するために統一された書類がなかった。

　そこで，デンマーク王は新しいプロセスを考え出した。商人は自分の商品の価値を自分で決めてよいが，それにはある条件を守らないといけない。王がその価格で商品を購入する権利を持つ，という条件である。このシステムは独創的だった！さらなる管理も，複雑な評価のガイドラインや戦略なども一切要らなかった。しかも，王が実際に購入することはめったになかったのである。

今日，そのプロセスを用いて，関税や固定資産税などの税金を設定することは可能だろうか。興味深い考えだ！　少なくとも評価や査定の問題はなくなる。

シンプルにする別の例が，ドイツの定額源泉徴収税だ。政府は，何百万人もの個人から個別に評価して所得税を徴収する代わりに，比較的少数の銀行から税収を直接受け取る。

あらゆる種類の些細な決断が，日々の生活を不必要に複雑にしている。何を買うべきか。どのネクタイをつければよいか。メニューから何を選ぶか。1965年にノーベル賞を受賞した物理学者のリチャード・P・ファインマンは，こうした問題を根本的にシンプルにする方法を心得ていた。彼曰く，「若いときに，こうした心配の種ばかりだ。（中略）気になるので決めようとするけれども，その後でほかのことが出てくる。ごく単純に決めたほうがはるかに容易い。気にするな。何があろうとも，自分の心は変わらない。私はMIT時代にそれを一度実践した。レストランでデザートを選ぶのにうんざりしていたので，常にチョコレート・アイスクリームにすると決めた。すると，2度とそのことで悩まなくなった。それが私の問題解決法だ」[注3]

私はファインマンのアドバイスに従って，常に自分の活動をできるだけシンプルに整理しようとしてきた。私のオフィスはボンのサイモン・クチャー，ボンの自宅，アイフェルの農家の3カ所にある。3つのオフィスはすべて同じ配置にしているので，あるオフィスから別のオフィスに切り替えても調整しなくて済む。40年間，インターネットが登場するはるか前から，私は同じベンダーから同じものを注文してきた。そのプロセスであれば，「前回と同じで」と電話を1本かければ事足りる。実に簡単だ。

ただし，この方法がうまくいくのは，靴やシャツなど，最新の流行とは関係ないものに限られる。私は同じ店で購入するので，探し回るのに時間をかけなくてもよい。同じホテルに泊まり，同じ航空会社を使うのが好きだ。そうすれば，出張時に不必要な決定がなくなり，ほんの少し調整するだけで事足りる。退屈でやりすぎのように聞こえるかもしれないが，時間の節約になり，ストレスが軽減する。

簡素化はコスト削減の最も効果的な手段の1つだ。プリンターやアンチロック・ブレーキシステムなどの製品の部品数を大幅に削減するのに役立ってきた。トヨタは生産プロセスの簡素化とその結果としての品質向上という両面で，世界の自動車産業の申し子となっている[注4]。シンプルなプロセスにすれば，所要時間が短縮される。「ビジネスプロセスのリエンジニアリング」という一般的な概念は突き詰め

ると，簡素化による時間の節約のことだ^(注5)。この点で，インターネットは非常に大きな進歩をもたらしてきた。その素晴らしい例が，アマゾンのワンクリックで注文できるプロセスだ。買い手は自分のIDを確認しなくてもよい。1回クリックすれば，注文と支払いの両方の手続きができる。多くのインターネット企業は，簡素化と利便性の重要性を完全に過小評価している。

　私はいつも従業員に自分で問題を決めるように言い続けてきた。そうすることで，フォローアップや「許可をとる」問題がなくなり，プロセスのスムーズな流れが保たれ，遅延を避けられるので，多くのことがシンプルになる。しかし，そのためには個々の従業員が必要な能力を持ち，さらに私が重視する点として，従業員に責任を引き受ける意欲と準備があることが求められる。リーダーはどれほど頻繁に不要な質問をめぐって従業員から呼び出されたり，逆に従業員を呼び出したりしているかと，いつも思ってしまう。

　簡素化のためには，なるべく迅速に課題を完了する必要がある。私は出張から帰るときに，途中で出張経費報告書を準備しておく。この作業を長く放置すると，必然的に記憶が抜け落ちてしまう。数週間か数カ月後にそのときの出張を振り返っても，特に領収書がすべて1か所とは限らない場合には，苦痛で時間のかかる作業になりかねない。速ければシンプルになり，シンプルなら速くなる。

　まとめると，私は簡素化に熱中していると結論付ける人もいるかもしれない。その通りかもしれない。しかし，それはキャリアを通じて私には非常に役立ってきたし，だからKISSの原則を強く勧めている。

ポラリティ（両極性）・リーダーシップ

　リーダーシップとは，リーダーの権威と従う人の自己責任という2つの対極の間で振り子のように揺れながら，常にバランスをとることだ。振り子が権威に振れすぎれば，結果として権威主義的なリーダーシップ，計画経済やその類の構造になる。リーダーが目標を明確にしないまま，従業員の自由に委ねすぎれば，まとまりを欠き，悪くすれば混沌とした状態に陥ってしまう。過度に権威主義的なリーダーシップをとって，そのスタイルがチームに合わなければ，内心で，あるいは，目に見えてやる気が落ちたり，規定外のことは一切やらなかったり，離職につながったりする。高いモチベーションを維持しながら，明確な目標と厳格なパフォーマンス基準

を設定するリーダーシップ・スタイルの下で初めて，トップチームのパフォーマンスが出せるようになる。そのように本質的に矛盾した組み合わせをどう達成するのだろうか。

その答えは，権威主義的スタイルと参加型スタイルを同時に併せ持って，バランスをとることにある。隠れたチャンピオンのトルンプの故ベルトルト・ライビンガーは，そうしたリーダーシップ・スタイルを「賢明な家父長制（enlightened patriarchy）」と呼んだ。ビジネスソフトウエアのチャンピオンである SAP の共同創業者のディートマー・ホップは，「厳格だが思いやりのある家長」として従業員を前に話をしていた。隠れたチャンピオン企業のある CEO は，自分のリーダーシップ・スタイルは集団重視と権威主義的の両方だと語っていた。権威主義的スタイルは，ビジネスの原則，価値観，目標に適用される。議論抜きで，指揮命令は上から下へと明確に下される。しかし，実際の作業方法ではまったく異なるスタイルが適用される。従業員は仕事のやり方について，かなりの自由度や影響力を持てる。

このような両面的，あるいは，バランスのとれたリーダーシップ形態は意外にも，イスラエルの軍事史学者のマーチン・ファン・クレフェルトの調査結果によって確認できる。彼の著書『Fighting Power（戦闘力）』の中に，第二次世界大戦におけるドイツ軍とアメリカ軍の比較が出てくる[注6]。クレフェルトはナチスの強制収容所で家族を失ったユダヤ人として，ナチスの犯罪について上辺をよく見せようとは決して思わなかっただろう。ところが，導き出された結論は，ドイツ軍の戦闘力はアメリカ軍を52％上回るというものだった。これほど大きな差が生じた主な要因は，リーダーシップ・システムの違いにあった。

プロイセン陸軍総長だったヘルムート・フォン・モルトケ（1800〜1891年）にルーツを持つドイツのシステムはミッション重視と呼ばれ，アメリカはプロセス重視のシステムを用いている。ミッション重視のシステムの下で，司令官は部隊に任務や課題を割り当てるが，それを完了させる方法についてかなりの自由度を残す。対照的に，アメリカ人は特定の状況を徹底的に分析し，それを解決するための具体的なステップを定義する。これは，ほとんどのアメリカ企業が今日も実践しているシステムだ。その一例が，ファストフード・チェーンのマクドナルドのマニュアルであり，キッチンでの個々のステップや行動が細かく決められている。私個人としては，従業員にかなりの自由裁量を与えるミッション重視のシステムが好ましいと思って支持してきた。ただし，そうしたシステムがうまく機能する前提条件については率直でなければならない。適切な資質を持ったチームだけでなく，独立して考

える能力も要求される。

　別の側面は，誰がシステムを統制するかだ。レーニンの有名な言葉に，「信頼は良い。統制はもっと良い」とある。統制は上から，もしくは，グループやチームによって行われる。隠れたチャンピオンの中では，グループを通じた社会的統制は，企業の価値観に基づく自制と組み合わされ，大企業のスタッフの間よりも，はるかに大きな役割を果たす。犬用の引き込み式リードの世界市場リーダーであるフレキシを創業したマンフレッド・ボグダーンは，チーム自体が製造プロセスの中で品質管理をするように任せている。この制御は通常の生産プロセスに含まれ，ボグダーンによると，後工程でチェックや管理するよりもはるかに効果的だという。ミスがあれば，完成品がラインを離れた後ではなく，生産プロセスの間に発見され，改善される。浄水器の世界市場リーダーである隠れたチャンピオンのブリタを創業したハインツ・ハンカマー（1931～2016年）は，試用期間中に適任者を追跡し選定するのは自分の仕事ではないと説明していた。チームが独自に行うのだという。スポーツチームと同じく，チームの強さはつながりが最も弱い部分と等しいことを，同僚たちは知っている。担当業務を適切にこなそうとしない，あるいは，こなせない同僚を見逃すことはない。グループを通じた統制は，効果的なリーダーシップの不可欠な要素である。

　リーダーシップ・スタイルの2つの側面は従業員の態度にも現れる。従業員が，しばしば矛盾する2つのレンズを通して上司を見るのは珍しいことではない。リーダーの権威主義的スタイル，あるいは，リーダーの厳しさや予測不能なところに不満を抱く。しかしその同じ従業員が，上司を慕い，他に働きたい会社はないと強調したりする。このかけ離れた態度から思い出されるのが，生徒たちがよく厳格な教師や要求の厳しい教師について語る内容だ。みんなそういう先生のことをあまり好きではないが，同時に，強く言ってこない教師よりも多くを学べることを知っている。数々のベストセラー伝記を書いているロン・チェルノウは「リーダーは遠く離れすぎても，馴れ合いすぎてもいけない。部下が自分を好きである必要はなく，部下から愛されなくてもよいが，尊重される必要がある」と指摘している(注7)。効果的なリーダーシップとは，この2つの側面を的確に結び付けることを意味する。そこには，良いリーダーに見られる両極性が反映されている。

自分の時間の配分

増やしたり再現したりできない唯一のリソースは時間だ。失われたお金は取り戻せる。人間の身体には自然治癒力があり，健康を損なっても回復する場合がある。しかし，失われた時間や無駄にした時間は永遠に戻ってこない。この点に関して，ローマ時代の哲学者セネカほど気の利いた指摘をしている人物はいない。セネカは『De brevitate vitae（人生の短さについて）』の中で，「私たちには短い人生が与えられているのではなく，私たちが人生を短くしている。供給不足なのではなく，無駄遣いをしている。使い方を心得ていれば，人生は長い」と書いている[注8]。

自分の時間を管理することは実際に重要な課題だ。人生を振り返ってみると，幼少期と若い頃には時間に何の意味もなかったことに気づかされる。農場生活は日課と年間の作業が定まっていた。確かに，収穫中に少々時間に追われることもあったが，おおむねあり余るほどの時間があった。私自身は非生産的な活動に驚くほどの時間を無駄にしてきた。だから後年，自分の時間をより効果的かつ意識的に使うようになった。大学に進学すると，時間との向き合い方が突然変わった。時間は私の人生における原動力となったのだ。クラスメートは今日，私が非常に計画的で，時間にうるさいくらいだったと指摘する。

教授を務めていた間，そして特にサイモン・クチャー＆パートナーズのCEOとして，計画的な時間管理を非常に重視した。車で長距離移動するときは，できる限り運転手を頼むようにした。運転手をフルタイムで雇うほどでもないので，パートタイマーを活用した。経営幹部や他の人たちが自分で運転して多くの時間を無駄にしていることを思うと，驚いてしまう。他の人に運転してもらうことほど，安価で簡単な時間節約法はない。空いた時間を使って仕事をしたり，帰路でリラックスしたりできる。どちらも，運転するよりも良い時間の過ごし方だ。

自動運転が主流になれば，このような時間の節約は，トップマネジャーや富裕層だけでなく，誰もが利用できるようになるだろう。時間の節約は自動運転がもたらす真の革命となるだろう。これは寿命の延伸に等しい。そうは言うものの，自動運転の受け入れについて，私は疑問を持っている。「自動運転の倫理」という記事でおおまかに説明したように，私の見解における障壁は技術的というよりも倫理的なものだ[注9]。

学生や同僚が私と長く話をしたいときには，よく車や電車での旅に同行するよう

に誘った。通常の状況では，リラックスした環境の中で私と一対一で2時間も話す機会はないので，みんなから歓迎されることが多い。時には，自分自身でそういう旅程を組むこともある。あるケースでは，政府高官と緊急のビジネス課題を議論する必要があった。私たちは同じカンファレンスに出演する予定だった。私は彼の事務所に電話して，彼が車で行くかどうか聞いた。車だと確認できたので，私は帰りに同乗させてもらい，2時間かけてその話題について議論した。

サイモン・クチャーのCEO時代，パートナーたちの求めに応じるための時間が許容量を超えていた。過剰な需要に対処する方法として，割当制が考えられる。しかし，ある問題がどれほど重要であり，どの程度の時間を割くべきかを決めるには，どうすればよいのだろうか。このような場合，私がいつも好むのは，市場ベースの回答だ。私は価格コンサルタントなので，そう驚くことでもない。私は自分の時間について内部価格を導入した。この価格が適用されるのは，パートナーが時間をとってほしいと私に求めてきたときに限られ，私自身がパートナーに時間を割いてもらうときには当然ながら適用されない。このシンプルな仕組みにより，利用可能な時間について，それなりに需要とのバランスをとれるようになった。同じようなシステムを使っている起業家の話を聞いたのは一度しかない。この起業家も私と同郷の出身で，数十億ユーロの財産を築いた人物だが，名前は伏せたいそうだ。

時間管理は絶え間ない闘争だ。現役のマネジメント職から退いて以来，自分の時間に対する外部の要求がさらに拡大している。私には今，時間があり余っていると思っているのか，みんなから依頼が舞込む。それはつまり，まさにセネカが述べた状況（以下）になる恐れがあるということだ。

「他の人に時間をとってくれと要求したり，安易に頼んだりする人を見ると，しばしば不思議な気持ちで一杯になる。どちらの目線も，時間そのものではなく，時間を要求する目的に固定され，まるで頼んだことが，どうということのない，ありきたりのことであるかのようだ。人は世界で最も大切なものをぞんざいにあしらう。しかし，それは形がなく目に見えないので気づかない。このため，非常に安いもの，いや，ほとんど価値がないものとみなされてしまう。誰も時間に価値を置いていない。みんな何のコストもかからないかのように贅沢に時間を使っている」[注10]

これ以上追加すべきことはない。セネカほどうまくこのジレンマを言い表すことができない。

結論として，この文章を書いている間，私は1990年のノートを7ページほど見返してみた。そこには，自分の時間をより良く管理する方法が非常に詳細かつ具体的

に書き出してあった。そのアイデアをどれだけうまく実践してきただろうか。部分的だったり，場合によっては何年か後にようやく成功したりするものもある。アイデアを持つこととそれを実行することの間には，海ほどの距離がある。イタリア人の格言によると，海は広くて大きい。

法律専門家とは距離を置く

　かつて地方裁判所から両親宛てに通知が届いたことで，我が家はちょっとしたパニックに見舞われた。ほとんどの人と同じように，両親は裁判所から送り付けられる通知など見たくもない。しかも，差し押さえると脅かす内容だった。その後，私たちが機器を購入した農機会社のミスだと判明した。請求書の支払いが滞っていた，似たような名前の別の地元農家宛ての督促状が我が家に誤送されてきたのだ。

　私が無免許で父のバイクに乗り，友人を乗せて2人乗りしたことで地元の警察に逮捕されたときも，やはり気持ちが高ぶった。当時，私は15歳だった。しかも，自分の愚かさのせいで状況を複雑にしていた。警察官から，原付に乗ってよいと許可したのは誰かと聞かれて，私は「父だ」と口にしてしまったのだ。

　その結果，父も私も召喚状を受けとることとなった。父はそれまで陪審員を数回務めたことがあったが，その同じ裁判所に出廷する必要があった。42 DM（約21ユーロ）の罰金を科され，その記録は後々まで残った。私は未成年者として警告だけで済んだ。

　日本滞在中に私は驚くべきことを学んだ。アメリカでは，1人当たりの弁護士数が日本の10倍にのぼるという。どうやら，人々の相互関係はこの2つの社会ではまったく違うやり方で処されているようだ。私が好むのは明らかに日本のやり方である。

　ここまでに述べてきた比較的無害な出来事だけでも，裁判所や法律専門家が絡むことに対して，私が永遠に気乗りしなくなるのに十分だった。個人的にも仕事の面でも，弁護士に頼んだり裁判に持ち込んで解決したりすることは極力避けようとしてきた。しかし，彼らの関与が避けられない場合がいくつかあった。その1つが第9章でも触れたドイツ語の著書『*Preismanagement*（価格管理）』の盗作問題だ。しかし，それ以外にも，こちらに有利な形で解決するために，かなりの時間と労力を要した盗作問題が起こった。

　2007年，ドイツでBMWとプロジェクトをしていたときに偶然に「サイモン・クチャーの中国オフィスも中国でBMWと仕事をしている」ことを知った。なぜそれが驚きだったかというと，私たちは当時，中国にオフィスを構えていなかったからだ。それどころか，我が社の名前やロゴを使用する中国人コンサルタントがいたのだ。この模倣者は，私たちのホームページや資料を厚かましくもコピーしていた。私は当初，不正な模倣を止めさせるために，部分的にハイレベルのチャネルを通じて政治的解決を図ったが，うまくいかなかった。そこで，私立探偵を雇ってその問題を調査してもらった。オフィスのドアの看板の写真を見たが，そこには社名とロゴだけでなく，私たちが実際にオフィスを置いていた他の都市名まで記されていた。2010年11月，私たちは北京の裁判所で訴訟を起こした。その努力は最終的に報われ，模倣者は閉鎖命令を受けた。その決定により，私たちはようやく中国で自分たちの社名とロゴを思う存分使えるようになった。

　私はCEO在任中，弁護士の活用を極力抑えた。ある時，自社の契約をより法的に堅牢にして，独立系弁護士を巻き込む必要性を感じた。月額5,000DM（約2,500ユーロ）の定額料金で法務関連の問題をすべて見てもらうことにした。それからというもの，人生は複雑になった。1年後，私は契約解除し，自分たちの「手で」自社の問題を解決すべく，かねてから実証済みのアプローチに戻った。

　サイモン・クチャーは今日，完全に弁護士抜きには不可能なレベルの複雑さや大きさに達している。1,500人以上の従業員の中にまだ社内弁護士はいないが，公証人，弁護士，税務アドバイザーの外部サービスを使って，取引，パートナーシップ契約などの問題を支援してもらう必要がある。

　いくつか予防措置をとっておけば，法的係争を回避するのに役立つ。第1に，信頼していない人や，一定レベルの法的措置を確保しないと協力できないような人とのビジネスを避ける。あるケースでは，隣の住人が扱いにくい弁護士だという評判を聞き，実際には気に入っていたものの，ある物件の購入を見合わせた。同じ考え方は，従業員や同僚にも当てはまる。つまらない口論をする人，嬉々として法の目をかいくぐろうとする人，一般的に訴訟好きな人は可能な限り相手にしないほうがよい。

　私が育った農村地域では，言葉と握手が約束だった。書面で契約を交わすことはめったになかった。にもかかわらず，訴訟沙汰になったり，誰かが弁護士を頼んだりした記憶がない。確かに，あの世界は私たちが現在住んでいる世界よりも複雑ではなかった。しかし同時に，法的係争を避けたいという強く思うことは，時には理

解不能なこの世界でさえ，私にはうまく役立っていると確信している。おそらく，私と同じような範囲の活動をしている人の中で，私ほど法的問題に費やす時間やお金が少ない人はいないだろう。この原則は引き続き私を導いてくれるだろう。私の子どもたちや他の若者たちにも喜んで推奨したい。

▌過敏に反応しない

　他の人の発言にイライラしやすい人が多い。批判，非難，あるいは侮辱だと感じることに対して，過敏に反応してしまうのだ。私は厳格なドイツ人の先生からこのことを学んだ。彼女は頼んでもいないのに私たちのことをよく批判した。あるとき，「サイモン，あなたは確かに人には平気で言うのに，自分が言われたら激怒するのね」と言われた。おそらく彼女は正しかったのだろう。その経験から，私は批判されても大騒ぎするまいと心に決めた。必ずしもそれでうまくいくわけではないが，人生の早い段階でもらったこのアドバイスにより，頻繁に批判にさらされても，うまく対処できるようになったと信じている。

　その後，私はこの考えに基づいて個人的なモットーを決めた。「私を怒らせたり侮辱したりする人は自分で決める」というものだ。このモットーもやはり常に100％うまくいくわけではないが，全体的には役立っていて，潜在的に外部の影響によって邪魔されずに済んでいる。他の人の言動や考え方で気分が大きく左右される人も多い。誰かの一言で，何時間も機嫌が悪くなったりする。間違いなく，その罠にはまらないようにしたほうがよい。これは，批判に鈍くなれ，拒絶せよということではなく，個人的なこととして捉えずに客観的に見たほうがよいということだ。もちろん，このテーマはその人の自信と密接に結びついている。自信がないと，自己防衛がさらに重要になる。

▌後戻りできない状況をつくらない

　人生では，愉快な人にも，不愉快な人々にも出会う。学校の同級生，同僚，近所の人々を常に選べるわけではない。ずっと連絡を取り続ける人もいるが，忘れてしまう人や二度と会いたくない人もいる。最悪な場合，敵対し，後戻りできなくなる。

残念ながら，兄弟の間でもそういうことが起こってしまう。多くの場合，相続でも
めるのが原因だ。後戻りできない状況は何としても避けるべきだ。

　同窓会で会った人のうち，不快な思いをさせられたのはごく少数だ。たとえば，
私たちに不正を働いた人がいた。そのときは裁判沙汰となり，最終的に彼には重い
実刑判決が下された。もし彼に再会して目が合ったら，どうするだろうか。自分が
どう反応するかはわからないが，彼に話しかけるかもしれない。

　「敵が多ければ，誉れも多い」はドイツの格言だ[注11]。私はこの知恵をあまり重
視していない。敵をつくることや，後戻りできない状況は避けるようにしている。
いつ，どのような形で再会するとも限らない。来世になってからかもしれない。誰
にわかるだろうか。

■ささやかな知恵の真珠

　生活の中では，非常に多くの良いアドバイスに巡り会う。その多くは，顧みられ
ることなく記憶から抜け落ちていくが，後々まで深く残るものもある。後者の例を
いくつか紹介しよう。

　私が州都の高校に通い始めたとき，常にお金を少し持っておくことが大切だと母
は考えていた。何が起こるかわからない。その習慣は生涯続けており，私は現金を
持たずに外出しない。うっかりお金を持たずに出たときには，とても緊張してしま
う。

　時には手元の現金があったおかげで，窮地から抜け出せたこともある。かつて7
時間遅れでバングラデシュに飛行機が到着した。そこからソウルへと乗り継ぐ予定
だったが，その便に間に合わなかった。ソウル行きの便は3日おきにしか運航して
いない。なんとか香港行きの便を予約し，チケットを購入しようとしたが，バング
ラデシュ人はクレジットカードを受けつけてくれなかった。習慣化していた予備の
現金がその瞬間にまさに値千金となった。取引で問題が起こりそうな国を旅する場
合，ポケットに常に十分な現金を入れておいたほうがよい。第一線で活躍する専門
家であるプリンストン大学のマーカス・ブルネルマイヤー教授は「予見可能な未来
では，私生活を保護するのは主に現金になるだろう」と述べている[注12]。それに付
け加えることは何もない。

　いまだに私の心に残っている貴重な知恵として，生物学の先生から教わったもの

もある。彼女は私たちに定期的に歯磨き粉のブランドを変えるように助言した。個々のブランドには異なる有効成分が含まれているからだという。ブランドを切り替えれば，より多様な歯の問題と戦ったり予防したりできる。それは習慣になった。私は同じブランドの歯磨き粉を２回連続で買うことはない。

　軍隊の基礎訓練の中で，頭部外傷の兵士をよく治療すると，医療部隊の軍曹が話していた。彼は何が起きたのかを正確に把握していた。兵士たちは立ち上がったときに，開いたロッカーのドアの角に頭をぶつけたのだ。台所で目の高さにあるキャビネットのドアが開いているのを見るたびに，その軍曹の言外のアドバイスを思い出す。そして，私は立ち上がったときに頭をドアに強くぶつけたことがない。しかし興味深い質問は，なぜ軍隊が別のやり方でドアを設置しないかである。そういう問題が頻発するのを見ていたのは，その軍曹だけではなかった。

　アルバッハ教授からは，学術的に貴重な内容はもちろんだが，非常に重要な習慣も教わった。ディクテーションの驚異的な効率性に気づき重視するようになったのは，教授の影響だ。ボイスレコーダーは私の最重要ツールの１つだ。しかし，高いレベルの効率性を引き出すには，訓練と集中力が必要となる。私の口述するお気に入りの時間と場所はライン川沿いを散歩している間だ。この本の大部分も，そういうやり方で形にした。私はレコーダー活用にそこまで長けていないので，学術書や高度な内容の記事は書けない。そのような場合には，いまだ紙とペンで，自分の考えを表現するほうがよい。

　年をとるにつれて，一般的な格言に込められた貴重な真実や有益な知恵に気づき始めた。長年にわたって，私は多くの格言，特に経営やリーダーシップに関する言葉を収集してきた。私のドイツ語の著書の中に『*Geistreiches für Manager*（マネジャーのための機知と知恵)』と題する本がある。集めてきた格言をまとめたものだが，このときほど執筆が楽しかったことはない[注13]。残念ながら，格言の理論的な力とその背後にある洞察がわかったからといって，必ずしも実行につながるわけではない。多くの場合，無視や軽視をしたせいで物事がうまくいかなかった後でようやく，その助言を思い出すものだ。あるいは，哲学者のジョージ・サンタヤーナ（1863〜1952年）がかつて言っていた通りだ。過去を忘れてしまう人はまた同じことを繰り返す運命にある。

▎第14章の注 ▎

（注１）http://www.russiantearoomnyc.com/

282

（注2） Jim Collins, Jerry Porras, *Built to Last: Successful Habits of Visionary Companies*, New York: Harper Business 1994; and Jim Collins, *Good to Great: Why Some Companies Make the Leap ⋯ And Others Don't*, New York: Random House 2001.

（注3） Richard P. Feynman, *"Surely You're Joking, Mr. Feynman!": Adventures of a Curious Character* New York: W.W. Norton & Company. Kindle Edition, p.235.

（注4） 以下を参照。Daniel T. Jones, Daniel Roos and James P. Womack, *The Machine That Changed the World: The Story of Lean Production*, New York: Free Press 1990.

（注5） 以下を参照。Michael Hammer and James Champy, *Reengineering the Corporation: A Manifesto for Business Revolution*, New York: Collins Business Essentials 2006.

（注6） 以下を参照。Martin van Creveld, *Militärische Organisation und Leistung der deutschen und der amerikanischen Armee 1939-1945*, Graz: Ares-Verlag 2011.

（注7） "George Washington's Leadership Secrets," *The Wall Street Journal*, February 13, 2012, p.15.

（注8） Seneca, *Von der Kürze des Lebens*, Kindle-Version 2017, Position 4238.

（注9） https://www.2025ad.com/in-the-news/blog/ethics-of-autonomous-driving/

（注10） Seneca, Position 4401.

（注11） German Original "Viel Feind, viel Ehr".

（注12） Markus Brunnermeier, "Kryptowährungen und der Schutz der Privatsphäre," *Frankfurter Allgemeine Zeitung*, March 23, 2018, p.22.

（注13） Hermann Simon, *Geistreiches für Manager*, Frankfurt: Campus 2000/2009.

終わりに

　最後のまとめに入ろう。アイフェルの故郷から，グローバリアと私が呼ぶグローバルな世界まで，私の人生のさまざまな世界を振り返ってきた。最も重要な人格形成は，最初の6年間と思春期という2段階の経験を通じて行われる^(注)。この2段階で埋め込まれた人格特性はずっと続き，残りの人生を決定づける。「アイフェルの子ども」という性格は第1段階で形成された。私の子ども時代は幸いにも良い思い出ばかりだ。

　しかし思春期になると，私にとってアイフェルの世界は窮屈すぎるものとなった。十代でイタリアとアフリカに旅行したのを機に，グローバルな世界を旅したいという想いに火がついた。この気持ちは何十年もかけて強まり，私をグローバルプレーヤーへと変えた。アメリカと日本での経験は特にこの点で私を育ててくれたが，他の国々でも人生を彩る経験や冒険を思う存分に味わってきた。

　その過程で，自分を形成した最初の世界から時折，疎外感を覚えるようになった。厄介な割れ目があって，「当時」と「今」との橋渡しがますます困難になっていると，1996年に書き記している。一時的に「当時」に戻ると，満足感よりも落胆することが多い。子ども時代を探しても，二度と見つからないからだ。物理的な場所には戻れても，昔には戻れない。過去は私たちの記憶の中にしか存在しないのである。

　しかし，人生80年に差し掛かると，その最初の世界がグローバルな世界との接点を保ちながら，私の中に蘇ってきた。どちらも私の人生に欠かせない部分なので，なるべく長く両方の世界でくつろいでいたい。それは，ありがたいことだと思っている。

▌終わりに　注▌

（注）以下を参照。Johannes Huber, *Der holistische Mensch – Wir sind mehr als die Summe unserer Organe*, Vienna: edition a 2017; and Irvin D. Yalom, *Wir man wird, was man ist*, Munich: btb Verlag 2017.

[監訳者紹介]

上田　隆穂（うえだ　たかほ）

学習院大学経済学部教授。博士（経営学：学習院大学）。

東京大学経済学部卒業。一橋大学大学院商学研究科博士課程単位取得退学。

著書に『マーケティング価格戦略』（有斐閣），『買い物客はそのキーワードで手を伸ばす』（共著，ダイヤモンド社），『マーケティングを学ぶ』（共著，中央経済社），『リテールデータ分析入門』（共著，中央経済社），『生活者視点で変わる小売業の未来―希望が買う気を呼び起こす商圏マネジメントの重要性』（宣伝会議 実践と応用シリーズ）などがある。

[訳者紹介]

渡部　典子（わたなべ　のりこ）

ビジネス書の翻訳，執筆，編集等に従事。

慶應義塾大学大学院経営管理研究科修了。研修サービス会社等を経て独立。

翻訳書に，『グローバルビジネスの隠れたチャンピオン企業』（中央経済社），『価格の掟』（中央経済社），『最強の商品開発』（中央経済社），『両利きの経営』（東洋経済新報社）などがある。

ハーマン・サイモン自伝

世界最強の価格コンサルタントの人生と思考の旅路

2022年4月20日　第1版第1刷発行

著　者	ハーマン・サイモン
監訳者	上　田　隆　穂
訳　者	渡　部　典　子
発行者	山　本　　　継
発行所	㈱中央経済社
発売元	㈱中央経済グループ パブリッシング

〒101-0051　東京都千代田区神田神保町1-31-2
電話　03 (3293) 3371（編集代表）
　　　03 (3293) 3381（営業代表）
https://www.chuokeizai.co.jp
印刷／昭和情報プロセス㈱
製本／誠　製　本　㈱

© 2022
Printed in Japan